YIXUE TUSHU BIANJI SHIYONG SHOUCE

医学图书编辑

实用手册

主编　崔志军　等

上海科学普及出版社

图书在版编目（CIP）数据

医学图书编辑实用手册 / 崔志军等主编. -- 上海 : 上海科学普及出版社, 2024. 6. -- ISBN 978-7-5427-8797-2

Ⅰ. G232.2-62

中国国家版本馆 CIP 数据核字第 2024F6Q525 号

统　　筹 张善涛
责任编辑 陈星星

医学图书编辑实用手册

主编　崔志军　等

上海科学普及出版社出版发行

（上海中山北路 832 号　邮政编码 200070）

http://www.pspsh.com

各地新华书店经销　廊坊市海涛印刷有限公司

开本 710×1000　1/16　印张 22.75　字数 372 000

2024 年 7 月第 1 版　2024 年 7 月第 1 次印刷

ISBN 978-7-5427-8797-2　定价：148.00 元

医学图书编辑实用手册

编委会

主　编

崔志军　王　坤　吴　玲　张　怡　王　宁

副主编

邓　为　郑月林　张翠平　张兰霞　杜亚丽

梁彦英　李亚哲　王　平　李秘秘　崔皓淼

李小明　陈星星

编　委

（按姓氏笔画排列）

王　平　王　宁　王　坤　王晓萱　杜亚丽

邓　为　李小明　李亚哲　李秘秘　陈星星

吴　玲　张　怡　张兰霞　张翠平　郑月林

崔志军　崔皓淼　梁彦英

主编介绍

崔志军，男，毕业于河北工程大学医学院。现任中国医学著作网创始人兼总编辑，医步（北京）医学研究院院长。兼任世界中医药学会联合会新媒体专业委员会副会长，河北省预防医学会健康科普专业委员会副主任委员兼秘书长，《中国社会办医》杂志社编审委员会委员；《燕赵大医生》栏目联合策划人，河北省肝病学会秘书长，河北省中西医结合学会基层医疗机构专业委员会秘书长，中国医药物资协会药食同源专业委员会秘书长等职务。

自2006年至今从事医学图书策划编辑出版工作，与各大出版社合作，出版了数百本医学图书。其中《现代肿瘤临床诊治丛书》《就医指南丛书》《典型病例荟萃丛书》《全国名老中医临证医案荟萃丛书》等图书影响广泛，反响良好。其中《中国中西医结合开拓者》在人民大会堂召开首发式。作为副主编与马智编审共同编写出版《医学图书与论文写作编辑手册》一书。

近年来致力于《中国临床案例·病例精解系列丛书》的策划出版，涵盖临床及医技专业，依托全国百强医院，策划出版百余种精品病例精解图书，取得良好社会效益。

王坤，男，毕业于河北工业职业技术大学涉外经济与法律专业。现任中国医学著作网策划编辑部主任。兼任河北省预防医学会健康专业委员会常务委员，河北省中西医结合学会基层医疗机构专委会常务委员等职务。自2013年至今从事医学图书策划编辑工作，具有丰富的医学图书策划经验，尤其在医学病例图书及中医药图书等领域策划出版了数十本医学图书，同时与权威医学专家建立了紧密合作，得到了业界的广泛认可。

吴玲，女，毕业于安徽中医药大学。现任安徽科学技术出版社期刊中心内容部主任，《保健与生活》执行主编。兼任安徽省医学会科学普及分会常务委员。责编出版中西医各类医学专著100多部，获得“安徽省优秀科普作品”“安徽省社会科学文学艺术出版奖”“向全国老年人推荐的优秀出版物”等各种奖励数十项；策划图书《新安医学研究集成》为国家出版基金项目，并荣获2018年国家出版基金项目绩效考评“特别优秀”项目通报表扬。

2015年获全国优秀审读报告评比优秀奖。

积极进行《保健与生活》杂志媒体融合，形成了一个全媒体的医学科普新媒体矩阵。杂志多次入选全国农家书屋、全国优秀科普期刊目录，获全国百强报刊、安徽省社会科学文学艺术奖、安徽省优秀期刊等荣誉。

张怡，女，毕业于上海中医药大学。现任山东中医药大学期刊社副社长。兼任山东省中医药文化传播学会理事，山东中医药学会编辑出版工作委员会常务委员。主持课题1项，参与课题4项，出版专著1部。

王宁，男，毕业于山东中医药大学，中医学博士。现任山东中医药大学期刊社编辑。兼任山东中医药学会编辑出版工作委员会委员，《华人生死学》期刊青年编委会副主任委员。主要从事中医药期刊出版及国际化传播研究。主持课题2项，参与课题3项，出版专著1部，发表学术论文4篇。

前　言

图书是人类进步的阶梯，理想的书籍是智慧的钥匙。医学图书作为图书的重要组成部分，是继承、交流、传播、普及医学知识的主要载体及重要方式，也是体现国家科技竞争力与文化软实力的重要标志，尤其在医学发展进步、百姓身心健康及健康中国建设中起到积极的促进作用。

如何更好地为医学的高质量发展策划出版优秀的医学图书，是每一位医学编辑面临的重要课题及神圣职责。让医学专家学者化、让医学科室学科化、让广大医院学院化，更是医学编辑的光荣使命及义不容辞的责任！正是在此背景下，由中国医学著作网组织发起，邀请出版社及期刊社同仁共同编写《医学图书编辑实用手册》一书，既是为广大医学出版同行提供必要的工具书和参考书，也是为医学专家学者编写医学图书提供有力的支持与帮助，从而助力我国医学图书及医疗卫生健康事业的发展与繁荣。

本书是一本关于医学图书编辑的全面指南，分为知识与规范篇和实战篇两部分。知识与规范篇详细介绍了图书、图书分类和医学图书、医学编辑的基本技能与素养、医学图书编辑的职责与能力、医学图书的出版策划、医学编辑基础知识、医学文献检索、医学图书中的著作权以及医学图书中的数字出版等内容。实战篇则从临床医学图书总论、医学著作类图书的编写、医学教材类图书的编写、医学病例类图书的编写、医学科普类图书的编写、中医药类图书的编写以及护理类图书的编写等方面，为读者提供了具体的编写方法和注意事项。本书旨在帮助医学图书编辑提高专业技能，掌握行业规范，提升医学图书的质量。

在本书编写过程中汲取和借鉴了同行专家的一些研究成果，在此表示感谢！由于编写时间较仓促，书中难免存在一些不足之处，衷心希望读者给予批评指正。

编者

2024 年 4 月

目　录

上篇　知识与规范篇

下篇　实战篇

上篇

知识与规范篇

第一章　图书、图书分类和医学图书

第一节　图　　书

一、图书的定义

“书”的概念是广泛的，用作动词，有记录、画图之意；用作名词，有装订成册的著作、文书、文件等含义。在古代，“书”因其载体和内容不同，含义也有区别，如“著于竹帛谓之书”（《说文解字·序》），“书者，五经六籍总名也”（《史记索隐》）。

“图书”二字最早来源于上古的神话传说，且是分开来使用的。《易·系辞上》说道：“河出图，洛出书，圣人则之。”“图书”一词的使用最早出现于《史记·萧相国世家》：“何独先入收秦丞相御史律令图书藏之……”“图书”在这里指的是地图和文书档案之义。唐代以后，“图书”一词的使用日渐频繁，并逐渐与档案区分开来。清代艺术家徐康《前尘梦影录》中提及“古人以图书并称，凡有书必有图，故有‘图书’一说”。

如今，图书的定义有狭义和广义之说。狭义的“图书”是指图书馆或图书情报人员在实际工作中，将其与期刊、报纸、科技报告、技术标准、视听资料、缩微制品等区别开来的出版物；广义的“图书”泛指各种类型的读物，包括甲骨文，金石拓片，手抄卷轴，当代出版的书刊、报纸、声像资料、缩微胶片（卷）及机读目录等新技术产品。

我国出版业对图书的定义：通过一定的方法和手段将知识内容以一定的形式和符号（文字、图画、电子文件等），按照一定的体例，系统地记录于一定形态的材料之上，用于表达思想、积累经验、保存知识与传播文化的工具。

联合国教科文组织对图书的定义：凡由出版社（商）出版的不包括封

面和封底在内49页（5 ~ 48页的称为小册子）以上的印刷品，具有特定的书名和著者名，编有国际标准书号，具有定价并取得版权保护的出版物称为图书。

书籍的“籍”最早指的是户口簿、登记，现泛指图书簿册之意。狭义的“书籍”指记录文字和图书纸张的集合；广义的“书籍”指一切用于传播信息的媒介。

在现代社会生活中，书、图书、书籍通常都泛指以传播知识为目的，用文字或其他信息符号记录于物质形态上，用于传播知识的工具。三者的区分常不严格。

二、书籍的起源和发展

中国的书籍形式是从竹简和木牍开始的。

1. 简策和简牍　简策始于商周时期（约公元前14世纪）。在纸张发明和推广之前，人们把竹子或木头削成细长的片，用来记录文字。用竹子削成的片称为“简”，用木头削成的片则称为“牍”，用绳将若干简或牍编串在一起，合称“简策”或“简牍”。简牍具有材源丰富、价廉易得、制作简单、修改容易等优点，从殷商到两汉，流行时间为1 600 ~ 1 700年。但也因其材质笨重、容量过大、携带不便，简牍逐渐被其他书写载体所替代。

2. 帛书　帛的本意为白色丝织物，帛书是指将白色绢帛作为书写记事作画的材料，起源于春秋时期。到春秋战国末期，帛已经泛指所有的丝织物。竹帛并行，同用于书写。绢帛较之简牍，其优点显而易见，如美观轻柔、书写清晰、携带轻便等。但也因当时社会生产力水平低下，其价值昂贵，仅供少数上层社会人士享用。

3. 泥版书　公元前3世纪，美索不达米亚（西亚两河流域）地区出现了人类最古老的一种图书——泥版书。苏美尔人将两河流域的黏土制成规格相同、重约1千克的软泥版，并用削尖的木制笔在软泥上刻画字符，晾干后投入火中烧烤制成泥版书。

泥版书起源于西亚，后来传至希腊克里特岛、迈锡尼等地，其制作和使用一直延续到公元1世纪。泥版书多用于记录债务清单、契约等内容。

4. 纸草书　公元前3000年，古埃及人将一种类似于芦苇的莎草科植物（盛产于尼罗河畔沼泽地）的茎部切成薄片，压平后将若干片粘成长幅，即制成纸莎草纸。古埃及人用芦苇茎为笔在纸草上书写字符，写成后卷在木杆上形成卷轴即成纸草书。纸草书多用于礼赞圣明、记录文学、书写哲学宗教文献等重要信息，广泛流传于希腊、罗马和地中海沿岸其他国家。

5. 羊皮书　“羊皮书”一词源自拉丁文“帕加马（Parchment）”之转义，它由古代中东地区的帕加马人发明。据说在公元前197年至前159年，帕加马人因古埃及人停止供应莎草纸而不得不寻找其他书写工具，人们将动物宰杀留下来的毛皮在石灰水中洗净，晾干后绷开，用石头将其打磨平整，并用来书写。最开始人们只是以羊皮为原料，但后来也开始用牛或其他动物的皮为原料制作。

羊皮书多用于书写公文、宗教文献等重要文件，是手抄本的标准形式。因羊皮较纸草具有携带轻便、经久耐用、易于保存和折叠等优点，在4世纪取代纸草书成为欧洲各国的主要书写材料，直至15世纪被纸张印制的书籍取代。

6. 贝叶经　贝叶是贝多罗树的叶子。在佛教发源地印度，佛教徒们用贝叶书写佛教经典，贝叶经的名字由此而来。人们将采集到的贝叶按一定规格裁剪，放入锅中水煮后，洗净、晒干、压平，用墨线弹成行后再用铁笔按行刻写。在书写完的贝叶上涂上油墨，待油墨晾干后，再用细绳串连装订成册。人们在写满字的贝叶上涂一次墨，用布抹擦，让墨水汁残留在刻痕内，即形成清晰印迹。因贝叶具有防潮、防蛀、防腐等特点，可流传百世，人们常将圣人的事迹及思想记录在象征光明的贝多罗树叶上，而佛教徒也将最圣洁、最有智慧的经文刻写在贝多罗树叶上。

7. 蜡版书　在公元前3世纪左右的罗马时期，人们将木板中间部分挖空注入融化的蜡，在蜡未硬化前用金属或动物骨头在上面刻写文字，再将刻写好的蜡版打孔穿绳，使用时只需将木板烤热使蜡变软即可。因蜡版书可重复使用，故使用非常广泛，学者、诗人、僧侣、商人都用它记录信息。直到公元1世纪手抄本出现后，蜡版书才被取代。

8. 纸写书　在西汉时期，人们的思想文化十分活跃，对文化知识和传播工具的需求旺盛，人们开始用大麻、苎麻为原料制作纸张用于书写。东汉时期，蔡伦在总结前人造纸经验的基础上，改进造纸方法。他将树皮、麻头、敝布、渔网等材料用水浸渍、蒸煮，捣成糨糊状，在细帘子上摊成均匀的薄片，晒干后即变成纸。这是人类在经过简、帛、泥、蜡等书写工具的漫长演变过程后，找到的最合乎理想的书写工具——纸，并使其很快成为图书生产的主要材料，促进了图书的普及。

9．印刷书籍　纸张的出现解决了图书生产的基质材料问题，随着经济文化的发展，手抄书已远远不能满足人们日益增长的精神文化需求。

雕版印刷——大约在唐代（公元618—907年），人们从印章和拓碑中得到启发，将要印的字写好贴在雕刻的木板上，再用刀根据墨迹雕刻成阳文，在雕好的板上涂墨、铺纸、压平，然后取下便可。早期的雕版印刷大多用于印制佛经、佛画等宗教印刷品。收藏在英国伦敦博物馆的公元868年雕版印刷的《金刚经》，是现存最早的标有年代的雕版印刷品。

泥活字印刷——宋仁宗庆历年间（公元1041—1048年），毕昇在雕版印刷的基础上，改良印刷技术，用胶泥做成大小一致的小型方块，刻上反体单字，用火将其烧硬制作成泥活字。印刷时只需按内容依次拣字排列，并用黏合剂（松脂或蜡）加以固定，刷墨、铺纸、压平即可，印完的泥活字取下后仍可反复使用。这一技术很快在国内运用，并迅速流传到了国外。

铅活字印刷——15世纪中期，即毕昇发明的泥活字传入欧洲400年后，德国人约翰·古登堡对此技术进行改良，采用铅、锑、锡等合金材料来制作活字，并发明了铸字盒、冲压字模、铸造活字的铅合金、木制印刷机、印刷油墨等一整套印刷工艺。古登堡利用压葡萄汁机改制成螺旋式手扳木质印书机，将过去的“刷印”方式改进为“压印”，为印刷机械化开辟了新道路。古登堡的一系列发明，为他赢得了“现代印刷术创始人”的称号。

10．电子书　所谓的电子书，是指将文字、图片、声音、影像等信息内容以数字化的形式植入磁、光、电介质，并借助于特定的数码设备读取或使用的数字化出版物。电子书由E-book的内容、阅读器、阅读软件三部分构成。其主要格式有PDF、EXE、CHM、UMD、PDG、JAR、PDB、TXT、BRM等。电子书自1967年在IBM的资助下，Andriesvan Dam和来自布朗大学的一个团队成功开发出世界上第一个“超文本文件编辑系统”以来，正在经历着这样的发展历程：黑白、静态→彩色、动态→柔性（可折叠）、太阳能……随着阅读需求的不断演变，将要产生彩色动态显示技术，改进屏幕刷新速度，并将在产品可用性、无线服务能力等方面有进一步提升，具备极强实用性的彩色柔性技术也将充分整合到新型的电子阅读器上。

三、图书编辑活动

（一）图书编辑活动的渊源

文字和书写材料的产生，是人类进入文明社会的显著标志，为了保证信息传递的正确性，与之相关的另一项活动——图书编辑便应运而生了。

早在甲骨刻辞时代，人们便将创造出来的符号进行搜集、鉴别、选择、加工、规范、定型再创造，使之成为大家共同认识、统一使用的符号，这一活动也被认为是我国早期的编辑活动。

春秋末期，孔子在整理“六经”的实践过程中，秉承“述而不作”的编辑原则、“无征不信”的编辑理念和“多闻阙疑”的编辑方法，为后世保存了比较系统的中国古代编辑历史资料，他的编辑方针及思想对后世的编辑工作产生了深远的影响。

汉成帝河平三年（公元前26年），刘向受命整理书籍，与任宏、尹咸、李柱国等人组成了一个书籍编辑班子，对国家收藏的图书进行大规模的整理，这是我国历史上第一次由官方组织的大规模校书活动。

魏晋南北朝时期，由于当时的社会文化背景复杂，南北两方在学术上相互批判。为统一文化思想，政府开设秘书监掌管图籍校著。此后，秘书监便一直作为中央管理图书及编纂事务的独立机构。

唐代在政治、经济、文化艺术上繁荣发展，加之图书生产技术的进步，政府的图书编纂活动十分频繁，其编辑技术和编纂机构日益完善，编辑工作成为了一项重要的学术活动。

随着文化活动和科学技术的发展，编辑对象和内涵都在不断地扩大。编辑对象涉及图书、期刊、报纸、广播、影视、电子出版物等。图书编辑的内涵也由当初“顺其次第，编列简策而成书”之义，渐渐演变成当今“获得国家新闻出版机关颁发的责任编辑证书，在出版单位从事文字整理、加工、策划的工作或从事这项工作的专业人员”。

（二）图书编辑活动的功能

1. 优化整合功能　所谓优化整合，是指人们通过某种决定性的方式，把各种相容的、异质的或复杂的文化要素综合成一个相互适应、和谐一致的文化模式。面对多元文化现存的社会现状，编辑要始终坚持科学的指导思想和工作态度，选择先进、积极、健康向上的信息，并对其内容进行整理、加工、优化、完善、调整和规范，使之适于复制传播，引导社会成员自觉地调整和规范自己的情感和行为。

2. 科学导向功能　“书籍是人类进步的阶梯”，这是社会赋予图书最重要的使命。一本好书，或可净化人的灵魂，或可指引人们前进的方向，或可教会人们掌握一种科学的方法……这些都是图书作为人类进步阶梯不可替代的伟大作用。因此，图书编辑活动正是实现图书这一伟大作用的重要环节。在编辑活动的整个过程中，只有坚持科学、严谨的态度和方法，才可能创造出导向正确、思维严谨、为广大读者喜闻乐见的优秀图书作品。

3. 组织协调功能　编辑工作是一项组织性较强的工作，其内容涉及组织选题、组织稿件、组织出版等多个环节。组织选题，就是要与书店、读者沟通，获得读者需求信息，并落实选题；组织稿件，就是要与作者沟通，获得稿源；组织出版，就是要对稿件进行编辑加工，使之通过印刷发行向社会流通。可见，组织活动贯穿图书出版的全过程。另外，编辑在作者和读者之间充当着中介角色，是沟通作者与读者关系的枢纽，编辑既要了解读者的阅读需求，对作者提供的书稿提出修改意见和建议；又要从读者的实际出发，通过编辑出版的图书，提高读者、重塑读者。

四、图书出版活动

（一）出版的概念

所谓出版，是指将作品编辑加工后，经过复制向公众发行。出版的概念由以下三个基本要素组成。

1. 对作品进行编辑加工

出版的目的是使作者的作品成为适合读者阅读消费的出版物内容。出版不是对原始信息进行开发，而是对已有的作品进行开发。接受原始信息，将其归纳成系统知识，形成知识产品的任务，主要由作者完成。已有作品的形成过程属于作者创作过程，不属于出版活动，作家写作、画家写生、音乐家谱曲等都不能叫出版，就是这个道理。

出版是对作品进行选择、优化的过程。这种选择是按照适合读者阅读消费的要求进行的，并且还要按照同样的要求，对所选作品中的知识信息进行管理、补充和完善，这就是对原作品进行编辑加工。

2．对编辑加工好的作品进行大量复制

其目的是使作者的作品有能供读者消费的某种载体形式。无论采用何种方式将作品进行复制，出版都是一个使编辑加工好的知识信息具有能供读者消费的载体形式的过程。只有经过大量复制，作品中所含的知识信息才能向读者广泛传播。档案工作也需对文件进行编纂、整理，使分散的材料能编辑成分门别类的案卷，但档案工作不是出版，就是因为它缺少大量复制的过程。

3．将复制的出版物进行广泛传播

通过各种方式将经过编辑加工并大量复制的作品广泛向读者传播，是出版活动的内在动机与目的。从西方语言中“出版”这一词语的演变来看，法语 publication 和英语 publish 均源自拉丁语 publishing，而拉丁语 publishing 的本义即“公之于众”。所以，西方国家给出版所下的定义中，都含有“公之于众”或类似的含义。现代出版物的传播是通过出售、出租等方式向公众提供一定数量的复制件完成的。

（二）出版业的形成和发展

我国出版业发展的历史进程，按出版物制作方式的不同可划分为四个时期，即手工抄写出版时期、手工印刷出版时期、机械印刷出版时期和电子出版时期。各个时期的出版业，由于受当时政治、经济、文化、科学和教育等因素的不同影响，而呈现出不同的特征与发展规律。

1．手工抄写出版时期

这是我国出版业的形成及初步发展时期。此期出版业的发展，还处于低水平运行状态。手工抄写出版时期从西汉末年开始，延续到公元 6 世纪雕版印刷术的出现为止，经历了 600 余年的历史。

2．手工印刷出版时期

这一时期，从雕版印刷出现的公元 6 世纪初到 19 世纪中叶机械化印刷厂在我国建立为止，共 1300 多年。此期出版业发展中引人注目的就是雕版印刷术的发明及活字印刷术的发明与改进，特别是活字印刷术沿着古丝绸之路经波斯传入埃及，再传入欧洲。德国人谷登堡研制了铅锑锡合金活字（即铅字），使活字印刷进一步得到改进，由此使世界出版业逐步进入机械印刷新的发展时期。

3．机械印刷出版时期

从 1844 年宁波华花圣经书房的成立直到目前，我国出版业处于机械印刷为主的时期。这 150 多年的发展，大体分为四个阶段：①西方印刷术的传入与译书机构的设立；②近代民族出版业的兴起；③传播新文化的进步出版业的发展；④新中国出版业的建立和发展。据历年《中国出版年鉴》及相关资料统计，我国 1949 年、1959 年、1969 年、1979 年、1989 年、1999 年、2009 年、2016 年各年的图书出版种数分别为 8 000、41 905、3 964、17 212、74 973、141 831、301 719、319 147，即 2016 年出版图书种数是 1949 年的近 40 倍，是 1969 年的 80 倍。

4．电子出版时期

从 20 世纪 80 年代初期开始，以北京大学研制激光照排机并投入使用为标志，我国出版业即进入了电子出版时期。其具体表现包括下列几个方面：①计算机普遍应用于出版物生产制作领域；②电子出版物成为重要的出版产品；③网络出版活动有了快速发展。由此可见，我国电子出版时期已经到来。

电子出版时期的一个重要特征是以电子技术为核心来发展出版业。随着电子技术的不断发展，出版物的生产制作技术也不断创新。目前出版业有两个发展重点，将成为我国电子出版发展的两个重点方向，一是按需印刷的应用，二是电子书的生产。

按需印刷（print on demand，POD），是建立在数字式信息远距离传输和高密度存储的基础上，用计算机将数字化图书直接印制成印刷文本的技术。其操作过程是将图书内容数字化后，利用电子文件在专门的激光打印机上高速印制书页，并用专用计算机完成折页、配页、装订等工序。目前，美国、日本、德国、英国、法国等国的一些批发商和连锁店已普遍使用此项技术。我国的一些出版单位和印制企业也已实现了技术突破，按需印刷已在我国出版界，特别是一些专业著作出版上普遍应用。

（三）开展出版活动的条件

开展出版活动的条件是由构成出版概念的三个基本要素决定的，出版活动的产生，必须具备以下一些基本条件。

1．必须具备一定的能形成出版产品的资源条件

出版资源是指与出版产品形成直接相关的各种要素的集合，由出版文化资源与物质生产资源两大类资源组成。这里所指的资源条件，主要是出版选题资源，即直接构成出版物使用价值的知识内容的来源。有了一定文化成果的积累，才可促使各类作品的大量出现；而只有大量作品的出现，才使出版

活动的产生具有了前提条件。

2．必须具备一定的能对出版产品进行加工制作的生产条件

出版具有的编辑加工与产品复制两大要素，都是通过出版工作的加工制作环节表现出来的。它实际上包括两个过程，一是知识产品的形成过程（选题、编辑加工、定稿等）；二是物质产品的制作过程（制版、印刷、装订等）。

3．必须具备广泛组织出版物公之于众的流通传播条件

将出版物公之于众，是出版内涵的重要组成部分。出版工作的发行环节，即出版物公之于众的具体实现环节。将出版物从生产者手中转移到消费者手中，要通过一系列复杂的流通组织工作来实现。必须具有广泛组织出版物实现公之于众的传播条件，使劳动产品能够货畅其流，出版工作的整体运行才能进入良性循环。

4．必须具备由一定规模的消费需求构成的市场条件

消费需求是生产发展的动力，出版领域也不例外。马克思在《政治经济学批判导言》中指出："产品在消费中能最终完成……没有消费，也就没有生产，因为如果这样，生产就没有目的。"出版领域如果没有消费，出版产品的生产也就没有目的。正是对出版物的消费需求将出版工作与整个社会联系在一起，才使出版工作者的劳动与其他社会成员的劳动进行交换成为可能，出版产品的价值才因此得以实现。

第二节　图书构成及分类

一、图书的构成

（一）图书的形式构成

1．书皮

书皮又叫封面（广义），记载书名、卷、册、著者、出版社、定价等信息。封面能增强图书内容的思想性和艺术性，对图书的内容具有从属性，即封面的形式要和图书的内容相关，为读者所理解并喜闻乐见。书皮分为以下3个部分。

（1）封面（狭义）：即书皮的正面，内容包括书名、卷、册、著者、出版社等信息。

（2）封底：即书皮的背面，主要内容为图书定价和识别码（条形码或二维码）信息，也可包括图书内容提要、作者简介、丛书书目等信息。

（3）书脊：即书的脊背，也称书背，即书的封面和封底的联结处。一般印有书名、作者名、出版单位名等。

一般图书的封面有平装或精装 2 种。平装封面即软质纸封面，一般用 200 克以上的铜版纸彩印，并覆上有光或无光（亚光）的塑料薄膜，使封面增加厚度、牢度和抗水性能。精装封面一般由纸板及软质纸或织物制成书壳，内加环衬，比平装封面考究、精致，但制作成本相对较高。

2. 书芯

书芯是图书的主体，主要包括扉页、版权页、文前部分、正文、文后部分等。

（1）扉页：是书翻开后的第一页（除环衬外），印有书名、作者名、出版者名，扉页有时可对封面作者的内容做出补充，如增加作者单位、职务职称等。

（2）版权页：一般安排在扉页的反面，或者正文后面的空白页反面。文字处于版权页下方和翻口方面为多。图书版权页是一种行业习惯称呼，是指图书中载有版权说明内容的书页。版权页一般上部为图书在版编目数据（CIP），下部为版本记录信息。

（3）文前部分：为版权页之后至图书正文开始之前的内容，一般包括作者（编委会）名单、主要作者（主编 / 著者 / 编者）介绍、题词 / 献词 / 致谢、序言、前言、目录等。

（4）正文：为图书内容的主体部分。

（5）文后部分：为图书正文之后的内容部分，可有附录、参考文献、内容索引、彩色插图、后记［题跋（ba）］等内容，是对图书内容的完善和必要的补充。

（二）图书的内容构成

1. 书名

即出版物名称，出现在封面、扉页、版权页上，有书眉时也会出现（一般在偶数页上）。书名是图书识别和查询的主要标志。

2. 署名

即把作者的名字写在图书上的安排，一般在封面、书脊、扉页、版权页上要署作者或主要作者（主编）的名字，集体编写的图书一般要单独加编委会名单页，主编、副主编、编委（者）等分别署名。

3．题词 / 致谢

题词 / 致谢一般在编委会名单页（如有）或扉页之后。题词一般是作者邀请有关领导、专家用书法笔迹的形式，对本书给予的高度概括评价。致谢也称谢辞，说明此书是受了谁的启发或者在什么著作的基础上进一步发展。也可感谢师友同行的启发、讨论与争辩对该书问世的促进作用。谢辞并不是虚文假礼，而是学术发展在一个具体方面的真实记录，是对前人学术成果的一种必要的尊重。

4．序言

序言也称书序，分为自序和他序两种，以他序为多，一般由作者邀请上级领导或专家撰写，主要是对书和作者的介绍及评述。

5．前言

前言是作者对作品的引言，主要对图书、作者和创作过程做出说明，也包括对该书出版给予帮助的感谢，以及恳请读者批评指正的用意。前言可署“编者”虚名，也可署主编等具体作者姓名。

6．目录

目录放置前言之后、正文之前，是全书的提纲，一般分为篇、章、节及附录、参考文献等。节后面的标题一般不加入目录。

7．正文

正文为图书的主体部分，一般内容较多的科技类图书特别是医学著作都采用篇、章、节的格式撰写。科学普及类图书，因读者对象为大众群体，不一定采用篇、章、节的格式，而更多采用简单的目录格式。

8．附录

附录是对图书正文的一种补充，以便于读者对正文内容加深理解或延伸阅读。附录一般要和正文内容密切相关，没有必要的附录可以不加。

9．参考文献

参考文献是学术研究和图书写作过程中，参考、借鉴或引用过的文献资料，著录格式应符合《信息与文献 参考文献著录规则》（GB/T 7714–2015）。参考文献一般位于图书正文之后，大型著作或参考文献较多时，章或节后也可著录参考文献。

10．后记

后记是指写在书籍或文章之后的文字，多用以说明写作经过或评价内容等，又称跋或书后。有时作者用后记的形式对研究问题提出引人深思的看法，让读者能够进行更深层次的思考。

对于医学专业图书来说，以上构成图书内容的10个部分中，题词/致谢、序言、附录、后记4个部分是作者根据需要和可能选择采用的，即可有可无；其他6个部分构成了一本图书的实质内容，是不可缺少的部分。

（三）图书的设计构成

1．开本

开本是指图书幅面的规格大小，即一张全开的印刷用纸裁切成多少页。常用的图书开本有：16开（787 mm×1 092 mm 1/16），大16开（889 mm×1 194 mm 1/16），小（特）16开（710 mm×1 000 mm 1/16），大32开（889 mm×1 194 mm 1/32）。

2．印张

印张是一本图书印刷时所用的纸张数量的计算单位，图书中一张纸有正反两面，即2个页码，在开本确定的情况下，一个印张的页数与开数相同，纸张数是开数的1/2。印张是核算印刷费用及图书定价的主要依据。

3．图书字数

图书字数即版面字数，计算方法：总字数＝每页行数 × 每行字数 × 总页数。图书总页数包括文前和内文的全部页面。图书版面字数是计算图书容量及作者稿酬的主要依据。

4．版式（版面）

版式指图书排版的式样，包括版心、排式（横排或竖排、单栏或多栏）、书眉、页码、行距、标题、字体、插图等大小格式的安排。版式代表着图书的风格，医学专业图书的版式，应以端重、大方为主，避免零乱、花哨现象。

5．版心

版心指图书版面上排印的文字、图画的部分，不包括四周的白边（周空，各约20 mm）。16开本科技图书的版心一般为140 mm×220 mm。科技图书排版时，文字、表格、插图等一般都不能超出版心。

6．页码

页码是图书每页上表明次第的数字，书中奇数页码称“单页码”（放书眉章名），偶数页码称“双页码”（放书眉书名）。图书文前部分除目录外，一般不编排页码（暗码），内文部分应顺序编码（包括篇章页的暗码）。

7. 字体和字号　字体是印刷字的体式。计算机汉字的字体有宋（宋体）、黑（黑体）、楷（楷体）、仿（仿宋体）等数十种。字号是印刷字大小的规格。汉字目前常用的字号（号数制）有 18 种（小七至特大）。字号也常用点数制（point，P）表示。如图书中常用的 5 号字，即 10.5 P。

二、图书的分类

图书分类既是一个大众普遍应用的方法，又是一个十分复杂和严谨的学科课题。

图书分类的大众应用，一般是根据读者对象，将图书分为教科书、理论读物、文学书、历史书、儿童读物、科学普及读物等，实体书店一般也是根据大众习惯按这种分类摆放图书。但这种分类是相对笼统的，不适合图书管理和查询，必须有一个科学、系统、包罗万象的同属分类方法。

《中国图书馆分类法》是中华人民共和国成立后编制出版的一部具有代表性的大型综合性图书分类法，是当今国内图书馆使用最广泛的分类法体系，简称《中图法》。《中图法》初版于 1975 年，1999 年出版了第四版，2010 年又经修订出版了第五版。修订后的《中图法》正式改名为《中国图书馆分类法》，简称不变。新版《中图法》全面补充新主题、扩充类目体系，使分类法跟上科学技术发展的步伐。同时规范类目，完善参照系统、注释系统，调整类目体系，增修复分表，明显加强类目的扩容性和分类的准确性。

图书分类法又叫图书分类词表，是按照图书的内容、形式、体裁和读者用途等，在一定的哲学思想指导下，运用知识分类的原理，采用逻辑方法，将所有学科的图书按其学科内容分成几大类，每一大类下分许多小类，每一小类下再分子小类。最后，每一种书都可以分到某一个类目下，每一个类目都有一个类号。分类词表是层次结构的类号（字母）和类目（数字）的集合。

《中图法》将中国图书分为“马列主义、毛泽东思想 / 哲学 / 社会科学 / 自然科学 / 综合性图书”五大部类和如下 22 个基本大类：

A 马克思主义、列宁主义、毛泽东思想、邓小平理论

B 哲学、宗教

C 社会科学总论

D 政治、法律

E 军事

F 经济

G 文化、科学、教育、体育

H 语言、文字

I 文学

J 艺术

K 历史、地理

N 自然科学总论

O 数理科学和化学

P 天文学、地球科学

Q 生物科学

R 医药、卫生

S 农业科学

T 工业技术

U 交通运输

V 航空、航天

X 环境科学、劳动保护科学（安全科学）

Z 综合性图书

医药、卫生图书位于第 16 大类，大类号 R；其下又依次分为 20 个小类，如临床医学分在第 7 个小类，小类号 7 R4 临床医学；每个小类下又分为若干个子类，如诊断学分在第 1 个子类，子类号 1 R44 诊断学；每个子类下又分为若干个类目，如影像诊断学分在第 4 个类目，类目号 4 R445 影像诊断学；有些类目下还分有小类目，如 4 R445 影像诊断学下就分有 1 R445.1 超声波诊断等 8 个小类目。最后，每一种医药、卫生图书都可以分到某一个类目下，每一个类目都有一个类号。通过网络可以便捷地查询每一本中文图书的图书分类号及同类图书。

《中国图书馆分类法》对于医药卫生工作者从事科学研究和论文、论著撰写，都有极大的帮助，通过查询、阅读权威图书馆藏相关专业及类别的图书，可以借鉴他人已经取得的研究成果，了解相关学科发展的前沿信息，从而为自己的研究和写作提供极大的帮助。

三、中医药图书的分类

鉴于中医药图书的特殊性，予以重点介绍说明。中医药图书的分类是将中医药图书分门别类组织排列的一种手段，是中医药图书馆学的重要研究内容。图书分类在图书发行和管理中为图书的组织管理提供了科学的方法，它的目的在于方便人们管理和利用图书。

中医药图书的分类始于西汉末年刘歆编著的《七略》，它是中国古代第一部综合性图书分类目录，其中《方技略》将医书分为医经、经方、房中、神仙四个大类；后晋刘煦编著的《旧唐书·经籍志》开始将医书分为七类；宋代郑樵编著的《通志·艺文略》把中医药图书细分为二十六类；明代焦竑编著的《国史经籍志》将医书分为十七类；明代殷仲春编著的《医藏书目》对中医药图书进行专科分类，成为中国现存第一部中医药图书专科目录。但在图书分类学领域里流行最广、影响最深的是四库分类法，自《四库全书总目》成书二百余年间，它成为各家公私藏书和编纂书目进行图书分类的参证和依据，是最具权威的分类法。虽然西方的图书分类法在鸦片战争以后被介绍到中国，但绝大多数图书馆和藏书单位对中医药图书的分类还是采用改良的四库分类法。

纵观 1949 年以前的中医药图书的分类方法，其原则基本是以书立类，辅以学科和病名作为类目名称。类目设置和名称上的变化基本上反映了中医药学术发展的源流和学科分化的状况，虽然在专业化和精细化程度上不断提高，但在类目设置上仍是广度有余而深度不足。

从 20 世纪 50—80 年代，中医药图书分类的理论和方法缺少专门研究，造成了当时中医药图书分类混乱的局面，中医系统图书馆采用的分类法各不相同，主要有《中医图书分类初表》、《祖国医学分类法》、《中医图书联合目录》类目、《上海中医学院中医图书目录》类目、《中国丛书综录子目分类目录》子部医家类分属、《四部总录医药编》分类法和马继兴的《中医文献学基础》中的“中医文献的主要类别”。

《中国图书馆分类法》的出版改变了分类法混乱的局面，成为国内使用最广泛的分类法体系。

对于中医药图书的分类而言，《中图法》第一版、第二版的贡献在于创建了科学化的中医药分类体系，为以后的中医药分类法奠定了基础。1990

年出版的《中图法》第三版对中医药类目进行了重大调整和修订，实现了传统中医药分类体系的重大突破，初步形成了具有社会、心理、生物医学三位一体特点的现代中医药图书的分类模式。1999 年出版的《中图法》第四版对中医药相关内容的修订，主要是在中医临床学类下增加了专用复分表，供临床各科子目复分，以增加文献标引深度。2010 年出版的《中图法》第五版对中国医学类共计有 35 处修订，解决了某些类目的交叉、类名涵盖不准确等问题，加强了某些类目的横向联系。

虽然《中图法》是中国最具权威性、通用性、标准性的大型图书馆分类法，但并不能完全解决中医药图书分类的问题，如反映中医交叉学科的类目偏少；有些类目标引文献的深度不够，有待于细化；一些类目编列有交叉重复现象。中医药图书馆的研究人员对于《中图法》的完善提出了很多建设性意见，包括增加自拟类目和修改类目，这对于中医药图书的分类的发展和完善起到了积极的促进作用。

第三节　医 学 图 书

一、医学图书的重要作用

医学图书，即医药、卫生图书，属于自然科学类别图书，是整个图书分类系统，特别是自然科学大类中的重要组成部分。据中国版本图书馆中国 ISBN 中心统计显示，2018 年 4 月一个月共制作图书 CIP 数据 14 862 条，自然科学图书 CIP 数据 6444 条，其中医药、卫生图书 1149 条，分别占图书总量的 7.73%，自然科学图书量的 22.5%。

医学图书对于医药卫生学科发展以及每一位医药卫生工作者的成长，都是至关重要、不可或缺的。医学科学迅猛发展，新成果、新理论、新技术不断涌现，医学信息技术的日新月异为医疗服务工作的进一步完善提供了可能，医学科研活动的进展、医学信息技术的传播与交流在新技术的帮助下取得了很大进步，临床医务人员选择医院某些重要课题和科研项目，在进行科研攻关时，或在临床工作中经常会遇到一些疑难病的诊断治疗，以及手术过程中出现的异常、病例讨论、学术交流乃至新药的性能、用药剂量等，都希望获得医学图书、期刊资料，了解到最新的医学信息。现代医学正是通过图书、期刊、网络、会议等信息不断交流的促进和推动下，得以快速发展。

二、医学图书的发展简史

中医书籍以历史之悠久、数量之浩瀚、内容之丰富堪称人类文明史之瑰宝。《黄帝内经》是我国医学宝库中现存成书最早的一部医学典籍，与其后问世的《难经》《伤寒杂病论》《神农本草经》构成中国传统医学四大经典著作。北宋时期，政府成立“校正医书局”，该书局不仅是我国历史上最早设立的医书校正机构，也是世界上最早设立的医书出版机构。宋代校正医书局的设立及其对古医籍的校勘整理工作起到了承前启后、继往开来的历史作用。后来的元、明、清诸代均未继续成立专门的校正医书机构。因此，宋代校正医书局也是我国古代唯一专门出版医学书籍的机构。

近现代医学图书是伴随着西医在我国的传入而发展起来的。明末清初，大量的西方传教士来到中国。他们在给中国带来基督教的同时，也把西方的近代科学技术和医药学带到了中国。近代西方医学在我国的传入，除了表现在开设教会医院和诊所外，还包括开办学校、留学活动和编译西医书刊。我国第一本西医类图书作者是英国传教士医生合信（Hobson，1816—1873 年），他是医学硕士，英国皇家外科学会会员，毕业于伦敦大学。1839 年受伦敦会派遣来到中国，曾在澳门、香港、广州从事传教与医疗活动。在 1850 年编译了《全体新论》一书，原名为《解剖学和生理学大纲》，该书介绍了各种动物骨骼的比较、韧带和肌肉；描述了脑髓、脊髓和神经系统及各个感觉器官、泌尿器官、生殖器官；对心脏和肺部的论述占有重要的章节；对各内脏都有说明和图解，最后根据身体组织结构做一短评。该书出版后曾经数次再版，对当时中国医学界的影响非常之大。

从 19 世纪 50 年代到辛亥革命前，有 100 多种外国人译著的西医书籍在我国流传。辛亥革命之后，我国开始由官方有组织地从事医书编译工作。从 1850 年合信编译《全体新论》出版，到 1935 年坎宁安的《实用解剖学》第 3 卷问世，80 多年间已有 200 多种西方医学著作在我国流传。

中华人民共和国成立后，我国的医疗卫生事业得到了前所未有的发展。同时，一批专业编辑出版医药卫生类图书的医学专业出版社，以及以编辑出版医药卫生类图书为重要出版方向的科技出版社先后成立。《实用内科学》《协和内分泌和代谢学》《黄家驷外科学》《吴阶平泌尿外科学（上、下卷）》

《王忠诚神经外科学》《林巧稚妇科肿瘤学》《诸福棠实用儿科学（上、下册）》《钱礼腹部外科学》等重要医学著作，既是我国近现代医学发展成就的标志，也成为我国一代又一代医学工作者奋进前行的基石。

三、医学图书的分类

医学图书按《中图法》可分为 20 个大类，但在编辑、出版领域，为便于识别和定位，可将《中图法》的 20 个大类整合为以下五个类别。

1. 基础医学类

可将《中图法》中 R-0 一般理论、R-3 医学研究方法、R1 预防医学、卫生学、R3 基础医学、R9 药学这 5 类图书归入基础医学类，这类图书的属性以教材类图书居多，读者对象主要是医学院校师生。

2. 中医药类

《中图法》中 R2 中国医学与本类图书完全切合。中医药类图书涉及范围广泛，既包括中医古籍整理出版，也包括现代中医临证经验的总结，还包括中西医结合的理论和实践方面的研究等。

3. 临床医学类

《中图法》中有 12 类图书基本上都可以归入临床医学图书之类，包括 R4 临床医学、R5 内科学、R6 外科学、R71 妇产科学、R72 儿科学、R73 肿瘤学、R74 神经病学与精神病学、R75 皮肤病学与性病学、R76 耳鼻咽喉科学、R77 眼科学、R78 口腔科学、R8 特种医学。临床医学类图书是医学图书的最大类别。

4. 医学科普类

《中图法》中没有此类图书分类，但在编辑出版活动中，医学科普图书已成为一大类别，在 R1 预防医学、卫生学中有 R193 卫生宣传教育分类，医学科普图书似可归入此类。随着科学普及事业的发展和大众生活的需要，这类图书会有更大的发展和广阔的市场。

5. 医学辞书和年鉴类

医学辞书根据学科属性本可归入以上相关类别，但考虑到这类图书的编辑出版属性，单独列出也有必要。医学年鉴类图书应属于 R-1 现状与发展类别，主要记述卫生事业或学科发展的年度状态，如《中国卫生年鉴》《中国内科年鉴》《中国口腔医学年鉴》《中国医学装备年鉴》等。

6. 医学译著类

《中图法》中也没有此图书分类，根据学科可归入相关分类，R79 外国民族医学似可归入此类。随着医学科学的发展和对外交往的增多，引进版医学图书已成为医学出版市场的一个热点，一些经典西医名著，如《希氏内科学》《威廉姆斯产科学》《坎贝尔手术骨科学》等受到读者的普遍欢迎。我国输出的医学图书大多集中在传统中医领域，输出地主要集中在华语地区，这方面随着我国“一带一路”倡议的推进，优秀中文医学图书必将迈出“走出去”的更大步伐。

四、医学图书的出版

（一）医学图书的出版机构

1. 医学图书专业出版机构

1953 年人民卫生出版社成立，标志着新中国医学图书出版事业的兴起，至今已有人民卫生出版社、中国医药科技出版社、中国中医药出版社、中医古籍出版社、新疆人民卫生出版社、中国人口出版社等多家医药卫生图书出版社。医学图书专业出版机构是医药卫生图书出版的主力军，有学者统计，约 70% 的医药卫生图书是由医药卫生图书专业出版社出版的。

2. 科技类图书出版机构

科技类图书出版机构这是我国医药卫生图书出版的又一支重要力量，主要有科学出版社、中国科学技术出版社、科学技术文献出版社以及各省、自治区、直辖市的科学技术出版社等。医药卫生图书多年来在科技类图书出版机构出版占比均超过 20%，科技类图书出版机构对医药卫生图书的出版都十分重视，无论在品种和数量上，科技类出版社在医药卫生图书出版领域都发挥着重要作用。

3. 大学出版机构

大学出版社是改革开放以后发展最快的一类出版机构，医药卫生图书当然也是医药卫生类大学主要的出版方向，如北京大学医学出版社、中国协和医科大学出版社、海军军医大学出版社、空军军医大学出版社等，其他一些合并有医学院校的综合性大学出版社，也有一定数量的医学图书出版，如复旦大学出版社、上海交通大学出版社、浙江大学出版社、中山大学出版社、中南大学出版社、四川大学出版社等。

（二）医学图书的出版流程

1. 选题

选题是医学图书出版的最重要的环节，选题的重要性不仅关乎图书的自身销量与阅读量，更直接关系学科的发展与创新。医学图书选题一般来源于两个方面，一个是作者方面，即作者已有明确的选题方向，或已有比较成熟的书稿，向出版社投稿；二是出版社编辑方面，即出版社的策划编辑，确定了选题方向后，向作者约稿。选题确定后，才可进入出版活动的下一流程。选题确定前，还应该报出版社批准和备案。

2. 组稿

医学图书组稿的途径分为出版社向作者约稿与作者向出版社投稿两种。组稿环节主要包括约稿申请、接受约稿、接受来稿、登记来稿等，这种组稿方式现在都可以通过网络来完成，能够大幅度减少组稿时间，实现图书的更快出版。组稿作为医学图书出版流程制度中的准备阶段，它的目的是为后续的审稿环节明确处理对象。

3. 审稿

在医学图书出版流程制度中，审稿无疑是其中一项至关重要的环节，它是确保医学图书具备高质量的重要手段。医学图书必须具备选题新颖、论证论据充足、事实依据严谨、文笔丰满、结论正确等要求。审稿环节分为初审、复审、终审及修改等环节，各环节的根本目的是使书稿达到本书出版的最好水平，并将可能出现的差错降低到最低限度。

4. 加工

由编辑对图书中的文稿表达进行审核与修改，在加工时需要确保文稿中的内容准确、语言简练、图表规范等。编辑在进行加工时，还要对文稿的结构、体例、语言文字、参考文献、计量单位等进行反复推敲，以此确保实现图书精益求精的目的。

5. 其他出版流程

其他出版流程主要包括图书排版、校对、封面设计、质量检查、定稿、图书印刷、图书发行、稿费结算、出版后审读等，这些出版流程较为简单和容易，一般由相关专业人员完成即可。在图书定稿、付型前，必须有作者或主要作者签字同意。

（三）医学图书的出版方式

1．常规出版

常规出版指出版社依照方针政策和出书范围，有计划地组织出版活动，并单独核算和承担盈亏责任的方式。目前我国绝大多数出版社的大多数图书是以这种方式组织出版的。这种方式组织出版的图书，一般均由出版社总发行，由新华书店经销。出版社也可按照有关规定采取多条发行渠道、多种购销形式发行。以常规方式出版的图书一般称为本版书。

2．联合出版

联合出版指两家或两家以上出版单位共同投资、联合组织出版图书的出版方式。这在国家之间的合作出版业务活动中尤为常见。它以签订合同方式进行。其发行由一方承担或合同各方共同承担，也可委托出版合同外的他方承担。同一种书稿用不同国家的文种出版并在各自国家发行时，应遵守各自国家的有关法规、政策。

3．协作出版

协作出版是我国改革开放后出现的一种出版方式，又称委托出版，也称为自费出版。协作出版正常的程序：出版社初审稿件后，认为书稿内容达到出版要求，符合本社出书范围和新闻出版管理部门规定的协作出版的图书范围，即自然科学和工程技术著作，出版社与供稿者签订协作出版合同，供稿者按有关规定向出版社交纳管理和编审费用，出版社负责书稿编审并提供书号。协作出版的图书主要交新华书店发行，必要时也可对口征订发行。在经营上，由协作者自负盈亏。

4．众筹出版

众筹出版是一种近年在中国出版界兴起的新颖的出版方式。原理：握有图书内容资源的作者和出版社都觉得一本书很有出版价值，但苦于资金短缺，于是就拿到网上向读者筹资。众筹出版翻译自国外crowdfunding一词，作为“互联网＋”的概念，在传统的图书出版行业掀起了一股新风。众筹由三个因素构成：发起人，即有创造能力，有超值产品，但并不一定是缺乏资金的人；支持者，即对筹资者的故事和回报感兴趣的，有能力支持的人；网络平台，也就是连接发起人和支持者的互联网终端。众筹不是捐款也不是投资，支持者的参与均设有相应的回报，可能是实物，可能是服务，也可能是两者均有。所以，对一个项目的支持是典型的购买行为。众筹出版是出版业与社会化网络时代结合的新产物，改变了一般意义上的生产者和消费者位置，为出版物的生产和流通提供了更为广阔的融资渠道，同时也为我国整个出版产业带来了更多生机。

5．按需出版

这种方式是出版单位完全依据市场需求出版图书，出版单位与作者签订供稿合同，作者需要支付一笔一次性的费用，然后出版单位按 10% ~ 20% 的版税或依据实际图书销售状况付给作者稿酬。出版单位先把图书流程做到印前，然后挂在网上销售，而读者通过网站选择想要买的书，付费后出版商将其印刷、装订后寄给读者。按需出版是一种全新的出版方式，它通过采用先进的数据处理技术、数字印刷和网络系统，将出版信息全部存储在计算机系统中，需要时直接印刷成书，省去制版等中间环节，真正做到一册起印，即需即印。它突破了传统模式的印数限制，印量较少时，制作成本比传统印刷大大降低；而且数字印刷系统自动化程度高，也节省了大量的人工费用。

6．网络出版

网络出版也叫互联网出版（online publishing, internet publishing, e-publishing），是伴随着网络技术的发展而出现的一种新型的电子出版形式。根据原国家新闻出版广电总局《网络出版服务管理规定》，网络出版是指通过信息网络向公众提供的，具有编辑、制作、加工等出版特征的数字化作品，并通过互联网发送到用户端，供公众浏览、阅读、使用或者下载的在线传播的行为。网络出版应具有下列特点：①主体合法性；②产品数字化；③流通网络化；④交易电子化。随着网络技术的快速发展以及人们阅读习惯的改变，网络图书出版必将迎来更大的发展。

第二章　医学编辑的基本技能与素养

医学编辑具有专业化、复合型、精细化的岗位特点，是名副其实的“多面手”。由于医学编辑特殊的岗位特点和要求，若要成为一名优秀的医学编辑，则必然需要形成自己综合性的知识结构，培养多方面的工作技能，并在端正态度、葆有医学界求真的赤子之心的基础上，保持知识及技能结构的不断更新，形成自身的核心竞争力。

第一节　医学编辑的知识结构

医学编辑工作是以医学为基础，结合药学、生物学、卫生学等相关学科，以及经济学、统计学、传播学、法律、英语等其他学科，形成具有跨学科、跨领域特性的复合学科结构背景。医学编辑的知识结构基本可以分为三大类型，分别为基础的医学储备知识、实战的应用型技能和跨学科的辅助型知识。

一、医学储备知识

医学作为一门从疾病预防到疾病治疗的系统学科，研究领域非常广泛，因此，作为一名医学编辑，“医学”永远是置于“编辑”之前的基础。作为医学编辑，区别于普通编辑类工作，最大的核心竞争力即源于自身的医学背景和专业知识，因此在编辑工作之中，应努力夯实自身的医学储备知识。

1．生命科学基础知识

生命科学有多个分支学科，除了最基本的生物学，与医学应用较为紧密的便是研究活机体的生命活动规律的生理学等分支学科，通过这些分支学科，学习在整体观点下通过实验探讨机体各部分的功能及其内在的联系，为进一步理解人类疾病的发生、发展和防治奠定理论依据。

2. 临床专业基础知识

临床医学知识分为理论基础和临床经验。临床医学是研究疾病的病因、诊断、治疗和预后，提高临床治疗水平，促进人体健康的科学。由于临床医学是以患者的临床表现为基础的，绝非空穴来风，因此只有理论基础可能仍是纸上谈兵，若能以一定的临床经验辅助理解，则能更好地将这门学科融会于工作中。

3. 药学基础知识

药学是研究药物的一门学科，是揭示药物与人体或者药物与各种病原生物体相互作用与规律的科学。药学也是研究药物的来源、成分、性状、作用机制、用途、分析鉴定、加工生产、经营、使用以及管理的一门科学。现代药学是在化学、生物学、医学等学科基础上发展而来，包括药物化学、药理学、药剂学、药物分析学、生药学、生物制药六大主干学科。

4. 卫生学基础知识

卫生学是预防医学的分支学科，通过利用环境因素来预防疾病、促进健康。卫生学是在“预防为主”的工作方针指导下，以人群及其周围的环境为研究对象，研究外界环境因素与人群健康的关系，阐明环境因素对人群健康影响的规律，提出利用有益环境因素和控制有害环境因素的卫生要求及预防对策的理论根据和实施原则，以达到预防疾病、促进健康、提高生命质量的目的。

5. 科研基础知识

科学研究是指利用科研手段和科研设备，对客观事物的内在本质和运动规律进行的调查研究、实验、试制等一系列的活动，是人们探索未知事实或为完全了解事实的本质和规律以及对已有知识分析整理的实践活动。

6. 学科交叉型知识

作为医学编辑，仅专注于自己的专业本身尚不能满足工作的需要，更重要的是具备多学科交叉的知识储备，将医药知识与其他学科的知识串联起来，不仅将本专业知识的应用面拓展开，也更能满足新时代人才的综合能力需求。在医学编辑的工作中，最主要涉及的几类学科交叉型知识，包括医学学术英语、医学经济学、医学统计学、文献计量学、医学法律知识（包括知识产权保护的相关内容）和健康传播学。跨语言、经济、统计、计量、法律、传播等多种综合学科，形成不同的学科分支，既是医学编辑自身知识体系构造中会遇到的重大挑战，也是成为一名优秀的医学编辑之路上必须积淀下的知识基石。

二、应用型技能

除了医学基础知识作为背景和铺垫，在实际工作中还有一些不可缺少的应用型技能，这些技能是工作中的实用“工具”，若能熟练掌握，即能达到事半功倍的工作效果。

医学编辑最需要的三大应用技能如下。

1．文献检索技能

文献是指使用文字、图形、符号、视频、音频等作为记录手段，将信息记载或描述在一定的物质载体上，并能起到存储、传播信息情报和知识作用的载体。文献检索是信息检索中的一种，经此可了解目前的研究状况以及国内外研究进展，发现已有研究中存在的不足，提出新的研究思路，从而明确研究背景和研究意义。

2．计算机网络应用技术

在当前信息时代，多种多样的计算机软件和网络让我们的生活及工作过程更加便捷，如何利用好这些工具是每一名医学编辑应当研究和锻炼的能力。随着各大平台的不断发展，快速地理解、掌握和利用新出现的平台，也是医学编辑应当具备的能力。

3．演讲技能

清晰的演讲与表达能力是让自己的观点和想法得到作者了解、关注的重要方法，表达虽然不能提升演讲内容的思想性，但却有助于使思想被最大程度地理解和接受。医学编辑并不只是“纸上谈兵”，好的演讲技巧能够使医学编辑“写”下来的内容获得更广的受众面和接受度。

三、辅助型知识

1．卫生经济学

卫生经济学是经济学的一门分支学科，研究卫生服务、人民健康与社会经济发展之间的相互制约关系、卫生领域内的经济关系和经济资源的合理使用，以揭示卫生领域内经济规律发生作用的范围、形式和特点的学科。卫生经济学是一门涉及多学科的交叉学科，涉及经济学、医学、伦理学、保险学、公共财务、成本会计和社会保障等一系列理论和方法。

2．新闻传播学

新闻传播学是研究新闻活动、传播活动及其他各种传播现象的学科。新闻活动不限于和大众传播工具的直接接触，如看报纸、听广播、看电视、浏览网页，人际交往中的信息传播同样是新闻活动。计算机、通信和电子技术的迅猛发展为现代医学信息的传播和发展增添了新的内涵与外延。此外，在生物－心理－社会医学模式主导下，现代医学信息传播的形式、内容、手段和方法都发生了重大变革。新闻传播学知识极大有利于医学编辑完整、高效地编辑和传播医学信息。

3．人文社会科学

人文社会科学是人文科学和社会科学的总称。人文科学关注的中心、研究的对象主要是关于人的精神、文化、价值、观念的问题。医学与人文社会科学紧密相连，培养具有人文社科素质的医学人才已成为现代医学发展之必然。必要的人文社科素质，有助于医学编辑更好地把握大众健康的关键需求，生产出更具有健康和市场价值的医学内容。

4．管理学

管理学是一门综合性的交叉学科，是系统研究管理活动的基本规律和一般方法的科学。医疗健康领域管理学有卫生管理学、健康管理学等。现代化健康服务管理必须先行，这就要求我们社会的各行业、各部门都要学习管理知识，运用管理知识，提高管理水平。

第二节　医学编辑的基础技能

作为医学编辑，最重要的技能主要有四个方面：通用技能、人际沟通技能、数据处理能力和时间管理能力。作为一名医学编辑，其职业胜任力模型中的主要素质和要素遍布各种主要的心理素质的六大类别，包括信息采集、收集意识和能力、客户服务导向、关系建立能力、团队合作精神、分析式思考能力和组织承诺，可见医学编辑的职业胜任力模型涉及多种不同类型的素质和要素，对个人的能力有着较强的考验。

一、通用技能

通用技能主要包括医学文献检索技能、计算机软件技能、演讲技能和医学英语的听说读写，其中前三点在前文中也已有所涉及，而医学英语的听说读写与一般性英语的要求不尽相同，除了需要达到基本的日常沟通能力，更涉及大量的专业词汇与术语的使用，因此医学编辑也需要培养专业的英语能力。

二、人际沟通技能

医学编辑工作涉及各种环节的辅助沟通，无论是医学编辑与同行之间的信息沟通，或者在同一出版机构的不同部门和岗位之间，乃至于读者或者与作者之间，都需要更有效的沟通，而这些场合由于各不相同，沟通的模式和技巧也不同，这就需要医学编辑不断摸索。

三、数据处理能力

医学编辑在工作中会遇到海量信息，包括文字及数据，但其中真正显著、有效、能够说明问题的数据量是极其有限的，对数据进行筛选、加工和处理是医学编辑的重要工作和能力。例如在文献的筛选中，如何在数千篇的文献中迅速筛选出最有效的文献（考虑发表时间、实验设计、结果显著性、影响因子等多方面因素）；从一篇文献中筛选出最重要的信息甚至是最能够说明问题的一张图片，就成为该项工作中体现医学编辑价值的关键。

四、时间管理能力

医学编辑的工作常是项目制的，每个项目需遵循清晰、固定的流程，也有硬性的时间规划和截止日期要求。为了项目能够按时顺利进展，对各个项目有明确的时间管理概念就成为最容易被忽略却也最为重要的能力。

第三节　医学编辑的基本态度

医学编辑可以说是“医学布道师”，是协助科学知识和概念有效传播的重要推手，其中，前面所言的知识与技能都只是“布“的手段，而“道”才是医学精神的实际内核。

一、敬业精神

敬业精神是人们对一件事情或一种职业的热爱而产生的一种全身心投入的精神，即忠于职守、热爱本职工作、专心致力于学业或工作。

二、服务意识

随着社会的发展，客户对服务有了更高的要求，需要更好的服务质量，提供优质的服务可以使双方获得共赢。客户是最宝贵的资源。医学编辑要为客户提供服务，在服务过程中需要认真对待每个细节，并通过不断学习和积累经验，提高自己的综合服务素养和业务能力。

三、保密意识

医学编辑在入职前应与公司签订保密协议，在工作中会与众多客户进行合作，所接触的文件可能涉及大量客户机密。对外交往过程中，员工可能通过语言、动作、材料等形式泄密，情节严重者可追究法律责任，因此需强化保密意识，避免造成双方的利益损害。

四、医学伦理

医学伦理（又称医学道德）是指医务人员在医疗卫生服务的执业活动中应具备的品德。医学伦理涉及生物学、医学、环境学、教育、科学研究、经济学、人类学等众多学科。医学编辑在工作过程中，也应该保持基本的医学伦理观念。

第四节　医学编辑的价值观

在上述基本技能的基础上，医学编辑需要形成正确的、符合道德标准和行业需求的价值观。

主要有以下四点。

（1）诚信、保密，应恪守医学道德，坚持学术客观与公平公正。

（2）坚持社会效益，坚持学术出版，坚持原创图书，不能在学术出版中夸大其词。

（3）知识和技能是核心，但态度和价值观要与医生 / 医疗行业的操守和规范相一致，医者仁心。

（4）要通过医学编辑有价值的服务让医院 / 医学专家行驶在正确、高效、高水准的轨道上。

第三章　医学图书编辑的职责与能力

随着医疗技术水平的飞速发展与进步，医学图书行业挑战与机遇并存。医学编辑作为医学行业及图书行业的多面手，需要具备多种能力，承担更多职责，牢记出版责任，实现两个效益。

第一节　全媒体时代医学编辑的职业素养

全媒体时代下，医学图书编辑除具有编辑专业知识、较高的文字功底、医学专业知识外，还需具备敏锐的政治识别能力、捕捉最新医学研究动态的敏感性、新旧媒体整合传播的能力及学术不端鉴别能力等。

一、敏锐的政治识别能力

医学图书以其学术性、科学性、专业性、严谨性为主要特点。医学图书中很少涉及政治层面的问题，编辑在长期的审校过程中，偏重于专业知识的审核，久之易发生政治问题不自主忽视的现象。政治审核是图书存亡的先决条件，医学编辑应提高政治审核意识，为图书和作者把好政治审核关。如有关新冠肺炎的书稿要把握好正确的舆论导向。在进行有关保健康复护理选题策划中，编辑应注意识别气功、练功健身等稿件，《关于不得出版宣扬愚昧迷信和伪科学内容出版物的通知》《健身气功管理暂行办法》等文件规定：涉及气功、练功健身的选题，限由新闻出版总署指定的体育、卫生类出版单位出版，其他出版单位一律不得出版。识别医学论文中的政治问题是医学编辑的基本专业素质，应提高自身对政治问题的敏感性，为医学图书的出版发行当好政治把关人。

二、捕捉最新医学研究动态的敏感性

全媒体时代，信息传播的即时性和内容的多样性要求医学图书编辑能迅速跟进最新的医学研究动态，并及时判断稿件内容的真实性和科学性，做好选题策划。如何在众多的书稿中甄选出既符合图书出版要求，又能成为当时临床研究热点论题的选题是对医学编辑的一大考验。医学编辑要有高度的选题敏感性。高质量的选题策划可以成就高质量的医学图书和优秀的医学编辑，高水平的医学图书和优秀的医学编辑可以吸引更多的优质书稿，这种良性循环是医学图书成功的必由之路。

三、鉴别医学书稿学术不端的能力

学术不端行为指作者在书稿撰写过程中出现的剽窃、伪造、篡改等行为，严重污染学术环境。当遇到文字复制比偏高的书稿时，需要结合相关专家的建议以及作者提供的原始书稿等进行综合分析判断，妥善处理，及时修改完善，保证书稿质量。

第二节　医学图书编辑的职业修养

医学图书编辑在理论、知识、艺术、思想、技术等方面的基础条件和必需的能力，是经过认真学习、实践锻炼和长期培养所达到的一定水平，包括责任与使命修养、语言文字修养、知识修养、专业技能修养。编辑修养是起基础性作用的，具有长期性，这就要求医学图书编辑必须不断全面提高自身各方面的修养。

一、责任与使命修养

杨牧之先生在《论编辑的素养》一书中说：“一个编辑首先要对你从事的工作感到重要和光荣，也就是我们常说的应该有时代的使命感，有社会的责任感。”图书编辑只有肩负责任感和使命感，才能在“互联网 +”时代与时俱进，树立“服务 +”意识和精品意识。

1．全情投入，不忘初心

古人云：“职之所在，责有攸归。”担任一本书的责任编辑，不单单只是在书上“责任编辑”这四个字后面写上你的名字这么简单。“责任编辑”四个字，是对付出辛勤劳动的编辑的一份尊重，更重要的是，它表明编辑对这本书负有不可推卸的责任。

2．树立“服务 +”意识

“互联网 +”时代，图书经营最根本的是拼服务。作为图书编辑，如果对工作的认识还只是停留在做好书这个层面上，那就远远达不到“互联网 +”时代的要求。在“互联网 +”时代，要想赢得读者，就必须树立“服务 +”意识。我们不仅要细分读者市场，了解读者阅读喜好、购书目的等，还要能根据调查分析的结果有针对性地开发读者需要的、感兴趣的图书，以及与此有关联的其他图书产品或服务。

3．树立精品意识

在图书出版领域，特别是在教辅图书领域，同质化、跟风现象更为严重。归根结底，在于缺乏使命感，精品意识树立得不够牢固。在一些人的观念里，精品图书必定得是大部头、精装书，平装书、小册子之类的书拿不出手，上不了大场面。这其实是一种片面的认识。精品图书，重要的不是数量和外在，而是书的品质。

二、语言文字修养

我国著名的编辑学家陈原说：“每一个合格的编辑，都应该是一个语言艺术家；如果一时驾驭不住语言文字，就应努力去学会驾驭这基础的工具，然后成为一个能把语言文字运用自如的巨匠。”

修改、加工稿件是编辑工作中必不可少的重要环节，也是编辑费力最多的工作。最常规性的修改，诸如删繁去冗，规范数字、字体用法，统一专门术语，核对引文，查对资料；纠正标点符号及病句；修改稿件中的政治性错误、知识性错误、常识性错误；深化、提炼与补充稿件的主题；调整稿件的框架结构、理清逻辑层次；修正观点、补充材料……

1．语言修养

编辑的语言修养指编辑应具备良好的口头表达能力和沟通协调能力。图书编辑在日常工作的各个环节都要同各种各样的人打交道。所以，图书编辑必须提高自己的语言修养，锻炼自己的口才，提高自己的沟通协调能力。在工作中，应做到语言表达准确无误、简明扼要。

2. 文字修养

图书编辑的文字修养主要体现在以下两个方面：其一，图书编辑要养成即时查阅字典、词典等工具书的习惯。其二，图书编辑要勤于练笔，提高写作能力。写作是编辑工作的延伸，编辑加工稿件，要有较好的文笔。只有文笔好，才能对老师写的文稿做出高水平的加工润饰，才能编辑出高水平的书稿。

三、知识修养

一个优秀的编辑必须具备较强的学习能力，必须有终身学习的观念和习惯，不断拓展和丰富自己的知识储备，不断提高自己的文化修养。要做到这些，非一朝一夕之功。编辑必须在日常工作和生活中做个有心人，不断学习，不断成长。

（1）编辑要有广博的学识。由于医学专业内容很多，需要编辑博览群书，熟悉各个方面的医学科学文化知识，这样处理稿件时才能做到心中有数。

（2）编辑应深耕专业领域，成为专家。作为医学图书编辑，应深耕自己所专攻的医学领域，努力成为该领域的行家里手。只有这样，编辑才能在稿件加工过程中做出比较客观的判断，才能很好地与作者、老师、学生沟通，才能确保图书质量。

（3）除了对于学科领域的专攻，编辑平时还要不断提高出版方面的技能，如选题策划、组稿审稿、加工校对、版式设计、成本核算等方面的技能。

四、专业技能修养

杨牧之先生说过："当今出版业最欢迎的人才之一，就是能掌握信息电子技术、数字技术的人才。"

随着数字技术的迅猛发展，网络出版物、多媒体出版物、电子书等数字出版物成为时代新宠，数字技术的变革正深刻地改变着人们的阅读习惯。对于编辑来说，跟不上数字技术发展的步伐，必将在未来的出版业竞争中被淘汰。数字出版是未来出版业的发展潮流和方向，教辅出版作为我国图书出版的重要组成部分，同样也面临着数字化转型升级。与此同时，传统教辅图书编辑的工作模式也将发生改变。无论你是否做好了准备，变革是大势所趋。

第三节　新时代图书编辑的编辑力构成

“编辑”常被要求应该做“杂家”，即知识面要够宽，能力面要够广。这样的要求在当今的时代背景下更加突出。首先，全媒体时代带来了巨大的信息量级、复杂的信息来源和参差的内容质量，编辑工作的核心是筛选和加工信息，在信息量级倍增的时代背景下，如何高效筛选、加工、传播优质内容，成为编辑人员面临的重要挑战。

一名图书编辑应该具备方方面面的能力，在新的时代背景下，编辑力至少应该包括思想力、判断力、审美力、控制力、营销力、技术力、人际力共七个方面，并具有特定的时代内涵。

一、思想力

“记载文明，传承文化”是编辑的职业使命。编辑所生产的产品是书籍，所加工的内容是思想和知识，正因为如此，从事编辑工作，除了基础的专业知识以外，还要求比从事其他工作更加具备独立思考的能力和批判性思维。这样才能在纷繁复杂的形势中，看清事实、把握规律，为图书内容的思想性、主题性、价值性把关。在当今社会，编辑人应该既保持对时代形势和纷繁信息的敏感，又保有清醒的头脑和专注分析的能力，这样才能履行好文明记录者和传承者的使命。

二、判断力

对编辑判断力的要求存在于编辑工作的各个环节和阶段，最有价值的判断是需求判断和内容判断。首先，在眼花缭乱的市场信息中，要具备辨别“真伪”需求的能力。其次，在稿源越来越复杂的今天，应该具备甄选和辨别高质量内容的能力。从纷繁复杂的选题和堆积如山的书稿中筛选出优质的、有价值的内容，就成为新一代编辑人工作中最具挑战性，却又是最具核心价值的工作。

三、审美力

当前，我国进入新发展阶段，新发展阶段的显著特征是经济社会高质量发展，其中一个重要方面是提升文化建设质量，不断满足人民群众对美好生活的需要。为了适应这样的变化，也为了更好地发挥“图书导演”的作用，编辑应该不断努力提升自身审美水平，提高图书产品的艺术化品质。编辑应当在日常工作中积累一些诸如字体、插图、排版等方面的设计常识，在图书设计的过程中，发挥好辅助和把关的作用，做好“设计师助理”的角色，从内容的角度出发，始终关注版式、插图、色彩等设计要素的得体和美观。

四、控制力

图书编辑工作的外延比较广泛，至少包括选题策划、组稿约稿、编辑加工、审稿、编校、设计、印制等十多个核心环节以及前期调研、后期推广、销售发行等相关环节。在各行各业生产效率都大幅提高的当下，从作者到读者，也都对图书的出版效率有了更高的期待。每一位图书编辑都相当于一个项目管理者，因此，对流程的控制能力和管理能力，即从工艺顺序、环节设置、人员组织、质量要求等各个方面出发，把控好各个流程的执行效率和执行质量的能力，也成为了新一代图书编辑的必备能力。

五、营销力

图书本质上是一种知识产品，而当下以有声书、互联网知识课程等为代表的知识产品新形式层出不穷，进一步对图书销售产生巨大的冲击。在这样的背景之下，出色的营销策略和营销能力就成为在市场上脱颖而出的关键。为了使优秀的产品不被各种“轰炸式”营销淹没，编辑作为整个生产流程中对产品了解最全面最深入的一环，应该培养市场意识和营销思维，主动推广产品，助力产品实现价值。

六、技术力

科学技术的快速发展使得出版技术也得到了大幅度的发展，技术变革带来的实践性变化存在于编辑工作的方方面面。技术的发展和变革无疑可以让工作和生产效率都大大提高，但同时也要求编辑不断更新知识储备、学习新技术、掌握新工具，因此，在行业技术不断发展的背景下，保持对出版新技术、新工具的持续关注和积极实践，将能够帮助编辑在坚持优质内容的前提下提高工作效率，也将能够帮助编辑在出版业务转型过程中从容应对，保持核心优势。

七、人际力

为了完成一本图书的出版，编辑要历经多个环节，和无数人打交道，因此新的时代背景对编辑的社会活动能力和人际交往能力提出了比以往更高的要求。如和作者打交道，他们是“客户”“老师”“合作伙伴”，重要性不言而喻，编辑在日常工作中常常需要和作者就书稿内容的加工、修改等进行沟通，有时难免遇到比较坚持己见的作者，这时候编辑就需要在尊重对方的基础上有理有据地说明自己的观点和建议，达成沟通的目的。对作者“不敢发一言”是不可取的，对作者动辄否定批判更是不讲职业道德的。又如，与设计人员合作，编辑常常遇到极具“个性”的设计人员，他们坚持己见，对编辑的意见充耳不闻的情况也是时有发生的，这时候编辑就需要既有耐力、又有技巧，有理有据地提出自身意见，找到内容和形式、图和文、文编和美编的最佳融合点。另外，在主管部门高度重视主题出版，国际交往频繁的背景下，编辑更有可能需要和政府部门、海外机构等不同性质的对象直接接触、合作，这些都考验着编辑的社会工作能力和人际交往能力。但无论对象如何，在复杂人际关系中“坚持原则、不卑不亢”，是编辑人际力的基础。

在实际的编辑工作中，这些能力既能够在不同的工作环节独立发挥作用，也能根据业务需要，两项或多项组合成内容策划能力、市场调研能力、商务谈判能力等综合能力，帮助新一代编辑人更好地适应时代需求，成长为高素质复合型专业人才，从而推出优质图书产品，为社会主义精神文明建设贡献力量。

第四章　医学图书的出版策划

第一节　医学图书的选题策划

一、医学图书选题策划的概念

选题是选题工作或选题方案的简称，是编辑学中最基本的概念之一。选题的内涵不仅指所选出版物的题目本身，尚包括确定该题目的整个构思过程以及对该出版物进行整体设计的过程，应强调选题工作的“综合性”和“整体性”。随着出版业的不断发展、编辑学理论体系的日趋完善，对选题概念的理解也日渐深刻和具体，越来越强调在选题过程中的策划成分，策划思想贯穿于选题的全过程。

策划在《辞海》中的解释为“计划和打算”，也指谋划、谋略的意思。策划并不是瞬间灵感所产生的“点子”，而是由若干个“点子”在某个系统内进行整合的理性的过程。策划是为达到预定的目标，仔细盘算，精心设计，进行发明创造的过程。

医学图书选题策划要达到的基本目标有以下几个：①确定图书名称；②确定图书的基本内容及结构；③确定图书的读者群体；④确定图书的作者。

医学是自然科学领域最复杂的一个学科分支，其知识结构和体系极其深邃、庞大。如何在浩如烟海的医学知识海洋中，提取、制作出一部部结构清晰、体系完整的医学图书精品，奉献给高知识读者群体的医药卫生工作者以及广大的医学院校师生，无疑是一个高难度的系统工程。这需要医学图书策划编辑在医学图书选题过程中，充分发挥作者－读者的桥梁和纽带的主导作用；着力培养优秀的医学图书作者队伍；广泛接触，倾听读者心声，打造广受读者欢迎并喜闻乐见的医学图书精品。

二、医学图书策划编辑的作用

1. 桥梁和纽带的作用

医学图书选题策划是随着图书出版事业的发展，特别是图书市场化进程的加快而兴起的。与传统的案头编辑工作不同的是，图书策划编辑工作的重点是作者和读者这两头，即扮演作者和读者之间的桥梁和纽带的作用。医学图书策划编辑只有和图书作者及读者保持密切的交流和联系，才有可能成为他们的知心朋友，也才有可能了解他们的愿望和需求，从而获得重要甚至重大图书出版选题的“灵感”。

2. 策划编辑制

近年国内一些出版社，特别是一些大型的医药卫生出版社或科技图书出版社，已开始实行“策划编辑制”，即在出版社内设立独立的策划编辑中心，或在编辑部内设立独立的策划编辑。策划编辑制是美、英等西方发达国家出版业所普遍采用的形式，随着出版事业的不断发展，选题策划工作和书稿文字编辑工作的分开也是必然的趋势。

3. 培养稳定的高水平的作者团队

有编辑形容“优秀的作者团队就是出版人的衣食父母”。图书既然是系统知识的完整集合，作者就是掌握了这些系统知识并完成这种完整集合的人。优秀的医学图书作者必须具备两条要素：一是必须是相关专业系统知识的掌握者；二是必须具备一定的文字写作和团队组织能力。后者对于主编需要多名作者共同参与的大型著作尤为重要。医学图书策划编辑通过各种途径与一批具备上述两条要素的医学专家建立并保持良好的关系和联系，就等于为自己开辟了一条优秀图书选题的通道。这里需要提及的是，在图书选题策划工作中起主导作用的图书策划编辑，必须尊重作者的首创精神，特别是作者已经有相对成熟的书稿时，不宜随意变更作者的思想和阐述。当然，作者也是愿意倾听并接受编辑成熟和建设性的修改意见的。

4. 广泛接触，倾听读者心声

图书作为精神、文化和知识产品，最终必然要接受市场（读者）的检验，图书进入市场只有受到读者广泛欢迎并喜闻乐见，才算圆满完成了这本图书的选题策划工作。医学图书策划编辑与读者的关系，包括两个方面：一是在选题策划过程中，必须充分考虑读者群体的大小、知识层次的高低、收入水平的多寡等因素；二是图书出版后，应采取尽可能客观的方法，了解读者对图书的评价，以便汲取有益经验，克服不足之处，为可能的再版积累修改资料和素材。

三、医学图书选题策划的基本原则

1．创新性

创新性就是选题的独创性和开拓性。独创性指在书籍的内容、形式、写作角度、编撰体例、设计装帧等方面的创新。开拓性指开发新的选题领域或者在原有的选题领域中拾遗补缺。每一个选题都应该有新的构思，形成鲜明的个性特色，避免和已经出版的书籍重复雷同。

创新性首先是图书内容的创新，如原河北中医学院教师赵洪钧所著《近代中西医论争史》是第一本全面探讨这一医学史研究课题的专著，该书1989年和2012年分别在安徽科学技术出版社和学苑出版社出版，受到国内外医学界特别是医史学界的重视。山西省人民医院刘燕萍等编著的《中国护理发展史》（中国医药科技出版社，1999），不但受到国内护理界的重视，连澳大利亚、泰国等国家的护理专业研究生也曾联系作者，函购图书并探讨学术问题。这些图书选题之所以比较成功，关键之点就是创新，填补了国内医史学界的相关空白。

医学图书选题创新是多方面的。河北医科大学李恩教授是国内知名的中西医结合专家，早在20世纪70年代由他领衔主编的《基础医学问答》《临床医学问答》（人民卫生出版社1976年、1979年初版）曾创下销售数百万册的记录。浙江大学城市学院包家明教授和霍杰合著的《整体护理临床问答》《护理健康教育问答》（中国医药科技出版社、中国科学技术出版社1998年、1999年初版），也曾创下首印8 000册，图书尚未出厂，征订已超印数的现象，几年间连续重印多次，以满足读者需求。上述图书并非完全内容创新之作，作为医学专业领域的普及读物，内容创新与形式创新同样重要，最为关键的是满足了广大读者的阅读需要。

2．权威性

权威性就是作者在所编著图书领域的学术权威性。权威性是医学图书作为学术著作的最显著的标志。《黄家驷外科学》是中国医学出版领域最耀眼的明珠，该书1960年初版，至今已出8版，历届主编黄家驷、吴阶平、裘法祖、吴孟超、吴在德等都是我国医学外科学领域的翘楚，该书曾获首届国家图书奖、卫生部首届科学技术进步奖一等奖、国家科学技术进步三等奖。当然，并不是每一本医学著作都要由医学大家担纲，前述《中国护理发展史》的主要作者刘燕萍的本职工作是手术室护士长，她对护理学科发展有着特别的兴趣，数十年如一日查找史料，访问前辈，勤奋写作，终使该书得以问世。

3．实用性

实用性是指图书的使用面和适应性，使用面越广，适用性越强，销售量越大，说明选题越成功。近年医学图书市场已成饱和状态，各级各类出版社的医学图书选题面临着读者市场的严峻挑战，如何突破重围，占领医学图书出版的制高点，很多出版机构和图书策划编辑进行了大胆和有益的尝试，如查房手册类、读片指南类、医嘱护嘱类、典型病例类等，这些图书与传统的医学教科书类图书的写法不同，针对性和适用性更强，很受年轻读者的欢迎。这类图书选题策划的成功在于，读者明确，错位竞争，系列展开，抢占市场，因此也成为出版策划的成功经验。

四、医学图书选题策划的常用方法

1．追踪热点法

学科发展是医学图书出版的源泉和动力，没有学科的发展就没有出版的推陈出新。作为医学图书策划编辑，必须经常阅读近期学术期刊，积极参加相关学术会议或活动，及时了解学术热点及学科发展趋势。相对成熟的新理论、新技术及专题论坛都是选题的策划热点。这类选题成功的关键，是要有站在学科前沿的专家、学者，如科学技术文献出版社自 2016 年起陆续推出了临床医学专家学者年度观点丛书，目前已出版数十种，如《脑干胶质瘤　张力伟 2016 观点》《帕金森病　冯涛 2017 观点》《肿瘤营养　石汉平 2018 观点》等。

2．作者遴选法

好的作者是产生好书稿的前提和基础。反过来讲，策划了好选题没有好的作者，也不可能出版好的图书。运用作者搜索法就是根据所策划的选题内容、体裁、风格及读者对象来搜索、发现和确定作者的方法。当然，这个过程是一个调查研究的过程，要求策划编辑在掌握有关作者信息资料的基础上，走出社门，走向社会，有的放矢地搜索作者，开展调查研究，综合考虑被搜索人的各方面情况，确定合适的作者人选。有了合适的作者，也就有了好的书稿、好的图书。要真正搜索、发现作者，关键还在于医学图书编辑要多策划质量较高或影响较大的选题，以此来扩大出版社在社会上的影响。只有这样，才能吸引优秀作者，建立一支高水平的作者队伍，从而形成好选题 – 好作者 – 好图书 – 好效益的良性循环。

同样以科学技术文献出版社 2016 年起推出的临床医学专家学者年度观点丛书为例，所选作者都是国内顶级水平的临床医学专家，有的还是两院院士，如《邱贵兴 2016 观点》的作者邱贵兴，中国工程院院士，时任北京协和医院主任医师、教授；《脑卒中霍勇推荐 2016 观点》的作者霍勇，北京大学第一医院教授、主任医师、博士研究生导师。

3．填补空白法

填补空白法是指编辑在他人尚未涉及的医学领域或出版领域，策划出高水平、有价值的选题的方法。这是医学编辑尤应重视的选题策划方法。医学发展十分迅速，新知识、新技术、新理论层出不穷。在医学研究的许多领域，有许多尚待编辑开垦的处女地，如果学术著作能进入这些研究的前沿地带，将会给出版业带来新的生机与活力。前述《近代中西医论争史》《中国护理发展史》都因填补了学科发展的空白而受到读者的欢迎和学界的重视。

医学出版领域的空白之地，需要策划编辑开动脑筋，加以填补。如近年医学图书中，二级学科中的内、外、妇、儿等图书或选题，比比皆是，同一选题多有撞车，但这方面并不是找不出更好的选题来。临床各科的查房手册系列、医嘱系列、典型病例系列、读片系列等，都是在传统的教科书系列基础上的大胆、成功的突破。2017 年起，中国医学著作网着手开发典型病例系列图书，至今已出版《中国呼吸内镜介入治疗典型病例（第一卷）》《肝胆外科临床诊治与典型病例荟萃》《神经内科临床典型病例精品荟萃》《泌尿外科临床典型病例荟萃》《溶栓病例精选荟萃——卒中亚型与溶栓治疗》等图书数十种。中华医学会呼吸病学分会主任委员、广州医科大学附属第一医院广州呼吸疾病研究所副所长、呼吸疾病国家重点实验室副主任陈荣昌教授对《中国呼吸内镜介入治疗典型病例（第一卷）》一书出版评价说，该书“汇集了很多我国优秀的呼吸介入病学的专家的成果，通过介绍临床实际病例诊治过程中经验和操作技术，传递知识，分享经验。无论对于临床一线工作的医务人员还是专注于呼吸介入治疗研究探索的专家学者，都是非常有益的参考书”。

4．好书借鉴法

医学图书策划编辑应该十分关注、学习已经出版的优秀图书的策划经验，不仅仅是优秀的医学图书，还包括其他自然科学图书，甚至政治读物。笔者在 1998 年曾与浙江大学附属邵逸夫医院护理教育部包家明主任策划编写一本十分热门的整体护理图书，当时图书市场上已有十几种同类书，但多是教科书类的，对于工作十分忙碌的临床护士的学习以及尽快普及整体护理知识，多有不便。正在迷茫之际，看到报纸新闻介绍当年国家“五个一工程”奖获奖图书中有一本《邓小平理论学习问答》的图书获奖，且出版社只是一个普通的师范大学出版社，从中受到启发，迅速拟订了《整体护理临床问答》的图书选题并开始写作，不到半年时间，即完成了写作和出版，受到护理界的广泛欢迎，很多地区和医院护士人手一册，广东等省份还将该书作为竞赛考试用书，连续几年多次重印，并数月占据中国医药科技出版社发行榜前三至五名。可见，医学图书策划编辑应该眼观六路、耳听八方，通过借鉴其他优秀图书的出版或写作经验，可以为医学图书的选题策划提供极大的帮助。

5．学科丛书法

医学专业特别是临床医学专业分科详细，目前国家层面的中华医学会有 88 个专科分会、462 个专业学组，中国医师协会有 57 个专科医师分会，25 个专业委员会，各省、自治区、直辖市基本也有相应的医学学术团体。如何发挥这些专科学术组织的作用，开辟医学专科系列图书选题的新领域，是医学图书策划编辑面临的重大机遇和挑战。中国医学著作网近年在这个领域做了大胆尝试并取得了很好的成果，先后与河北省医学会放射学分会合作出版了《临床影像诊断与典型病例丛书》（7 种），与河北省医学会超声分会合作出版了《实用超声技术诊断学丛书》（8 种），与河北省医学会神经外科分会合作出版了《实用神经外科疾病临床诊治重点与难点丛书》（9 种）等。这些图书的编写和出版，极大地调动了相关学科医护人员学习和写作的积极性，推动了学科的建设和发展，也为医学图书的策划和开发做了有益的探索。

第二节　医学图书的内容策划

医学图书的选题策划是从战略上解决一本图书的主题决策问题，这一问题解决后，还要从战术上解决图书的内容问题。如河北医科大学第二医院神经外科焦保华教授主编的《神经胶质瘤——基础与临床》（科学技术文献出版社，2002年7月初版）是国内较有影响的神经外科学专著，选题策划完成后，具体编写哪些内容，分出哪些章节，仍是需要精心策划加以完成。内容策划和选题策划，既紧密联系，又有所区别，在一本图书完成选题策划后，进行具体内容策划过程中，应注意把握以下原则。

一、全面性原则

医学图书比医学论文的一个突出特点，就是知识体系比较全面。因此，一本医学著作的选题确定后，首先要考虑的就是这个选题的内涵边界在哪里？在这个边界范围内，表述的范围不能有所遗漏。《神经胶质瘤——基础与临床》一书，共16章，原书稿为14章，分别为基础内容3章、诊断学内容3章、治疗学内容6章、预后评价等内容2章，后根据策划编辑建议，增加了“第十五章　胶质瘤患者的临床护理”和“第十六章　常见的神经胶质瘤”，从而使该书的内容更加全面，与“神经胶质瘤——基础与临床”的主题也更加切合。

二、逻辑性原则

医学图书内容表述的逻辑性十分重要，《神经胶质瘤——基础与临床》的前三章（流行病学与遗传学基础、生物学基础及病理学）是之后的三章诊断学内容的基础和铺垫，而前六章又是后六章治疗学内容的基础和铺垫，最后四章则是对全书内容的完善和必要的补充。这样就使60万字的图书内容前后衔接紧密，环环相扣，逐步展开，较好地实现了选题目标。

三、适用性原则

适用性原则也即实用性原则，主要是为读者着想的，具体策划时应考虑以下几方面：①内容适用，尽可能满足读者特别是临床一线医护人员的需要；

②语言适用，注意语言表述顺畅，语法正确，言简意赅；③图表得当，图表可以增加图书的可读性，但也会增加图书的制作成本，特别是一些质量低劣的插图，宁缺毋滥；④容量适用，一本书的选题目标 30 万字可以完成，绝不拖拉到 40 万字，以节省读者的时间和购书成本。

四、照应性原则

一本医学学术著作或一本医学科普读物，都是一个内容整体，全书的各个部分都应相互关联，彼此照应，不能有所脱节，或顾此失彼。如有的著作文前有专家题词，或序言，但作者没有在前言或后记中，对题词或序言作者有所介绍，就会让读者对题词或序言不好理解，也失去了对题词或序言作者应有的尊重。医学中一般应避免使用“我院”“我科”这样的第一人称指代，必要使用时，在书的前言或署名中应明确具体的医院，以便与“我院”“我科”相照应。否则，“我院”“我科”就不知何院、何科。

第三节　医学图书的制作策划

一、医学图书的体例策划

图书内容确定之后，还要进一步确定图书体例，特别是多人合著或大部头的医学专著，更需要事先明确图书体例，使每个参加写作的作者都有所遵循，也便于读者阅读和查询，并为后续的编辑和排版工作打下良好的基础。体例是一本书的结构形式，在图书内容确定之后，还必须有一个良好的表现形式，这就是图书体例的重要性所在。

（一）体例结构的设置原则

1. 总原则

体例结构设置总的原则，要考虑学科体系的安排，阐述和论证的方法，认识的一般规律，内容的复杂程度和篇幅大小等。

2. 一致性原则

图书体例设置的一致性，是对一本图书的最基本的要求，大到篇、章、节，小到节下的每一级目次，以及名词术语、计量单位、内容表述，都要做到全书一致。

3．简明性原则

在保证完整表述图书内容的基础上，不管是图书的体例设置，还是具体标题的语言表述，都应该注意简明扼要，避免繁复，以节省读者的阅读理解时间。

4．标题设置原则

（1）层级分明：准确区分不同层次的内容，每一层次应设立一个标题，不同层级的标题不能重复。同一层次的标题字体、字号、格式相同，词组结构尽量保持一致，下级标题与上级标题应有隶属关系。标题的占行要考虑美观。

（2）言简意赅：能完全涵盖本标题下的内容，不能题东文西、文不对题，也不能题宽文窄或题窄文宽。

（3）使用名词性的词、词组或短语：标题是表示图书内容的提示性语句，一般用词、词组或短语，忌用句子，切忌冗长。标题的末尾一般不加点号。

（4）使用规范和符合标准的名词术语：标题中所使用的名词术语要符合国家标准、相应的规范以及约定俗成的习惯。还要注意与正文所用的词语保持一致。若使用缩略语、代号等，文中要作解释。

（5）应用连接词，尽量少用标点符号：标题中应尽量少用标点符号，并列词可以用“和”“与”“及”“及其”等连词来连接。

（二）篇章结构的设立规范

1．篇（编、部分）

对于内容庞杂、篇幅过大、所述对象分支较多的书稿，可将几章的内容归为一部分，如设为篇或编。全书可分为几篇或几编。

2．章

章的设立通常从学科体系、论证方法、认识规律等方面综合考虑。设立章的目的，是使读者通过阅读章的目录就能了解全书的大致内容及轮廓。每一章的内容既相互联系，又相对独立。

3．节

章的下级标题是节。节的设立通常考虑所述内容的具体方面，不同的方面设置成不同的节。节的设立能使读者一目了然地了解本章包含的具体内容。节并不是章下必设的结构，如“概述”等章的内容并不多，章下可直接设目。

4．目

在节的下面，为了保证论述层级清晰，还需划分层级标题，也称为目。目不宜过少，原则上不少于两个；也不宜过多，否则可能造成内容不均衡，一般 3 ~ 5 级标题。

（三）篇章结构的类型及应用

1．篇章结构的类型

教科书类型的图书中，文内标题可简单分为章节式、等级式和混合式 3 种类型，如表 4-1 所示。

表4-1　标题编排类型

章节式	等级式	混合式
第一篇　××××	第一部分　××××	第一篇　××××
第一章　××××	1．××××	第 1 章　××××
第一节　××××	1．1××××	1．1××××
一、××××	1．1．1××××	1．1．1××××
（一）××××	1．1．1．1××××	1．××××
1．××××	（1）××××	（1）××××
（1）××××	1）××××	1）××××

2．篇章结构的类型应用

（1）章节式标题：章节式标题形式是最常见、最传统的一种标题形式，医学教科书、学术著作也大多选用这种形式。其体例格式可以按照字号由大到小、字体黑白相间的原则进行版式设计，具体内容如表 4-2 所示。

表4-2　章节式标题排版方式

标题名称	所属层级	排版方式
第一篇	0 级标题	单独占一页（一对单双面，即一页的两面），占两个页码，另页起
第一章	1 级标题	除第一章或第 × 编后的这一级标题必须另页起（单码起）外，其余各章为另面起（单双面均可）
第一节	2 级标题	此级标题有时可能与上一级标题同时出现而无正文隔开，这两级标题在字体和样式上要区分开，字号比上级标题降一级
一、	3 级标题	边排，单占行
（一）	4 级标题	边排，单占行，一般为可变字体的最后一级标题

续表

标题名称	所属层级	排版方式
1.	5 级标题	可以单占行的最后一级标题，或加空格接排正文，边排
（1）	6 级标题	作为标题时，标题后用冒号；不作为标题时，按正常行文处理，边排
1）	7 级标题	作为标题，标题后面用冒号，边排

（2）等级式标题：等级式标题来自国外，多见于翻译书稿中。

新闻出版总署颁布的《科技文献的章节编号方法》（CY/T35–2001）推荐了这种体例。目前，国内学术期刊所载论文多采用这种标题格式。但可能因为习惯的原因，国内医学著作使用这类标题的并不多。

等级式标题的排版与章节式有明显的不同，除相当于“章”的一级可以处理成居中排外，其余均采取左起顶格排方式。由于这种特点，等级式标题可减少占行和字少补宽的问题。

（3）混合式标题：混合式标题是一种折中的形式，它既保留了传统章节式的开篇“气势”，又具有等级式的系统性和条理性，常用于科技专著、理工科教材、教辅书的标题处理。这一类别标题的实际使用情况与等级式标题相同。

二、医学图书的版式策划

（一）医学图书的版面策划

1. 版面策划概念

版面是图书内容的载体，包括开本、字体、字号、行间距、字间距、书眉、页码、留白等要素。

2. 版面策划要求

版面策划总体要求是美观大方，疏密适当，大小得体，错落有致。

医学著作一般字数较多，三五十万字是常态，常使用 16 开本（787 mm × 1 092 mm 1/16），医学科普读物一般文字较少，常使用大 32 开本（889 mm × 1 194 mm 1/32）。少于 30 万字的医学著作可考虑采用小 16 开本（710 mm × 1 000 mm 1/16），超过 60 万字的医学著作可考虑采用大 16 开本（889 mm × 1 194 mm 1/16）。

（二）医学图书的文字策划

文字策划包括字体和字号两部分。医学专著的正文一般采用五号宋体，各级标题一般遵循由大到小、由黑至白的原则。医学科普图书的字体字号相对灵活，为便于读者特别是老年读者阅读，字号常用小四号字体，行间距一般也比医学专著大一些。

（三）医学图书的表格策划

医学图书特别是学术著作，往往有较多的表格。应用表格来说明问题的优势，在于表格可以直观地列示数据，并展示数据之间的相互关系。医学图书中的表格要表现的内容，往往比医学学术期刊还要复杂，有些内容应用学术期刊普遍使用的三线表，不一定合适，因此，医学图书还是使用统一的卡式表比较合适。当然，在使用中也要尽量简化，如不必要的横线可以省略。医学图书中的表格设计还有两点值得注意，一是表格设计不宜过于复杂，避免过于拥挤，甚至造成版面排不下的尴尬；二是表格应有自明性，即表格应具有暂时撇开正文内容而只通过表格本身就能反映其所包含正文内容的功能，使读者一目了然。医学图书中的表格字号应比正文小半号，常用小五号，表头字体常用黑体，表身字体与正文相同。

（四）医学图书的插图策划

图书插图是图书的重要组成部分，特别是医学图书，因论述多较抽象，如能配上合适的插图，则图文并茂，起到事半功倍的效果。图书插图从色彩上可分为彩色插图和黑白插图。彩色插图无疑因色彩绚丽，图层丰富，效果最好，黑白插图显然就要差一些。但彩色插图在制版和印刷过程中，要用红、绿、蓝 3 原色和黑色共 4 色油墨按减色混合原理实现全彩色印刷，即彩色印刷要制成 4 张不同颜色的印版，并在 4 色胶印机上印刷 4 次才能实现，而且要保证色彩鲜艳，还要使用铜版纸才能达到印刷效果。而黑白插图只需要制作 1 张印版，在单色胶印机上、用普通胶版纸即可完成。所以，彩色印刷的成本大大高于黑白印刷。如果黑白印刷能满足需要，就不必用彩色印刷。

医学著作中的插图大部分使用黑白插图即可，少量有必要使用彩色插图，可以将彩色插图集中到内文前或内文后单独印刷，再与内文等装订在一起，这是解决彩色印刷成本高昂的一个对策。如果少量彩色插图放在内文里印刷，整本书就都要按照彩色印刷的工艺和技术进行，由此造成图书制作成本大增，多数时候是不必要的。

医学著作中的插图要想获得理想的效果就一定要有好的原图。原图也可以分为两类：照片图（也叫影像图）和线条图（也叫绘制图）。要把各种图片插入图书中，按目前的技术都要把原图上传到电脑上，即把模拟图像转变为数字图像，并通过数字图像处理软件（常用 Adobe Photoshop），使原图符合计算机书版软件要求，并达到最好的显示效果。好的数字图像照片必须要在清晰度和分辨率两方面达到一定的要求。目前印刷技术要求图片的分辨率要达到 300 dpi（像素 / 英寸），如将一张普通邮票大小的照片设置成 300 dpi，其实际像素照片仍能保持清晰，这时照片的容量一般在 100 kB 以上（大点更好），这是印刷图片的最基本的要求，低于这个要求的图片就不能达到满意的印刷效果。至于图片用肉眼看上去就显得模糊不清（清晰度不够），即使照片容量大于 100 kB，也不能满足印刷要求。因此，判断一张照片能否用作图书插图，可从两方面着眼，一是看照片图像是否清晰；二是看照片容量是否达到。满足这两项要求的照片，用作图书插图一般就没有问题。

图书插图作为图书的一个组成部分，也不是越多越好，除非图谱类图书外，一般图书还是要坚持少而精的原则，因为书中图量太大，一方面可能增加一定的制作成本，另一方面可能有些图的质量难以达到印制要求，滥竽充数，影响了图书的整体质量。如有的书稿中的插图显然是从其他书中扫描获得，因质量较差，原书背页的文字都隐约可见。有的扫描图片上有说明文字，扫描后文字模糊不清。这样的图片原则上都是不能用于图书插图的，既达不到印刷质量要求，也涉嫌抄袭他人作品，对图书质量和作者名誉都有损失。

三、医学图书的装帧策划

图书的装帧设计是美学原则的图书设计中最直接的体现，表现于一本书从护封、封皮环衬、勒口，到印色、用纸、覆膜等的整体设计之中，是图书制作设计的不可忽视的重要方面。

在医学图书装帧设计中，封面设计是中心环节。好的医学图书封面应做到：主题突出，布局合理，色彩运用恰当，字体大小适宜，图案具有医学特色。

封面是书皮的俗称，一个完整的书皮包括封面、书脊、封底和勒口。封面的内容一般包括书名 / 丛书名、作者名、出版社名；书脊的内容和封面一样，但受空间限制，书名字数较多，或作者人数较多时，书脊的作者名可省略；封底内容主要有条形码（书号）和图书定价，有的在封底的左上角加编务人员姓名，也可在封底加整套丛书的分册名单。但封底一般不可加具有广告嫌疑的图案或文字；勒口，亦称飘口、折口，是指图书封皮的延长内折部分，一般印有作者或译者简介，同类书目或本书有关的图片以及封面说明文字，也有空白勒口。

图书的装帧方式有精装和平装 2 种，一般可根据图书内容并考虑制作成本选择，因精装图书会比平装图书成本增加不少，如不十分必要，选择平装即可。图书封面在铜版纸上都覆有贴膜，起到保护图书封面的作用，分光膜和亚光膜 2 种，光膜成本较低，亚光膜成本稍高，目前使用亚光膜较多。

第四节　医学图书的出版发行策划

一、医学图书出版社的选择

我国医学图书出版机构有三类：医学图书专业出版机构、科技类图书出版机构、医学类大学出版机构。医学图书专业出版机构是医学图书出版的主力军，约占医学图书市场 70% 的份额，是医学图书出版的首选出版机构。

人民卫生出版社（简称人卫社）独占医学图书出版的半壁江山，特别是医学教材和大型医学专著，是人民卫生出版社的独家强项。多年来，医药卫生界专家学者，都视在人民卫生出版社出版著作或参加人民卫生出版社教材编写为学术领域的崇高荣誉。因此，该社的医学图书出版门槛较高，对于一般的医学著作，不一定非要参与到人卫社图书的激烈竞争中，否则可能耽误出版时间或徒增出版成本。

中国医药科技出版社是隶属国家市场监督管理总局（原国家食品药品监督管理总局）的出版社，是药学出版领域的核心出版机构，以药学教材、教辅用书、考试用书、临床药学类图书、中医药图书为出版特色。有关药学理论、临床用药等专著，选择该社出版，无疑是最合适的。

中国中医药出版社、中医古籍出版社分别隶属国家中医药管理局和中国中医科学院，是中医药学和中医古籍类图书的专业出版社，具有该领域独特的出版优势。2017 年 1 月 1 日，《中华人民共和国中医药法》正式实施，为中医药学的健康发展提供了法律保障，也为中医药图书的出版繁荣提供了新的机遇。中国医学著作网适时与中国中医药出版社、学苑出版社及中医古籍出版社等合作推出《当代名老中医临证医案》大型丛书出版计划，借此全面总结国家级名老中医、中医药专家学术经验继承工作指导老师、名老中医药专家传承工作室传承人、中医临床专科领军人物或学术带头人的临证经验，为中医药学在新时代的繁荣发展作出贡献。

科技类图书出版机构是我国医药卫生图书出版的又一支重要力量。全国30余家科技类图书出版社，医药卫生图书多年来在科技类图书出版中的占比均超过20%。科技类图书出版机构对医药卫生图书的出版都十分重视，无论在品种和数量上，科技类图书出版社在医药卫生图书出版领域都发挥着重要作用。目前，在国内科技类图书出版机构中，科学出版社、中国科学技术出版社、科学技术文献出版社、上海科学技术出版社、天津科学技术出版社、江苏科学技术出版社、山东科学技术出版社、安徽科学技术出版社等，在医学图书出版方面，业绩比较突出，在国家级图书奖项方面医药卫生图书均有斩获，也形成了一定的医学出版特色。如江苏科学技术出版社着力开发面向临床一线、以临床实践活动为主要内容的实用性临床图书选题，先后开发了“临床医嘱手册丛书”“实用门急诊手册丛书”“主任医师查房疑难问题解析丛书”“临床药物丛书”“临床影像诊断丛书”“临床专科特色技术丛书”“中医挂图系列丛书”“现代护理技能指导丛书”等分门别类的系列图书选题，出版后受到广大一线临床医护人员欢迎。科学技术文献出版社与中国医学著作网近年合作开发的“临床典型病例图书”系列，也取得了可喜的成绩，目前已出版图书近百种，并正在积极谋划与万方数据共同建立国家级临床典型病例资源数据库。这些有着相当医药卫生图书出版经验的科技类图书出版社，一般对出版医药卫生图书的热情较高，出书速度也较快，很受一些医学图书作者欢迎。

医学类大学出版社都是由国内知名医科大学或含有著名医学院的知名综合性大学主办的，其基础医学研究水平雄厚，是出版高水平基础医学著作的理想出版机构。如北京大学医学出版社出版的《血管生物学》《消化系统疾病电子内镜图谱》分别获第十一届和第十四届“国家图书奖”。中国协和医科大学出版社2010年发起并承担了国家重点出版工程《中华医学百科全书》编辑出版工作，全书共138卷，约1.5亿字，分为基础医学、临床医学、药学、中医药学、公共卫生学、军事与特种医学六大类，覆盖我国医学领域的各个方面。2017年底，首批35部成卷书问世，包括《临床医学·心血管病学》《基础医学·人体解剖学》《中医药学·中医儿科学》《药学·生物药物学》《公共卫生学·环境卫生学》《军事与特种医学·军队卫生学》等。复旦大学出版社医学分社前身为上海医科大学出版社，在医学出版领域也颇有建树，闻玉梅院士主编的《现代医学微生物学》荣获第十届全国优秀科技图书一等奖，汤钊猷院士主编的《现代肿瘤学》荣获第八届“国家图书奖”，顾玉东院士所著的《手的修复与再造》荣获第十届“国家图书奖”。上海交通大学出版社医学分社成立于2005年，先后出版了“精准医学出版工程”“转化医学出版工程”“整合医学出版工程”等一大批优秀学术专著，取得了良好的社会效益。其中，“精准医学出版工程·精准医学基础系统”获得第七届中华优秀出版物奖提名奖。

除以上三类出版医药卫生图书的出版社外，还有一些综合类或专科出版社也出版一定量的医药卫生图书，如北京的学苑出版社在传统医药、中医古籍整理及养生保健方面出版了很多颇有影响的医学图书；化学工业出版社每年也有不少的医药卫生图书出版；高等教育出版社在医学教材出版方面具有相当的优势。

在选择医学图书出版社时，还有一个出版社的级别问题。所谓的国家级出版社或中央级出版社，还有省级出版社，其实都是人为划分的，也是不确切的。国家新闻出版管理部门从未对此作出过规定。这实际上也是和中国的大学类似，是一种行政化的区分。如由国家部委主管、主办的出版社，其社长、总编辑的行政级别为司局级，由各省、自治区、直辖市新闻出版局主管、主办的出版社，社长、总编辑的行政级别为处级，因此，也就有了所谓的国家级（中央级）出版社，或省级出版社。随着出版社企业化改制的完成，出版社的行政化色彩已基本淡化。实际上，图书的优劣跟出版社的级别并没有对应关系，那些所谓的中央级出版社库存积压卖不出去的书也比比皆是，而很多优秀的医学图书正是一些所谓的省级科技出版社出版的，如由山东科学技术出版社出版的《泌尿外科》荣获第二届“国家图书奖”，河北科学技术出版社出版的《食管外科学》荣获第二届“国家图书奖”，湖南科学技术出版社出版的《现代心脏内科学》荣获第九届“国家图书奖”，浙江科学技术出版社出版的《张金哲小儿腹部外科学》荣获第二届“中国出版政府奖”等。

二、医学图书的发行渠道

1．新华书店主渠道发行

这是计划经济时代形成的图书发行模式，至今仍在采用，但影响已大大减弱。这一模式是由出版社向新华书店系统主办的《全国新书目》《新华新书目》《科技新书目》等报送发行书目计划，面向全国各级新华书店征订，出版社按征订计划向各新华书店配书上市。这一发行的优势在于渠道正规，覆盖面广，特别是大众读物，能够较快地与读者见面。但对于专业性较强的医学专业图书，很多基层书店难以进货太多，其发行受到限制。

2．第二渠道发行

业内一般把新华书店以外的以私人批发零售商为主的图书发行渠道统称为“第二渠道发行”。第二渠道发行是改革开放以后出版发行业形成的新生事物，打破了图书发行由新华书店一家独霸的计划经济模式，为后来产生的多渠道发行模式奠定了基础。

3．直接渠道发行

直接渠道发行是指出版社将图书直接销售给个人、单位或销售商的发行模式，这种方式最大地减少了图书发行的中间环节，一般出版社获利最大。目前很多规模较大的出版社官网，都有“网上购书”的栏目或频道，也是一种便捷的直接发行模式。

4．网络发行

进入 21 世纪以来，随着互联网的快速发展，网上书店以异常凶猛的业态形式，迅速占领了图书发行的新高地，如当当（www. dangdang. com）、京东（www. jd. com）、淘宝（www. taobao. com）等，目前已稳居各类图书发行的霸主地位，各出版社也改变思维，主动与以上各大图书发行网站合作发行图书。而医学专业图书更是网上发行的热门图书，一般在实体书店买不到的专业性很强的医学图书，在网上书店都能轻易获得，还有一些价格上的优惠。

5．专业渠道发行

很多医学专业图书通过学术会议、年会、培训班等形式也能获得较好的发行效果，特别是一些由学科专业委员会组织编写的系列著作，通过专业渠道发行往往容易获得同行的认可。而一些专业必用图书，如资格考试用书等，专业发行渠道更显示出独有的优势。

6. 个人发行

个人出版的少量专业学术著作，出版社一般要求个人包销一定量的图书，这些图书作者往往通过同事、熟人等渠道销售出去，也可通过微信、微博、论坛的网络手段建立销售渠道。显然，这一销售模式售出的图书数量是有限的。

第五节 医学精品图书论略

精品图书是作者、编辑、出版社始终追求的崇高目标，是积累、整理、传播和弘扬人类优秀科技文化知识和高尚思想情操的标志性出版物，也是医学图书出版策划过程中最根本的参照体系。因此，一般所说的精品图书应该是整个图书群落中最拔尖、最优秀、精益求精、具有典范意义的一群，它应有突出的创新意识、科学意识和精品意识，在选题质量、写作质量、学术质量、翻译质量、编校质量、装帧质量和印制质量等方面，具有明显的先进性和不可替代性，它是图书内容上、形式上精品的完美统一。

在我国医学图书出版历史上，不乏精品力作。最有代表性的医学精品图书当推 1960 年人民卫生出版社出版的《黄家驷外科学》，该书第 1 版到第 3 版原名《外科学》，1985 年黄家驷逝世，为纪念这位中国外科学的奠基人，从第 4 版开始改称《黄家驷外科学》。2020 年该书第 8 版出版，是目前市场销售的最新版本。该书 1993 年荣获首届“国家图书奖”，1996 年荣获国家卫生部首届科学技术进步奖一等奖，1998 年荣获国家科学技术进步三等奖。为了推动《黄家驷外科学》的修订和出版工作，经人民卫生出版社、华中科技大学同济医学院附属同济医院、《黄家驷外科学》（第 8 版）编委会共同讨论决定，于 2017 年 2 月 13 日在武汉华中科技大学同济医学院附属同济医院成立了《黄家驷外科学》（第 8 版）编辑办公室，将参照裘法祖院士曾经创立的工作模式，编辑、出版好新版《黄家驷外科学》，为我国医学科学及外科学事业的发展以及医学出版事业的传承和创新作出新的贡献。《黄家驷外科学》从 1960 年第 1 版出版至今 60 多年发行了近百万套，见证了国家医疗卫生事业、外科学事业的发展和学科人才的培养，奠定了我国外科学的基础，是我国医学学术发展史上的一座丰碑。

判断精品图书的重要标志是国家三大图书奖项，即由中共中央宣传部组织的精神文明建设“五个一工程奖·一本好书奖”、由国家新闻出版署主办的“中国出版政府奖·图书奖”、由中国出版协会主办的“中华优秀出版物奖·图书奖”。由于“五个一工程奖·一本好书奖”的参评图书仅限社会科学方面，故医学图书能够参评国家图书大奖的就只有“中国出版政府奖·图书奖”和“中华优秀出版物奖·图书奖”，前者每3年评奖一次，2008年始评，至2021年共评奖5届；后者每2年评奖一次，2006年始评，至2023年共评奖8届。

除了以上两项国家图书大奖外，一些省市也都举办有图书评奖活动，如由上海市新闻出版局和上海市出版工作者协会联合举办的“上海图书奖”，由浙江省新闻出版局举办的“浙江树人出版奖”等。还有一些地方科技出版社联办的优秀科技图书奖，如北方十省（市、区）优秀科技图书奖，由北京、天津、河北、山东、山西、河南、内蒙古、辽宁、吉林、黑龙江的科技图书出版单位参加评选；华东地区优秀科技图书奖，则由华东地区六省一市9家科技出版社（上海科学技术出版社、上海科学技术文献出版社、上海科学普文出版社、山东科学技术出版社、安徽科学技术出版社、江西科学技术出版社、江苏凤凰科学技术出版社、浙江科学技术出版社、福建科学技术出版社）。通过这些地方科技图书评奖活动，交流了科技图书的出版经验，也为参加国家图书大奖的评选奠定了良好基础。

因此，一本好的医学图书要获得业界的认可，至少要获得省级及省级以上的某一个图书奖项，才可称其为精品图书，因为每一个图书奖项都有相对严格的评奖细则，大到选题内容策划水平的高低，小到一个标点符号的正误，而且评选者一般都是业界精英、行家里手，一本图书的每一个细小误差，都可能逃不过他们的火眼金睛。一本精品图书的作者、编辑、出版社，需要在图书出版策划实施过程的每一个环节，都能够脚踏实地，兢兢业业，做足功课，才有可能打造出经得起实践和历史检验的精品图书。

第五章　医学编辑的基础知识

第一节　文字与词语规范

一、文字规范

（一）汉语言文字的使用

汉语言书刊（中文书刊）的文字符号主要是汉字。汉字十分复杂。由于历史积淀，多义字、异体字、异形字、通假字以及异形词等俯拾即是，加上在文字改革过程中，某些曾经被简化的繁体字和曾经被停止使用的异体字后来又恢复其原字，各学科不断造字，用字从名人现象，以及日文汉字的干扰等，造成书稿中汉字不规范现象较多。因此，必须使用规范汉字。

1. 规范汉字与不规范汉字

（1）规范汉字：是国家规定的汉字。新闻出版署、国家语言文字工作委员会 1992 年 7 月 7 日发布，1992 年 8 月 1 日执行《出版物汉字使用管理规定》（新出联 [1992]4 号）指出："所称的规范汉字，主要是指 1986 年 10 月根据国务院批示由国家语言文字工作委员会重新发表的《简化字总表》所收录的简化字；1988 年 3 月由国家语言文字工作委员会和新闻出版署发布的《现代汉语通用字表》中收录的字。"

《简化字总表》：对 1964 年编印的《简化字总表》中的个别字作了调整。"叠""覆""像""囉"不再作"迭""复""象""罗"的繁体字处理。因此，在第一表中删去了"迭 [叠]""象 [像]"，"复"字字头下删去繁体字 [覆]。在第二表"罗"字字头下删去繁体字 [囉]，"囉"依简化偏旁"罗"类推简化为"啰"。"瞭"字读"liǎo"（了解）时，仍简作"了"，读"liào"（瞭望）时作"瞭"，不简作"了"。此外，对第一表"余 [餘]"的脚注内容作了补充，第三表"讠"下偏旁类推字"雠"字加了脚注。汉字的形体在一个时期内应当保持稳定，以利应用。《第二次汉字简化方案（草案）》已经国务院批准废止。凡是在《简化字总表》中已经被简化了的繁体字，应该用简化字而不用繁体字；凡是不符合《简化字总表》规定的简化字，包括《第二次汉字简化方案（草案）》的简化字和社会上流行的各种简体字，都是不规范的简化字，应当停止使用。

《现代汉语通用字表》：《现代汉语通用字表》（以下简称《现通表》）是在1965年1月发布的《印刷通用汉字字形表》（以下简称《印通表》）的基础上增订而成的。《印通表》收字6 196个，《现通表》收字7 000个。它们确立了同手写体接近的印刷体及其字形（一般称之为“人民体”和“新字形”），规定了所收汉字的字形结构、笔画数目以及笔顺等，是我们使用新型印刷体和新字形的规范性字法标准。同时也是淘汰异体字、使用简体字的新的补充性标准。《现代汉语通用字表》随着2013年6月《通用规范汉字表》的发布而停止使用。

（2）不规范汉字：是指在1986年10月《简化字总表》中被简化的繁体字；1986年国家宣布废止的《第二次汉字简化方案（草案）》中的简化字；在1955年淘汰的异体字（其中1986年收入《简化字总表》中的11个类推简化字和1988年收入《现代汉语通用字表》中的15个字不作为淘汰的异体字）；1977年淘汰的计量单位旧译名用字；社会上出现的自造简体字及1965年淘汰的旧字形。

2. 使用汉字需注意的问题

（1）施行2001年1月1日执行的《国家通用语言文字法》，所有中文书刊必须使用国家规定的最新版规范汉字，目前一律以1986年版《简化字总表》为准，并符合《出版物汉字使用管理规定》。

（2）以简化汉字书写。必要时或涉及文物古迹、书法和篆刻等艺术作品、姓氏及题词、招牌等的手书字，可以保留繁体字或异体字。除特殊需要（如中医古籍、境外发行等），不得使用已废除的繁体字、异体字、通假字；中医古籍的“经文”应核实；注意医古文中的古今字、异体字、通假字、繁体字、同形字。

（3）不得使用已废止的《第二次汉字简化字（草案）》中公布试用的简化字和《第一批异体字整理表》中规定淘汰的异体字（但下列27个字已恢复为规范字，可以使用：彷、澮、凋、黏、愣、骼、菰、鲙、诓、诃、晖、涸、徼、蒴、邱、鳍、耆、薰、䜣、䲡、刬、绌、挫、桉、晔、谳、於）。

（4）如果要出版面向港、澳、台地区的书刊，可以用繁体字；如果港、澳、台地区的繁体字版要在内地出版，应转成简体字。

（5）医学名词中，应特别注意几组容易混淆的文字：①症、证、征；②氨、胺、铵；③脂、酯；④原、源、元；⑤胞、孢；⑥蓝、兰；⑦相、像、象；⑧瘀、淤；⑨酐、苷、甘；⑩飘、漂；⑪炭、碳；⑫隔、膈。它们使用在不同名词中，根据内容而定，无其他规律可行。

（6）应以国家通用语言文字为书面用语，除古文阐释类书籍外，不要使用文言文，确有需要时可以使用少量方言。医学书刊除古籍图书整理外，应用现代汉语语体文，不得用文言文。

（7）语言表达应准确、简明、通俗易懂、逻辑严谨。应努力避免出现不易被读者理解或易致读者产生不同理解的话语。不使用未经公知公用的网络语言，包括数字型（88，7456）、字母型（PK）、谐音型（稀饭）。

（8）应逐步使用 2001 年教育部等联合发布并于 2002 年 3 月 31 日开始试行的《第一批异形词整理表》中推荐使用的词形，尽可能地不使用其对应的词形。例如“标志”与“标识”（zhi）一组异形词，应使用“标志”而不使用“标识”。

（9）行文中应避免多或漏诸如“不”这类“要命”字，而且要特别注意诸如“上 / 下”“左 / 右”“前 / 后”“大 / 小”“新 / 旧”这类互为反义的成对字的书写无误。一些字的用法，如“做”与“作”、“淤”与“瘀”、“症”“证”“征”等，应规范使用。

（10）文字以《现代汉语词典》《辞海》《中国大百科全书》及各学科英语缩略语词汇为准；熟悉词语错误表，见表 5-1、表 5-2。

表5-1　常见医学名词错别字

错误	正确	错误	正确
6- 氨基乙酸	6- 氨基己酸	6- 硫基嘌呤	6- 巯基嘌呤
DNA 片断	DNA 片段	阿曲库胺	阿曲库铵
阿斯匹林	阿司匹林	爱滋病	艾滋病
氨苯喋啶	氨苯蝶啶	氨基匹林	氨基比林
八迭体	八叠体	巴金森病	帕金森病

续表

错误	正确	错误	正确
疤痕	瘢痕	白细胞记数	白细胞计数
班秃	斑秃	板兰根	板蓝根
办膜	瓣膜	爆发流行	暴发流行
苯丙芘	苯并芘	苯妥因纳	苯妥英钠
鼻翼煽（搧）动	鼻翼扇动	比喹酮	吡喹酮
扁平苔癣	扁平苔藓	辩症施治	辨证施治
杓状软骨	勺状软骨	标记物	标志物
表皮松懈症	表皮松解症	病源	病原
博动	搏动	搏来霉素	博来霉素
侧枝循环	侧支循环	檫伤	擦伤
超氧化物岐化酶	超氧化物歧化酶	成型手术	成形手术
驰豫时间	弛豫时间（MRI）	驰张热	弛张热
迟发性皮肤过敏反应	迟发型超敏反应	穿通伤	穿透伤
磁共震	磁共振	刺激症	刺激征
大（血）泡	大（血）疱	单氨氧化酶	单胺氧化酶
胆红质	胆红素	胆碱脂酶	胆碱酯酶
蛋白片断	蛋白片段	电介质	电解质
东莨宕碱	东莨菪碱	窦房节	窦房结
毒毛旋花子甙	毒毛旋花子苷	多巴酚酊胺	多巴酚丁胺
多贝尔液	朵贝尔液	多谱勒	多普勒
多型性皮炎	多形性皮炎	恶梦	噩梦
耳廓	耳郭	二尖杉脂碱	二尖杉酯碱
烦燥	烦躁	返流	反流
泛影葡安（铵）	泛影葡胺	纺缍体	纺锤体
放射性核素掺入	放射性核素参入	肺原性	肺源性
分裂相（像）	分裂象	分支杆菌	分枝杆菌
酚太尼	芬太尼	佛波脂	佛波酯
肤腔	腹腔	氟脲嘧啶	氟尿嘧啶
付流感	副流感	付作用	副作用
副睾	附睾	腹泄	腹泻
干扳照相	干板照像	杆状指	杵状指

续表

错误	正确	错误	正确
岗上（下）肌	冈上（下）肌	革兰氏	革兰
隔神经	膈神经	骼神经	髂神经
谷光苷肽	谷胱甘肽	广角型青光眼	开角型青光眼
掴绳肌	腘绳肌	掴窝	腘窝
过泸	过滤	过敏源	过敏原
寒颤	寒战	汉防已甲素	汉防己甲素
核甘酸	核苷酸	黑班	黑斑
黑朦	黑蒙	横隔	横膈
喉反神经	喉返神经	华乐氏四联症	法洛四联症
华枝睾吸虫	华支睾吸虫	环丙已烷	环丙己烷
环磷酸胺	环磷酰胺	环已亚硝脲	环己亚硝脲
环椎	寰椎	黄胆	黄疸
黄芩总甙	黄芩总苷	黄酮甙	黄酮苷
活性碳	活性炭	机率、几率	概率
肌原性	肌源性	畸型	畸形
己胺碘呋酮	乙胺碘呋酮	甲氨喋呤	甲氨蝶呤
甲苯胺兰	甲苯胺蓝	甲氢脒胍	甲氰咪胍
甲酸脂	甲酸酯	假单孢菌	假单胞菌
鉴测	监测	胶元	胶原
绞股兰	绞股蓝	结蒂组织	结缔组织
界线	界限	禁忌症	禁忌证
惊挛	痉挛	精神紊乱	精神错乱
痉孪	痉挛	静脉郁血	静脉淤血
巨嗜细胞	巨噬细胞	菌落记数	菌落计数
菌珠	菌株	喀血	咯血
柯萨其病毒	柯萨奇病毒	咳血	咯血
克丁病	克汀病	扣诊	叩诊
扩约肌	括约肌	兰斑核	蓝斑核
兰氏贾弟鞭毛虫	蓝氏贾第鞭毛虫	雷公藤多甙	雷公藤多苷
李司忒菌属	李斯特菌属	联锁	连锁
磷酸二脂酶	磷酸二酯酶	磷酯	磷脂

续表

错误	正确	错误	正确
硫贲妥钠	硫喷妥钠	硫磺	硫黄
咯痰	咳痰	窿突	隆突
律草	葎草	氯化氨（胺）	氯化铵
卵磷酯	卵磷脂	罗库溴胺	罗库溴铵
罗音	啰音	洛氨酸	酪氨酸
麻疯	麻风	脉络从	脉络丛
酶元	酶原	美兰	美蓝
朦胧（神志）	蒙眬	靡蛋白	糜蛋白
纳铬酮	纳洛酮	挠骨	桡骨
脑甙酯	脑苷脂	拟杆菌	类杆菌
念球菌	念珠菌	尿储留	尿潴留
脲素	尿素	凝血酶元	凝血酶原
浓性分泌物	脓性分泌物	脓球	脓细胞
脓汁	脓液	偶连	偶联
哌替定	哌替啶	派库溴胺	派库溴铵
泮库溴胺	泮库溴铵	皮肤搔痒	皮肤瘙痒
皮肤皱摺	皮肤皱褶	飘浮导管	漂浮导管
频临死亡	濒临死亡	气管分枝	气管分支
强的松	泼尼松	强心甙	强心苷
侵润	浸润	侵蚀（肿瘤）	袭蚀（肿瘤）
青篙素	青蒿素	穹窿	穹隆
溶源曲	溶原曲	搔痒症	瘙痒症
色苷酸钠	色甘酸钠	神经节甘酯	神经节苷脂
神经原纤维缠结	神经元纤维缠结	神经原性	神经源性
神智不清	神志不清	肾原性	肾源性
石腊	石蜡	食指	示指
视朦	视蒙	适应症	适应证
疏基嘌呤	巯基嘌呤	戍二醛	戊二醛
树酯	树脂	数码减影	数字减影
水份	水分	水化氯醛	水合氯醛
水介	水解	丝裂源	丝裂原

续表

错误	正确	错误	正确
思睡	嗜睡	四迭体	四叠体
台酚（盘）兰	台盼蓝	苔癣	苔藓
炭疽芽孢	炭疽芽胞	炭元素	碳元素
碳棒	炭棒	碳粒	炭粒
糖甙	糖苷	糖元	糖原
特意性抗原	特异性抗原	体症	体征
烃基脲	羟基脲	同功酶	同工酶
铜兰蛋白	铜蓝蛋白	头胞菌素	头孢菌素
图象	图像	吐血	呕血
维安脂	维安酯	维库溴胺	维库溴铵
无环乌苷	无环鸟苷	细菌定殖	细菌定植
细菌图片	细菌涂片	狭角性青光限	闭角型青光限
纤维蛋白元	纤维蛋白原	显形遗传	显性遗传
硝基尿	硝基脲	硝普纳	硝普钠
硝酸异戊脂	硝酸异戊酯	小脑慕	小脑幕
心律缓慢	心率缓慢	心律加快	心率加快
心率不齐	心律不齐	心率失常	心律失常
心跳聚停	心搏骤停	心原性	心源性
胸膜刺激症	胸膜刺激征	雪（许）旺细胞	施万细胞
血管分枝	血管分支	血像	血象
鸦片	阿片	芽孢杆菌	芽胞杆菌
亚硝酸异戊脂	亚硝酸异戊酯	阳萎	阳痿
依托眯脂	依托眯酯	遗传标记	遗传标志
乙芪酚	乙蔗酚	乙烯雌酚	己烯雌酚
已胺碘呋酮	乙胺碘呋酮	异博定	异搏定
隐形遗传	隐性遗传	隐原性	隐源性
莹光抗体	荧光抗体	萤光灯	荧光灯
萤光素	荧光素	萤光显微镜	荧光显微镜
右旋糖甘	右旋糖酐	予后	预后
予激综合征	预激综合征	郁滞	淤滞
域值	阈值	运铁蛋白	转铁蛋白

续表

错误	正确	错误	正确
增殖性疱疹	增生性疱疹	粘膜皱褶	黏膜皱襞
折分	拆分	褶迭	折叠
致热源	致热原	绉壁	皱襞
皱折	皱褶	珠网膜	蛛网膜
贮留	潴留	椎体束征	锥体束征
椎体外系	锥体外系	椎形切除	锥形切除
椎形细胞	锥形细胞	锥管	椎管
锥 – 基底动脉	椎 – 基底动脉	锥体融合	椎体融合
综合症	综合征	纵膈	纵隔
组份	组分	组织孢浆菌	组织胞浆菌
祖生牙	阻生牙		

表 5-2　常用字体、字号对照表

字号	磅数	宋体	黑体	楷体
初号	42	宋体初	黑体初	楷体初
小初	36	宋体小初	黑体小初	楷体小初
一号	26	宋体一号	黑体一号	楷体一号
小一	24	宋体小一	黑体小一	楷体小一
二号	22	宋体二号	黑体二号	楷体二号
小二	18	宋体小二	黑体小二	楷体小二
三号	16	宋体三号	黑体三号	楷体三号
小三	15	宋体小三	黑体小三	楷体小三
四号	14	宋体四号	黑体四号	楷体四号
小四	12	宋体小四	黑体小四	楷体小四
五号	10.5	宋体五号	黑体五号	楷体五号
小五	9	宋体小五	黑体小五	楷体小五
六号	7.5	宋体六号	黑体六号	楷体六号
小六	6.5	宋体小六	黑体小六	楷体小六
七号	5.5	宋体七号	黑体七号	楷体七号
八号	5	宋体八号	黑体八号	楷体八号

1 点为 0.35146 毫米，72 点为 1 英寸。

初号=42 磅=14.82 毫米	小初=36 磅=12.70 毫米	一号=26 磅=9.17 毫米	小一=24 磅=8.47 毫米
二号=22 磅=7.76 毫米	小二=18 磅=6.35 毫米	三号=16 磅=5.64 毫米	小三=15 磅=5.29 毫米
四号=14 磅=4.94 毫米	小四=12 磅=4.23 毫米	五号=10.5 磅=3.70 毫米	小五=9 磅=3.18 毫米
六号=7.5 磅=2.56 毫米	小六=6.5 磅=2.29 毫米	七号=5.5 磅=1.94 毫米	八号=5 磅=1.76 毫米

（二）汉语拼音

书刊中所涉及的汉语拼音文字，一律按《汉语拼音方案》和1996年发布的《汉语拼音正词法基本规则》处理。

1. 用汉语拼音字母拼写中国人姓名，分汉语姓名和少数民族语姓名：①汉语姓名按照普通话拼写，分为姓氏和名字两部分。姓氏和名字分写，复姓连写，笔名（化名）当作真名拼写。原来有惯用的拉丁字母拼写法，并在书刊上常见的姓名，必要时可将之以夹注形式括注在汉语拼音姓名之后；②少数民族语姓名按照少数民族语，用汉语拼音字母转写，分连次序依民族习惯；③姓名的各个连写部分的第一个字母都用大写字母。连写部分中的元素之间不加连接线；④可以省略调号。

2. 用汉语拼音字母拼写中国地名按《中国地名汉语拼音字母拼写规则》（汉语地名部分）和《少数民族语地名的汉语拼音字母音译转写法》办理。

3. 用汉语拼音字母拼写书名、磁带（盘）名、光盘名、人名、地名等名称时，应按国家制定的有关规定处理。例如，按照《中文书刊名称汉语拼音拼写法》的规则，刊名“疑难病杂志”的汉语拼音应是按词拼写的“YINANBING ZAZHI”，而不是密写的“YINANBINGZAZHI”或按字拼写的“YI NAN BING ZA ZHI”。

4. 以a、o、e开头的音节连接在其他音节后面时，如果音节界限发生混淆，用隔音符号（’）隔开。例如，西安Xi’an，建瓯Jian’ou，天峨Tian’e，李锡安LiXi’an，皮袄pi’ao等。

二、词语规范

词语规范是汉语言文字规范中的一个重点和难点。现代汉语词汇系统中就包括了旧词语和新词语、文言词语和白话词语、本族词语和外族词语、音译词语和意译词语、方言词语和普通词语、行业词语和全民用语、全称词语和简称词语等。在对这些词语进行规范的过程中，应该遵循统一性、具体性、普遍性和明确性的基本原则。就是说在词语的选择上，既要保证统一，能为大众普遍接受，又要表意明确；而且在词语的使用中，也不能一概而论，要具体情况具体分析。如在方言词的使用上，根据《国家通用语言文字法》及其实施条例，为了消除方言隔阂，有利于人们正常交际，国家要求采用普通话词语。同时，法规也规定在出版等领域可以根据需要使用方言词语，如在一些乡土文学作品中适当加入方言词更富有生活情调，更容易引起阅读欲。方言词语的使用应以能为更多受众理解为前提，有些方言词语使用频繁，被越来越多的人熟知，有的甚至进入通用词汇中就应该采用；但是有些方言词语使用范围还是较小，如“交关”（江浙方言词），意为“非常”，其他地区的人不易理解，就不宜推广使用。

其实，词语规范涉及种类较多，除了方言词外，还有如近义词、异形词、异序词、仿造词、生造词、缩略语、已被淘汰的词、古汉语词、网络词、禁用词等。以上这些词主要是汉语中的词汇，随着社会的发展，国际交往日益密切，还存在着字母词、外来词等词的规范使用问题。其中，异形词和禁用词的使用频率较高，且容易出错，在使用中尤其要注意。

（一）正确取舍异形词

《第一批异形词整理表》由教育部和国家语言文字工作委员会联合发布，并于2002年3月31日开始试行。该规范是推荐性试行规范。根据“积极稳妥、循序渐进、区别对待、分批整理”的方针和通用性、理据性和系统性原则，主要采用了《人民日报》1995—2000年全部作品作语料对异形词进行频率统计和分析，选取了普通话书面语中经常使用、公众的取舍倾向比较明显的338组（不含附录中的44组）异形词，作为第一批异形词整理，给出了每组异形词的推荐使用词形。之后，中国版协校对研究委员会、中国语文报刊协会、国家语委异形词研究课题组、《咬文嚼字》编委会四单位，沿用整理《第一批异形词整理表》的方针、原则和方法，从通行辞书认定的异形词中抽选出一批群众较常使用、取舍倾向明显的，订成《264组异形词整理表（草案）》，先作为行业规范，从2004年1月起在各自系统内试用。之后，264组异形词的使用成为行业规范。

（二）注意禁用词

在学术出版过程中，尤其是社科类图书、学术期刊经常会有与民族宗教相关的，涉及国家领土、主权和我国港澳台地区的词汇出现，如果用词不当或把握欠佳，就会影响国家政治稳定和社会和谐，对出版物来说，就会导致严重的政治性错误，影响出版物质量，因此对于这些敏感的词汇应该慎用或者禁用。所依据的法规、规范主要是有以下几个。

（1）新闻出版总署图书司在《图书出版通讯》2007年第4、第5期（总第61、第62期）上公布的《新闻出版中需要注意的禁用词》。

（2）2016 年 7 月新华社修订公布的《新华社新闻报道中的禁用词和慎用词》。

（3）由中央台办、外交部、中央宣办 2016 年 3 月修订发布的《关于正确使用涉台宣传用语的意见》。

（4）新华社公布的《两会报道规范用语备忘》。

（5）1987 年 10 月 10 日外交部发布的《关于国内出版物出现台湾伪称问题》。

（6）2005 年 7 月外交部发布的《关于涉及台湾称谓问题的通知》。

以上这些文件和规定，都具有很强的现实针对性和指导性。编辑要与时俱进，加强学习，妥善处理、准确使用这些敏感词汇。

第二节 语 法 规 范

一、现代汉语词类

（一）词类

现代汉语词类与外语词类比较，多数相同或者相似，但也有一些不同之处。

1. 名词

名词是表示人和事物名称的词。大多数名词前面可以有数量词，如“5 个患者”，但是集合名词如“病床、药品”前面不能加数量词。方位名词，如“上”“下”“前”“后”“以上”“以下”“前边”“后面”“以外”等，往往附在一般名词的后面。

2. 动词

动词是表示动作、行为、发展、变化的词。动词后面可以加上“着、了、过”表示完成的情况，不表示时态。汉语的动词的特殊情况：一是能愿动词，表示能够、愿意，如“能”“能够”“愿意”“可以”“必须”“要”“应该”应当”，处在一般动词之前；二是趋向动词，处在一般动词之后，如“来”“去”“上”“下”“进”“出”“上来”“上去”“下来”“下去”“进来”“进去”“起来”；三是心理动词，表示心理活动，如“想”“爱”“恨”“怕”“希望”“感谢”“佩服”“尊敬”“想念”“惦记”“注意”“了解”“担心”

等，它们的前面可以加上“很”“特别”“十分”“非常”等。

3. 形容词

形容词是表示事物的形状、性质、状况的词，形容词可以直接作谓语，如“肿块巨大”。非谓形容词只能作定语，如“人造血管”。

4. 数词

数词是表示数目多少或顺序的词，分为基数词和序数词。表示数目的数词叫基数词；表示顺序的数词叫序数词。

5. 量词

量词是表示数量单位的词。分为 2 种：一种是计数单位，如“个、例、根、对”；另一种是计量单位，如“千克（kg）、米（m）、秒（s）、焦耳（J）”。

6. 代词

代词是能替代其他的词、短语或句子的词。代词分为三类：人称代词，如“我”“你”“他”；疑问代词，如“谁”“怎么”；指示代词，如“这”“那里”“此”“如此”。

7. 副词

副词在动词、形容词前边，表示时间、频率、范围、状态、语气、程度、肯定和否定，如“立刻”“常常”“统统”“仍然”“居然”“非常”“必定”“没有”。

8. 介词

介词同名词、代词等组成介词短语，表示时间、处所、范围、方向、对象、比较、起止、原因、目的、方式、被动等，如“在”“对”“把”“被”“同”“以”。

9. 连词

连词是用来连接词与词、词组与词组或句子与句子，表示某种逻辑关系的虚词。连词可以表并列、承接、转折、因果、选择、假设、比较、让步等关系，如“和”“与”“或”“而”“因为……所以……”“虽然……但是……”。

10. 助词

助词是附着在词、短语、句子的前面或后面，表示结构关系或某些附加意义的虚词。助词有结构助词、时态助词、语气助词三种。结构助词例如“的”“地”“得”“似的”“所”；时态助词例如“了”“着”“过”；

语气助词例如“吗”“呢”“吧”“啊”。

11．叹词

叹词是表示感叹或者对呼唤的应答，如“啊”“哎”“喂”“哼”“哦”“咦”。叹词总是独立成句。科技语言中基本不用。

12．拟声词

拟声词是描写声音的词，如“呜”“啪”“嗵”“呜呜”“嘟嘟”“咔嚓”“喔喔”科技语言中基本不用。

（二）纠正词类方面的语病

1．集合名词前边不加数量词

名词当中有一小部分是集合名词，如“胸腔”“手臂”“腹部”，它们的特点是不表示数量，所以前面不能加数量词。

2．起替代作用的代词缺少前词

代词所替代的词语叫“前词”。代词如果起替代作用，就应该有前词。

3．代词与前词应当保持一致

代词同前词应当在人称、性别、数量、范围等各方面保持一致。

4．1 个代词只能有 1 个前词

代词指代的对象一定要非常明确，1 个代词不能有 2 个甚至更多的前词。

5．省略代词

在不必使用代词的地方可以用省略代词。

6．根据名词、动词的需要选择介词

一定要根据名词、动词的需要选择介词，介词不能用错。介词后面总是要跟着一个名词性的词语（包括名词、代词、名词短语），如“在某某医院（手术）”。介词和名词组成介词短语，介词短语后面必须跟着动词。

7．介词短语“把＋名词”要紧接动词

“把”是汉语中最具特点的介词。“把＋名词”的后面要紧挨着动词，形成“把＋名词＋动词”的格式，中间不要插入其他成分，不要造成“把＋名词＋其他成分＋动词”的格式。说“别把书拿走”可以，说“把书别拿走”就不行，“别”不能插在介词短语和动词中间。

8．介词不应该是多余的

介词必须起引介的作用，引介一个名词性成分与动词性成分发生关系。如果一个介词不起作用，这个介词就是多余的了。

9．介词短语应该完整，不能缺少中心词

介词后面必定跟着名词或名词短语，名词短语应该是完整的，名词前面有定语，定语后面有中心词，中心词不能欠缺。

10．介词短语不能缺少介词

如果缺少介词，介词短语就不完整了，上下文的联系也十分松懈。

11．使用“和”“以及”等连词应该分清层次

一个句子里如果有不止 1 个连词，就要看看有没有层次。如果有 3 个层次，最好是顿号放在最低的层次，“及”“以及”放在第 2 层次，“和”放在最高的层次。如果没有第 2 层次，就使用“和”和顿号。

二、现代汉语的句子成分

现代汉语的句子成分有一般的句子成分和特殊的句子成分。一般的句子成分是主语、谓语、宾语、补语、定语和状语，特殊的句子成分是复指成分（同位语）和插说。这里只介绍一般的句子成分。

（一）各种句子成分

1．主语

主语是一个句子中所要表达、描述的人或物，是句子叙述的主体。可由名词、代词、数词、名词化的形容词、不定式、动名词和主语从句等充当。其中，名词性词语作主语最常见。谓语性词语也可以作主语但是不常见，而且受到限制，用谓语性词语作主语的句子，其谓语一般是判断、评价、描写性质的。主语的意义类型比较复杂，可以分为施事主语、受事主语、系事主语、与事主语、工具主语、处所主语、范围主语、关系主语、目的主语、原因主语、描写主语等。

2．谓语

谓语是用来说明主语做了什么动作或处在什么状态。谓语可以由动词来充当，一般放在主语的后面。大多数实词都可以作谓语，动词和形容词也可以作谓语。光杆的动词、形容词很少作谓语，一般都要附加或连带别的词语。名词作谓语仅限于说明天气、日期、节气、处所、职业等相对简短的句子。名词性词语作谓语一般用来说明人物的年龄、籍贯、相貌、性格或者说明事物的情况、价格等。

3．宾语

宾语是谓语动词支配或陈述的对象或承受者，常位于及物动词或介词后面。宾语一般也由名词性词语充当。动词及动词性词组也能作宾语，但对谓语动词有要求。有一些动词专门要求带动词性宾语，例如“加以”“遭受”等；有的动词既可以带名词性宾语又可以带动词性宾语，例如“爱”“进行”等。形容词作宾语，一般要求谓语动词是表示主观感受或呈现意义的动词，例如“讨厌”“恢复”等。主谓词组作宾语，一般要求谓语动词是表示言语活动、心理活动、感受意义、显示意义的，例如“强调”“证明”等。宾语的意义类型与主语的差不多，也包括受事宾语、施事宾语等。

4．定语

定语是修饰限制主语或宾语的成分，用于描述名词、代词、短语或从句的性质、特征、范围等情况。一般实词和词组都可以作定语，根据定语所表示的意义，可以分为描写性定语和限制性定语。前者起描写作用，后者起区别作用。如果定语是单个词，定语放在被修饰词的前面；如果是词组，定语放在被修饰词的后面。

5．状语

状语是修饰限制谓语的成分，说明事物发生的时间、地点、原因、目的、结果方式、条件或伴随情况、程度等的词。副词的主要功能是作状语，形容词性词组、时间名词、方位词、能愿动词、介宾词组也经常作状语。状语也可以分为描写性的和限制性的。多项状语的排列词序离中心语从远及近一般为：表示时间的名词、副词、方位词组、介宾词组；表示处所的介宾词组、方位词组、名词、代词；表示语气、关联的副词；表示条件、方式、范围、目的、对象、关涉的介宾词组和副词；表示情态的形容词、动词。

6．补语

补语是述补结构中补充说明述语的结果、程度、趋向、可能、状态、数量等的成分。补语与述语之间是补充与被补充、说明与被说明的关系，是补充说明动词或形容词性中心语的，可以回答“怎么样”“多少次”“何处”“何时”“什么结果”等问题。补语都放在中心语后头，除趋向动词、数量词、介宾结构和一部分形容词可以直接作补语外，各种关系的词组也常作补语。

口诀：主谓宾、定状补，主干枝叶分清楚。定语必居主宾前，谓前为状谓后补。状语有时位主前，逗号分开心有数。

主语、谓语、定语、状语、补语讲的都是句子成分，介词是指词性划分句子成分。

（二）纠正句子成分方面的语病

1．不能把主语放在介词短语中

“关于”“由于”“对于”“当”等介词，往往放在句子的开头，很容易框住主语，造成句子缺主语的语法错误。造成这样的错误，往往同外语的影响有关。如“对于这种破坏环境的行为，使有关部门十分注意。”句中应删去“对于”，“这种破坏环境的行为”是主语。

2．不能在介词短语后面接着采取使动式

先用介词框住主语，后面接着使用“使”，“使”的宾语也有作主语的可能，但是由于两头都没有主语，结果整个句子便没有主语了。如“由于体内性激素的影响，使女性和男性在生理上存在着某些差异。”句中如果删去介词，就是“体内性激素的影响，使女性和男性在生理上存在着某些差异”，“影响”是主语；如果删去“使”，则是“由于体内性激素的影响，女性和男性在生理上存在着某些差异”，“女性和男性”是主语。

3．不能缺少谓语

谓语是说明主语的句子成分，缺少谓语，就不能陈述或者不能好好地陈述主语，语义就不完整了。无论是缺少全句的谓语还是缺少短语中的谓语，效果都不好。在各种句子成分中，谓语是最不能缺少的，造成谓语欠缺的主要原因是粗心大意。

4．主语和谓语在语义方面应该能够配合

既然主语是句子里被说明的对象，谓语要陈述主语，所以主语和谓语在语义方面应该能够很好地配合。彼此能够搭配，才能说明一件事，句子才成立。如“这种新药，使用起来十分方便，而且效果很长，可在体内维持12小时”，此句应该是“效果很好”或者“有效时间很长”。“效果”和“好”能够搭配，“时间”和“长”也能够搭配。

5．不能在真主语后面加上假主语，致使主谓搭配不当

写文章的时候拿不定主意，一会儿想这么写，一会儿想那么写，往往会造成2种格式混用的结果。在主语部分拿不定主意，就可能写完了主语，又想起了其他的说法，用了另外一个词语做主语，造成了真假主语并用的状况。如“植物经过长期演化的结果，就具备了植物的多样性、复杂性。”此句把

"植物"放在主语的位置上，让"经过长期演化"作状语，在主语后面加上"结果"，让"结果"占据了主语的位置。谓语"就具备了植物的多样性、复杂性"本来只能陈述"植物"，不能陈述"结果"。可是把这个假主语放在主语的位置上，谓语就只能陈述"结果"了。

6. 主语和谓语如果不止一项，就应该做到全面配合

有时候主语不止一项，有时候谓语不止一项，有时候主语、谓语都不止一项，这个时候一定要做到主语和谓语全面配合，不能有一项彼此不能搭配。如"因此，预防和治疗老年痴呆的根本出路在于增加脑细胞中的记忆物质，使大脑细胞的萎缩部分恢复、延长。"句中"使"后面是个主谓短语，主语"大脑细胞的萎缩部分"可以跟谓语中的"恢复"配合，却不能同"延长"搭配。这也是主谓不能全面配合，可以改为"使大脑细胞的萎缩部分恢复，延长寿命"。

7. 不能以为有宾语而丢掉宾语，及物动词都可以带宾语

有时候宾语可以省略，但是必须省略得明确，不能省略之后留下疑问。作者有时候因为疏忽，自以为省略得很明确，实际上却让读者产生了疑问。这个时候宾语还是不省略为好。如"只要患者还有百分之一生的希望，医生就应尽百分之百的努力去争取"。句中"争取"是及物动词，可是后面却没有宾语，造成了疑问："争取"什么？所以这只能认为是宾语欠缺。

8. 不能因为有定语就丢掉宾语

现代汉语正常的句子格式是"主语＋动词＋定语＋宾语"，例如"未来的电影世界的时代将是（一个艺术家逐渐淡出，而电脑工程师不断切入）"。现在却出现了丢掉宾语"时代"，只留下动词和定语的语病，上述结构式就成了"主语—动词—定语"。这可以叫做"以定代宾"。

9. 固定的动宾搭配方式一般不能改变

我们的语言中有许多动宾组合是固定的，如"起……作用""达到……目的""完成……任务"等，如果改变动词或者宾语，就可能使动词和宾语搭配不当。

三、句式

用不同的标准可以把句子分成不同的类型。按照语气来划分，句子可以分为陈述句、疑问句、祈使句、感叹句。医学科技语言基本上只使用陈述句。

按照句子的结构来划分，可以把句子分为单句和复句：一般单句有完全句和不完全句，特殊单句有“把”字句、“在”字句、“对”字句、“被”字句、“是”字句等。

（一）一般单句

1. 完全句

既有主语又有谓语的单句叫“完全句”。完全句可以按照谓语的情况分为4种，即动词谓语句、形容词谓语句、主谓谓语句、名词谓语句。

（1）动词谓语句：如“地球表面温度升高了。”句中的谓语“升高”是动词。

（2）形容词谓语句：如“现阶段的减肥技术和手段可以说都不够安全。”句中的谓语“安全”是形容词。

（3）主谓谓语句：如“各种灵芝产品相继问世，这些产品大多价格昂贵。”句中的谓语是主谓短语“价格昂贵”。

（4）名词谓语句：如“今天星期天。”句中的谓语“星期天”是名词。

2. 不完全句

不完全句是分不出主语谓语的独词句，与完全句相比缺主语的句子，在医学著作中常见。

独词句出现在图注和举例时，如“显微镜构造的图注：①目镜；②物镜；③粗准焦螺旋；④细准焦螺旋……”。

没有主语的句子主要有3种：存现句、泛指句和某些祈使句。

存现句表示存在、出现、消失的意义。表示存在：如“在2个N区之间，有1个发射区”。表示出现：如“现在各种媒体上出现了减肥产品的介绍”。表示消失：如“试管里减少了2克硫酸铜”。

存现句的结构特点是状语＋动词＋宾语，没有主语，并不是缺少主语的病句。

泛指句往往蕴涵着主语，蕴涵的主语一般指人，但不是具体的人，而是有关的一般的人。泛指句的动词往往表示使用、研究、认识这样一些意义。泛指句没有主语，也不是缺少主语的病句。如目前仍缺乏大规模的研究来证明其疗效”。“1969年，又研究成功光波导及棱镜耦合器”。

某些祈使句当然没有主语，如“立正”。

（二）特殊单句

有几种单句的构造比较特殊，医学书刊中使用频度也很高，并且容易出错。

1．“把”字句

“把”字句是用“把”将宾语提到谓语动词前头的句子，是汉语特有的一种句式。按照宾语的数目可以大致将把字句分为2类：一类是单宾“把”字句，只有1个宾语；另一类是双宾“把”字句，动词前后各有1个宾语。“把”字句都有一种处置的意思，宾语是个处置的对象。如“把声音放大”“放大声音”就是对声音的一种处置。

如“卡列尔曾做过一个有名的实验，他把小鸡心脏细胞放在试管里培养。”此句是单宾把字句，“把”将宾语“小鸡心脏细胞”提到动词谓语“放”之前。

如“人们把这种接近光速飞驰的火车称为爱因斯坦火车。”此句是双宾“把”字句，“称为”前后各有1个宾语，一个是“这种接近光速飞驰的火车”，一个是“爱因斯坦火车”。双宾把字句的动词往往是使成式动词，里面常常有“成”“为”“作”，例如“成为”“变成”“当作”等，这是双宾“把”字句的重要特征。

2．“对”字句

“对（对于）……”这样的介词短语作定语或状语的句子叫“对”字句。“对”字句在医学论文中非常多见。

“对”字句中的“对……”可以表示2种不同的意义：一是表示动作的对象，如“人脐带间充质干细胞对类风湿关节炎患者血清因子及DAS28、HAQ评分的影响”。二是表示与中心词有关的事物，如“利用自然科学知识产出商品时，知识就已经对经济产生推动作用了”。

3．“在”字句

“在……”可以作定语、状语或补语。有“在……”作句子成分的句子就叫“在”字句。“在”字句有“在……上”“在……中（里）”“在……下”三种常见的格式。如“在常规治疗基础上联合应用盐酸氨溴索临床总有效率明显高于常规治疗。”“有腹部手术史者，在手术进行过程中要格外小心，动作应轻柔缓慢。”“要在不断产生新的成果的理论统一指导下，逐步改变中西医的界限。”

当然，“在”的后面还可以跟着其他的词，如“在手术时”“在医学领域”。

“在……＋动词＋下”里的动词，可能是“领导”“帮助”“支持”“教育”“协助”“组织”“启发”“指导”“询问”“教导”“带领”“率领”“关心”“关怀”“推动”“努力”等，这些都是习惯上允许的，不是随便哪个动词都可能用在这种环境里。

4. “被”字句

用“被”表示主语被动的句子叫“被”字句。汉语有两种“被”字句，一类是完全的“被”字句，另一类是不完全的“被”字句。完全的“被”字句，介词“被”后面有介词宾语，介词宾语表示施动者；不完全的“被”字句，仅仅只有一个“被”，没有介词宾语。

如“生物大灭绝是指世界上相当多的种类在极短的地质时间内消亡，被新生物替代。”这是完全的“被”字句，“被”后面有介词宾语“新生物”，“新生物”是“替代”的施动者。又如“介入技术被引入外科手术，使手术效果更加精准。”这是不完全的“被”字句，“被”后面没有介词宾语，直接出现了动词“引入”。

“被”字句可以和“把”字句调配着使用。“把”字句和“被”字句一交错，有了 4 种说法：前“把”后“被”、前“被”后“被”、全是“被”字句、全是“把”字句。句式一致，显得严谨一些。

5. “是”字句

用“是”作谓语的句子叫“是”字句。此单句有两种情况，一种是有“是”无“的”；一种是有“是”有“的”。有“是”必有“的”的句子，句末的“的”不能欠缺。

如“葡萄糖与氨基酸形成糖蛋白，与脂肪形成糖脂，是构成人体细胞和神经组织的重要物质。”“在天文学家看来，地球并不是静止的，它以令人眩晕的速度一面自转，一面绕太阳公转。”

（三）复句

2 个或 2 个以上的意义上有联系的单句组成的复杂句子叫“复句”，复句中的每个单句叫“分句”。

1. 各种复句简介

复句有联合式和偏正式两大类。联合复句中几个分句的地位是平等的，没有偏正关系；偏正复句中的分句，有偏有正，正句是意思的重心，偏句说明正句的状况、假设、条件、原因、目的等。

（1）联合复句。

1）并列复句：2 个或 2 个以上的分句，各说一件彼此相关的事。关联词语常常是"……并……""……而……""既……，又……""也……，也……""不是……，而是……""一方面，……另一方面……"。

如"1984 年，分子生物学家在对单细胞生物进行研究后，发现了一种能维持端粒长度的端粒酶，并揭示了它在人体内的奇特作用。""人们只能利用降雨的条件进行人工降雨，而不能从无到有地'造'出雨来。"

2）连续复句：所说的几件事，按时间顺序安排。关联词语常常是"……又……""……然后……""……再……"。不过，没有关联词语的连续复句也很常见。

如"飞行器进入大气层，就可以由宇宙速度降至亚音速，然后张开降落伞进一步减速，最后安全着陆。""幼小的黑猩猩常常用手掌舀一点水，用牙齿嚼烂树叶，来汲取手掌中的水。"

3）选择复句：这种复句的各个分句讲明几种情况，但只选择一部分情况。关联词语是"或……，或……""要么……，要么……""不是……，就是……""……或（或者）……"。

如"定位在肺泡膜上的巨噬细胞，或者移至肺淋巴结中，或者渗入肺组织纤维化区。""这样的产品，要么因体积太大而不便于卫星利用，要么工作效率太低而不值得利用。"

4）递进复句：该句式分句和分句之间，意思一层进一层，这种复句是递进复句。关联词语有"不但……，而且……""不仅……，而且……""不仅……，也……""……还……""不仅……，而且……，还……""不仅……，而且……，甚至……"。

如"我们以后不仅要做个地球人，而且将要做宇宙人了。""科学家们不但希望能找到人体内所有的生命时钟，更希望能找到拨慢时钟的方法。"

（2）偏正复句。

1）转折复句：该句式的偏句说明一种情况，正句不是顺着这个意思往下说，而是说出一个同偏句相反或相对或者很不相同的意思。关联词语有"虽然……，但是……""虽然……，却……""尽管……，但是……""……而……""……然而……"等。

如“多年来，科学家们一直在寻找导致细胞死亡的基因，但始终没有结果。”“在地球上的各处，地心引力的大小虽然各处有区别，却总是指向地心的。”

2）假设复句：假设复句的偏句假设某种情况，正句说明在这种假设的情况下产生的结果。关联词语有“如果……就……”“假如（假使、倘若）……，就……”“若……，则……”“如果……，那么……”等。

如“如果在位于地球至太阳距离的1%处的某点位置上，设法漂浮一片尘埃云，就可以用来遮挡太阳光。”“若对肿瘤患者的化疗药物过度使用或滥用，则必然会给患者造成致命的伤害。”

3）条件复句：该句式的偏句说明条件，正句说明结果。此复句有4种情况：只有A，才B，必要条件，如“只有坚持锻炼，才能保持强壮的体魄”；只要A，就B，充分条件，如“只要甲状腺素停止分泌，人就会衰竭死亡”；除非A，才B，唯一条件，如“除非各大行星的起潮力之和比太阳引力大若干倍，才会引起地球上的地震”；无论A，都B，无条件，如“无论不同动物或个体间存在何种体质量差异，心脏每跳动1次消耗的能量都为1焦耳”。

4）因果复句：该句式的偏句表示原因，正句表示结果。常用的关联词语是“因为……所以……”“由于……所以……”“之所以……是因为……”“既然……就……”“……从而……”“……故，………因此……”。如“因为力学需要定量地描述物体的运动状况，研究物体的空间位置与时间的关系，所以力学与时空观总是紧紧结合在一起的。”“既然电子有了来源和去处，就必然会在导线里流动。”

5）目的复句：目的复句的偏句表示目的，正句表示行动。关联词是“为了……”“为了……，就……”“……以……”“……以便……”。如“为了证明这一点，科学家又用年老体衰的大鼠做了对比试验。”“专家们希望有实力的企业与科研单位联合开展这方面的研究，以加快灵芝研究开发事业的发展。”

2. 正确使用复句

第一，复句中成对的关联词要省去一个时，最好省略前边的一个，不省略后边的一个。如“灵芝虽然是中老年人保健食品，但是现在主要消费群体是肿瘤患者。”句中应省前式，省去了“虽然”，读了“但是”，就知道前边省去了什么。

第二，在句子与句子的关系不太明确时，不省略成对关联词语中的某一个。如果写了一个关联词，另一个省去了，省得不明确，省去的关联词，似乎加在这儿也行，加在那儿也可以，那就不省略。如“人体在大量出汗之后，由于大量失去水分，（所以）口渴而且乏力，食欲缺乏，急需补充水分和盐分。”

第三节　标点符号用法规范

标点符号是辅助文字记录语言的符号，是书面语言不可缺少的组成部分，用来表示语句的停顿、语气以及标示词语的特定性质和作用，还有辅助修辞的作用。如果没有标点，就会使读者难以分清语句的结构，难以理解作者所表达的本意；如果用错标点，就会改变语句含义背离表达的初衷。因此，无论是作者撰文还是编辑加工书刊文稿，务必正确、规范、严谨地使用标点符号。另外，医学书刊还有一些特殊符号，也必须正确、规范地使用。

我国政府历来十分重视标点符号的使用问题。1951 年 9 月，中央人民政府出版总署公布了《标点符号用法》；1990 年 3 月，国家语言文字工作委员会和新闻出版署联合发布了修订后的《标点符号用法》；1995 年 12 月 13 日，国家技术监督局发布了 GB/T 15834—1995《标点符号用法》；2011 年 12 月 30 日，国家质量监督检验检疫总局、国家标准化管理委员会发布了修订后的 GB/T 15834—2011《标点符号用法》。根据最新的国家标准，结合医学书刊的特点，本节就标点符号和其他符号的用法作一介绍。

一、标点符号的用法

（一）点号的用法

点号的作用在于点断，主要表示停顿和语气。分为句末点号（句号、问号、叹号）、句中点号（顿号、逗号、分号）。

1. 句号“。”

国家标准规定：句号“用于句子末尾，表示陈述语气”“有时也可表示较缓和的祈使语气和感叹语气”。按此规定，句号只用于以下 2 种情况：一是陈述句完了；二是语气较缓和的祈使句完了。

正确使用句号的难点在于如何正确判断句子是否“完了”。

医学书刊中图或表的短语式说明文字，不论文字长短还是中间有句号，句末结尾处都不用句号。

2. 问号“？”

国家标准规定：问号“用于句子末尾，表示疑问语气（包括反问、设问等类型）”。按此规定，问号主要用在疑问句和反问句的末尾。选择性问句中，通常只在最后一个选项的末尾用问号。

3. 叹号“！”

国家标准规定：叹号“用于句子末尾，主要表示句子的感叹语气，有时也可表示强烈的祈使语气、反问语气等”。医学书刊很少使用。

4. 逗号“，”

国家标准规定：“复句内各分句之间的停顿，除了有时用分号外，一般都用逗号”；“较长的主语之后”“句首的状语之后”“较长的宾语之后”“某些序次语（“第”字头、“其”字头及“首先”类序次语）”等用逗号。按此规定，我们把逗号的适用场合归纳如下。

（1）复句中分句之间的停顿，一般用逗号。

示例：酶是由生物细胞产生的具有特殊催化能力的蛋白质，是一种生物催化剂。

（2）长主语之后的停顿，用逗号。

示例：世界上最早的一批环境背景值数据，是美国学者克拉克测定的。

有的主语虽然很短，但为了强调它，后边也可以用逗号。

示例：这一结论，已为前人所证实。

（3）长宾语之前的停顿，用逗号。

示例：本研究结果显示，NT-proBNP 可以作为评价心力衰竭患者疗效的生物标志物之一。

（4）句首状语之后的停顿，用逗号。

示例：在望远镜发明后的 300 多年中，银河系内连一次超新星都未观测到。

（5）插说成分之后的停顿，用逗号。

示例：综上所述，序贯康复治疗慢性阻塞性肺疾病合并Ⅱ型呼吸衰竭具有很好的临床疗效。

这类插说成分还有“众所周知”“正因如此”“可以说”“另外”“再

者”“总之”“显然”“当然”“实际上”等。有些插说成分，其前边也可以用逗号。

当然，有些情况，插说成分前边也可不用逗号。

（6）序次语后边的停顿，用逗号。

示例：首先，是患者需求的整合，……其次，是医疗资源的整合，……其三，是患者的需求与可选择的医疗资源之间匹配与整合问题。……

（7）某些关联词之后的停顿，用逗号。这类关联词还有“所以”“但是”“不过”“然而”“否则”等。当然，如果它们后边的字数比较少或者结构比较简单，也可以不用逗号。

示例：但也有研究发现斑秃的发生与幽门螺杆菌（Hp）感染无明显关系，因此，还需进一步研究，为临床诊疗提供依据。

（8）并列短语比较长，或者内部用了顿号，各组成部分之间的停顿要用逗号。

示例：低分子肝素可以减轻炎性反应，改善凝血功能，临床应用安全，有利于患者预后。

（9）用顿号表示较长、较多、较复杂的并列成分之间的停顿时，最后一个成分可用“以及”进行连接，“以及”之前用逗号。

5. 顿号“、”

国家标准规定：顿号用于并列词语、需要停顿的重复词语之间。可见使用顿号要注意 2 点：一是用顿号点断的只能是词或词组；二是这些词或词组只能是并列关系。

示例 1：血管由内膜、肌层和外膜构成。

示例 2：血液黏性和流动状态的变化，对动脉硬化、血栓形成有直接影响。

顿号除国家标准规定的上述用法外，并列词素之间的停顿，也可以（但不是必须）用顿号。例如，“手术前、后”“婴、幼儿”“农、林、牧、副、渔”等，大多数情况下其中的顿号不用更好；但下例中，“前”“后”这 2 个并列的词素之间用顿号就能把对应关系表示得更加清楚，阅读时一眼便可看出。

医学编辑界有一种习惯用法：并列的带有药物剂量之间的停顿和并列的阿拉伯数字、外文字母之间的停顿，用逗号而不用顿号。

示例 1：给宽度 6 赋值为 20，25，30，35 cm。

示例2。四君子汤药物组成：人参9克，白术9克，茯苓9克，炙甘草6克。

6．分号“；”

国家标准规定：分号“表示复句内部并列关系分句之间的停顿，以及非并列关系的多重复句中第一层分句之间的停顿”；非并列关系（如转折关系、因果关系等）的多重复句，第一层次的前后两部分之间，也用分号；“分行（或者理解为“分项”）列举的各项之间，也可以用分号”。

（1）复句内部并列分句之间的停顿，用分号。

示例。观察组：男16例，女14例，年龄41 ~ 68（52.7 ± 4.3）岁；对照组：男14例，女16例，年龄43 ~ 66（54.3 ± 4.2）岁。

（2）非并列关系（如转折关系、因果关系等）的多重复句，第一层次的前后两部分之间，也用分号。

示例：随着人类社会的发展，物质和能量的消耗不断增大，能源危机、粮食危机和生态环境破坏威胁着人们的正常生活；因此，世界各国对生物量的转化极为重视，同时十分注意生物量的合理利用和开发。

（3）分项列举的各项之间，也可以用分号。

示例。从应用角度和控制目的看，计算机控制系统可分为4个大类：①计算机操作指示控制系统；②计算机直接数字控制系统；③计算机分级控制系统；④计算机分布控制系统。

分号之间不能用句号。

7．冒号“：”

国家标准规定：冒号“表示语段中提示下文或总结上文的停顿”，用在称呼语后边，表示提示下文；用在“说”“想”“是”“证明”“宣布”“指出”“透露”“例如”“如下”等动词的后边，表示提示下文；用在总说性话语的后边，表示引起下文的分说；用在需要解释的词语后边，表示引出解释或说明；总括性话语的前边，也可以用冒号，以总结上文。按此规定，冒号的用法归纳为3种。

（1）冒号的第1种用法——提示下文。这又分以下3种。

第一，冒号用在称呼语后边，表示提示下文。

示例1。× × × 先生：

第二，冒号用在“说”“想”“是”“证明”“宣布”“指出”“透露”“例如”“如下”等动词的后边，表示提示下文。

示例 2。1905 年，爱因斯坦指出："电磁场……不是某种物质的状态，而是独立存在的客体，它具有同有重量的物质一样的本性，而且也具有惯性。"

示例 3。研究结果表明：IL–23/IL–17 通道可能是溃疡性结肠炎的主要免疫应答通道。应注意：这类动词的后边不是一定得用冒号，用不用冒号要看句子的结构，要看这类动词的后边是否需要有稍大的停顿。

第三，冒号用在总说性话语的后边，引起下文的分说。

示例 4。心脏由以下部分组成：左心房、左心室、右心房、右心室。

（2）冒号的第 2 种用法——总结上文。冒号还用在总括性话语之前，以总结上文。"总括性话语"指的是用来总结上文的分句，它前边的停顿要用冒号来表示。

示例 5：电子管的发明使长途通信得以实现；晶体管的问世为数字通信开辟了道路；电子计算机、集成电路的发展，使通信面貌发生了根本的、质的变化：通信发展的每一进程，都与电子技术的进步密切相关。

（3）冒号的第 3 种用法——引出解释或说明。

示例。报告人：××× 教授

这种用法有时也可出现在文章的题名中，即用在主题名与副题名之间。例如，"医学书刊标准化：成绩 · 问题 · 展望"。

关于冒号的提示范围。所谓提示范围，是指冒号能管到哪儿。通常情况是，冒号引起的话语与提示性话语所指的范围是一致的。作为句内点号，冒号一般要管到一个句子的末尾；有时可以超出一个句子，管到几个句子，甚至管到几个自然段或段落。由于冒号所管的范围不固定，使用中务必注意要避免产生歧义。

（二）标号的用法

标号的作用在于标明，主要标明语句的性质和作用。标号有引号、括号、破折号、省略号、连接号、间隔号和书名号。

1. 引号" "" "

国家标准规定：引号"标示语段中直接引用的内容或特别需要指出的成分。"行文中直接引用的话和需要着重论述的对象，用引号标示；"具有特殊含义的词语，也用引号标示"。它还规定："引号里面还要用引号时，外面一层用双引号，里面一层用单引号'　'"。据此，将引号的用法归纳为 3 点。

（1）行文中直接引用的话，用引号标示。

示例。作者指出：“有人常把‘增长’与‘发展’混淆起来，其实这是2个具有不同内涵的概念。‘增长’意味着规模的扩大，注重数量上的增加，是‘量’的概念，而‘发展’的含义不止这些，它还应包括组成部分的联结、变化、相互作用以及由此产生活动能力的提高，更着重于潜力的实现，强调‘质’的改善。”

（2）需要着重论述的对象，用引号标示。

示例：金元四大家，是指中国古代金元时期的四大医学流派。即刘完素的“火热说”、张从正的“攻邪说”、李东垣的“脾胃说”和朱震亨的“养阴说”。

（3）具有特殊含义的词语，用引号标示。

示例1：患者在院外给予“降糖宁”口服。

示例2：支持食安部门大力打击那些所谓“包治百病”的药品。

2．括号“（　）”

国家标准规定：括号“标示语段中的注释内容、补充说明或其他特定意义的语句”。可知，标明注释性文字，是括号的基本用法。

括号的主要形式是圆括号“（　）”，还有方括号“[　]”、花括号“{　}”、六角括号“〔　〕”和方头括号“【　】”等。

示例1：林冠的结构特点（主要是透光性）的差异直接影响林下的光照状况，以及温度和湿度等。

示例2：有人用氢气还原氧化铜制得5 g铜，求有多少g氢气参加了反应，这些氢气在标准状况下占多大体积？（氢气的密度是0.09 mg/m^3）

示例1是句内括号，示例2是句外括号。

3．破折号“——”

国家标准规定：破折号“标示语段中某些成分的注释、补充说明或语音、意义的变化”。在医学书刊中，行文中解释说明的语句，用破折号标明；事项列举分承，各项之前用破折号。

（1）破折号是解释说明词语、说明句子的。

示例：1842年，奥地利物理学家多普勒首先阐明了这种现象——在静止的观察者看来，运动声源发出的声波频率会发生变化的成因，所以称为多普勒效应。

（2）用破折号标明事项列举的。

此外，破折号还用于：①副题名前边；②解释数学式和图表中的字母符号或其他项目。这些实际上也是用来标明语句的。对于解释图表中的字母符号，破折号可用一字线连接号“—”代替。

4．省略号“……”

国家标准规定：省略号“标示语段中某些内容及意义的断续等”。包括引文的省略、列举的省略、语义未尽的省略均用省略号。

医学书刊中已约定俗成：在省略外文字母和阿拉伯数字时，省略号只用1个三连点，即“…”。

示例1。岐伯对曰：“阴阳者，数之可十，推之可百……①万之大不可胜数，然其要一也。……②圣人南面而立，前曰广明，后曰太冲；太冲之地，名曰少阴；少阴之上，名曰太阳；……广明之下，名曰太阴；太阴之前，名曰阳明；……③厥阴之表，名曰少阳。是故三阳之离合也，太阳为开，阳明为阖，少阳为枢；……④三阴之离合也，太阴为开，厥阴为阖，少阴为枢。”

示例2。《素问·上古天真论》云：“女子七岁，肾气盛，齿更发长。二七，而天癸至，任脉通，太冲脉盛，月事以时下，故有子。……七七，任脉虚，太冲脉衰少，天癸竭，地道不通，故形坏而无子也。丈夫八岁，肾气实，发长齿更。”

示例3。《素问·阴阳应象大论》曰：“天有四时五行，以生长收藏，以生寒暑燥湿风。人有五藏化五气，以生喜怒悲忧恐。故喜怒伤气，寒暑伤形……”

省略号前后标点的用法：在了解了省略号在句子中的位置之后，就可以判断省略号标点使用的一般规律。用于句子前的省略号，省略号前的标点是不能省略的，上个句子结尾该用什么标点就用什么标点，因为它与省略号一点关系也没有，示例1中②、③、④就是这种情况。用于句子中间的省略号，这省略前的标点使用与否有两种情况：一是省略号用在没有分句组成的句子中或有分句组成的句子中，省略号前后均无须加标点，如示例1中①；二是省略号用于几个分句组成的句子中及这个省略号充当一个分句，这个省略号的前后标点一定得保留，如示例2。应用于句尾的省略号，省略号后的标点可以省略，如示例3。但如果这个省略号前面有引号，那么这个省略号后面的引号不可省略，必须以引号结束全句，如示例3。

5．连接号

参照国家标准《标点符号用法》的有关规定，考虑到医学界和医学编辑界的习惯用法，也引入笔者的意见，对连接号的用法做如下讨论。

连接号有 4 种形式：①“—”（占 1 个汉字的位置，叫一字线连接号）；②“–”（占 1/2 个汉字的位置，叫半字线连接号）；③“-”（为字母 m 宽度的 1/3，叫西文连字符）；④“～”（数值范围号）。

（1）一字线“—”连接号的用法。

1）连接地名或方位名词。

示例：北京—广州高速列车；在华东—华北—东北平原地区，重力异常值较高。

2）连接世纪、年代、年份、日期和时刻，表示起止。

示例：19 世纪 80—90 年代；2001—2005 年；4—6 月；15—28 日；13：30—16：30。

3）连接几个相关的项目，表示递进式发展或工艺流程，也可换用箭头“→”。

示例：人类的发展可以分为古猿→猿人→古人→新人这 4 个阶段。

4）在表格的表身中，表示“未发现”。

5）在图注中，为节省篇幅和讲求美观，可代替破折号（——）。

（2）半字线连接号（–）的用法。

1）连接相关的词语，构成复合词。例如，铅–锌–镍合金。

2）连接相关的字母、阿拉伯数字之类，组成产品型号及各种代号。例如，101A 型–干燥箱；YD–38 型压电式加速度计；2，4–戊二酮。

3）用全数字式日期表示法时，间隔年、月、日。例如，2017–08–12。

4）连接图序（或表序）中的章节号与图（或表）序号。例如，图 3–8；表 4–1–2。

（3）西文连字符“-”作为英、俄、德等西文中的连字符。

（4）数值范围号（～）的用法。

“～”用来连接相关的数字，表示数值范围。例如，20 ～ 50 cm；80 ～ 120 kPa；60% ～ 75%；50 ～ 80 岁。

6．着重号“．”

着重号为标号的一种，标示语段中某些重要的或需要指明的文字，用“．”

标注在相应文字的下方。

（1）标示语段中重要的文字。

示例。本研究的结论与以往研究的结论不同点是：……

（2）标示语段中需要指明的文字。

示例：应写为瘀证，不应写为淤症。

7．间隔号“·”

国家标准规定：“外国人和某些少数民族人名内各部分的分界”和“书名与篇（章、卷）名之间的分界”用间隔号标示。

示例：卡尔·马克思；爱新觉罗·溥杰；《中国大百科全书·环境科学》。

间隔号还用来隔开文章题名或书名中的并列词语和专有名词中的月份和日子。例如，医学书刊标准化：成绩·问题·展望；一二·九运动。

8．书名号“《》”

国家标准规定：“书名、篇名、报纸名、刊物名等，用书名号标示。”

书名号还可标明影片名、电视片名、戏剧名、歌曲名和文件名等，但不用来标示产品名、会议名、课程名、科研课题名等。

9．专名号“____”

新增加的标号，标示古籍和某些文史类著作中出现的特定类专有名词，专名号的形式是一条直线，标注在相应文字的下方标示古籍、古籍引文或某些文史类、中医古籍著作中出现的专有名词，主要包括人名、地名、国名、民族名、朝代名、年号、宗教名、官职名、组织名等。

示例1：明代李时珍于万历六年（1578年）完成《本草纲目》初稿，万历二十五年（1596年）在金陵正式刊行。（朝代名、人名、年号、地名）

示例2：于是聚集冀、青、幽、并四州兵马七十多万准备决一死战。（地名）

示例3：扁鹊见蔡桓公，立有间。扁鹊曰：“君有疾在腠理，不治将恐深。”（人名）

现代汉语文本中的上述专有名词，以及古籍和现代文本中的单位名、官职名、事件名、会议名、书名等不应使用专名号。必须使用标号标示时，宜使用其他相应标号（如引号、书名号等）。

10．分隔号

通常是左斜线“/”，还有竖线“｜”和右斜线“\”两种。作为标号使用，因其用途不同而含义不同，名称亦不同。在医学书刊中，左斜线“/”主要用于：

（1）在分数中，作为分数线的符号，相当于除号“÷”，如 4/5。

（2）在一对密切相关的词语之间，表示“和”或“或”的意思，如患者 / 家属知情同意。

（3）在有分母的组合单位符号中，是“每”字的符号，如 mg/kg。

（三）标点符号使用的注意问题

1．点号的降格使用

可把点号表示的停顿时间（t）作如下排队：t（句号、问号、叹号）＞t（分号、冒号）＞t（逗号）＞t（顿号）。

停顿时间最长的点号——句号、问号和叹号的“格”最高，而停顿时间最短的点号——顿号的“格”最低。显然，各种点号的“格”由左至右依次降低。

所谓“点号的降格使用”，就是把“格”高的点号作为“格”低的点号来使用。点号的降格使用是为了准确表达句子或句组的意思，以及满足分清结构层次的需要，更好地发挥点号的修辞作用。

在写作与编辑实践中，逗号可降格作为顿号使用。

示例：甜菜是块根作物，最适宜种植的土壤是土层深厚，富含有机质，保水、保肥力强，土质疏松，易透水、透气的黑钙土或壤土。

2．分号可降格作为逗号使用

示例：1908 年，Regan 记载了我国大银鱼；1934 年方炳文又作了详细的形态分布描述；1956 年陈宁生研究了太湖银鱼的种类，并对大银鱼的形态结构和部分生态作了研究；1981 年张开祥等研究了洪泽湖大银鱼的生物学及其增殖措施；1982 年孙帼英研究了长江口与太湖大银鱼的形态学差异。但至今为止，对天津地区大银鱼仔的食性研究还缺乏详尽报道。

3．句号可降格作为分号和冒号使用

示例。WHO 实体癌瘤化疗的疗效标准：①完全缓解（CR）。……②部分缓解（PR）。……③稳定（SD）。……④进展（PD）。……。

4．标点符号的配合和系列标点符号的处理

（1）引号同点号的配合：引语末了要用点号，又有后引号（“”），如何处理？办法是：凡是把引语作为完整独立的话来用，点号放在引号之内；凡是把引语作为作者的话的一部分，点号放在引号之外。

示例 1。Dutrocher 早在 1824 年就指出："所有动植物都由细胞构成，这些细胞似乎只为简单的黏着力所结合。"

示例 2：维纳称"反馈是控制系统的一种方法"，其特点是"根据过去的操作情况去调查未来的行为"。

（2）括号同点号的配合：句内括号位于句中或句末的点号之前，句外括号位于句末点号之后。

示例 1：国际通讯卫星组织正在研究一种不通过地面中继站就能直接互相通信的卫星（这样，地面上彼此通话该有多么方便！）。

示例 2：若 S 是有限集合，则结论易证。（证明步骤与下面的可数情形类似，从略）

（3）省略号前后的点号：处理省略号前面点号的一般原则是，如果它前面是句末点号，说明它前面是一个完整的句子，那么应予保留；如果它前面是句内点号，则不应保留。

示例 1：第一是水稻生产机械化示范工程。……要加快开发国产水稻收割机，争取在产品质量和适用性方面有一个新的突破。

示例 2：叶蛋白，泛指从青嫩茎叶中，经榨汁、絮凝、浓缩……一系列工序提取出的一种富含蛋白质的浓缩物。

对于省略号后面点号的处理。一般的趋势是不用，因为连文字都省略了，点号当然可以不用；如果需要表示不跟下文连接，那么后面也可以使用点号。

以上关于省略号前后点号的处理方法，对于纯医学语言片段可以另当别论。例如，

其中 K = 1，2，3，…，n。

句中省略号前后都有逗号这类表示方法，科技界和医学界都是认可的。

（4）系列标点符号的处理：指的是一段文字中各种标点符号的配合问题。关于系列标点符号的用法，目前还没有统一规定，这里谈一些意见供参考。

示例 1。采用平焰烧嘴有以下经济效果：①省燃料；②加热快；③加热质量好；④炉温高。

由于文章中数学式编号一般都用了圆括号，如式（1）、式（2）等。为了区分，这里列项说明序号改用后半括号较好，如 1）、2）等；而第二层次用①、②等。

示例 2：对于玄武岩溶体结构特征与地球物理场间的关系，可作如下解

释：1）由物探理论可知，岩石密度下重力异常值“g”具反消长关系。……；2）地壳厚度与重力异常值“g”密切关联，地壳厚度越大，“g”值越小。……；3）重力异常梯度值“g”主要受地壳厚度变化和岩石密度变化的控制，地壳厚度陡度带或岩石密度递变带均可形成重力异常梯度带。……；4）白榴碱性玄武岩套的溶体结构特征介于碱性玄武岩套与拉斑玄武岩套之间，这为通常所认为的白榴玄武岩来源较深，但再下地壳可能存在次生岩浆房的观点提供了佐证。

“解释”下面分列各项，句末用了分号，一般情况下是对的，但这里各项中还有句号岂不是分号的“格”高于句号或分号可以包含句号？所以，1）、2）、3）各项末尾的分号应改为句号。这也是把句号降格作为分号使用。

（四）使用英语标点符号应注意的问题

目前，国内书刊英文，特别是医学论文英文摘要中一些标点符号的用法五花八门，有失规范，影响了医学书刊的质量。标点符号在不同的语种中有其固定的用法，并非可以随心所欲地乱用。最新版本的国家标准 CB/T 15834—2011《标点符号用法》是对汉语书面语中常见标点符号用法的规定和说明，并不完全适用于英语类书刊。因此，在使用英语标点符号时，应注意以下常见问题。

（1）英文中的破折号用一字线“—”，而不是用二字线“——”，或半字线“-”。

（2）英文中的连接号用半字线“-”，而不是二字线“——”，或一字线“—”。

（3）英文中的省略号用下三点“...”而不是中六点“……”、中三点“…”，或下六点“... ...”。

（4）英文中的单引号“‘’”和双引号““””形式同中文，而不是单撇“ˊ”和双撇“"”。

（5）英文中撇号，以 s 结尾的名词尽加撇号，不加“s”。表示数字、符号、字母或词形本身的复数加“s”，如 His 7’s look like 9’s。

二、其他特殊符号

医学书刊除使用标点符号外，还需要借助一些特殊符号，如撇号或硬撇号“’”、比号“：”、小数点“. ”、缩写点“. ”、斜线“/”、标注号“*”、隐讳号“x”、空缺号“□”等，简洁、明了地表达内容。

1．撇号或硬撇号

（1）撇号“’”，亦称缩写号、高撇号，在科技书外文或阿拉伯数字中常见。主要用于：①表示省略。②表示所有格。③表示复数。④表示年代。⑤表示外文单词中某个音不发等。⑥汉语拼音的隔音符号。

（2）硬撇号有单撇号“′”、双撇号“″”，主要用于：①作为[平面]角单位分“′”和秒“″”的符号。②作为量符号的上标辅助符号。③作为数学、物理学、化学等学科符号的上标符号。

2．比号“：”

比号用于表示数的比例关系。

3．小数点“.”

小数点用于分隔数值中整数和小数。

4．缩写点“.”

缩写点用于某些外文省略。

5．标注号

标注号常用的有星号“*”和剑号“†”两个，科技书中常用作各种特殊注释的符号。“*”有时用作某些符号的辅助符号，可以重叠使用。

6．隐讳号“×”

隐讳号用于代替书中不便写出来的内容（如保密、回避等）的符号。注意不要与乘号和字母X混淆。

7．空缺号“□”

空缺号多用于代替引文中缺少或因损坏而无法确认的字。一个空缺号代替一个需要代替的字，有多少个需要代替的字排同量的空缺号，不能多也不能少。另外，数学定理等中用作证毕的符号；作为“达朗贝尔算子的符号”。

第四节　数字用法规范

在医学书刊中使用数字，主要有阿拉伯数字、汉字数字和罗马数字，特别是阿拉伯数字使用的频率是很高的，因此，数字用法的正确与否是衡量书刊标准化、规范化程度的一个重要方面。

长期以来，由于没有统一的体例，致使在涉及数字时，是使用汉字还是阿拉伯数字出现了比较混乱的情况。这不但给作者写作和编辑编校工作增加了许多不必要的负担，而且不利于计算机输入、检索，也不利于语言文字的规范化。为了改变数字使用混乱的状况，使出版物在涉及数字时使用阿拉伯数字和汉字数字的体例统一，1987 年 1 月 1 日，国家语言文字工作委员会等 7 个单位公布了《关于出版物上数字用法的试行规定》。在该规定实施的基础上，1995 年国家技术监督局发布了 GB/T 15835—1995《出版物上数字用法的规定》，2011 年国家质量监督检验检疫总局、国家标准化委员会修订 GB/T15835—1995 标准，发布 GB/T15835—2011《出版物上数字用法》，对书刊出版物中的数字用法做出了某些规定。现在医学书刊中数字用法混乱的情况虽然有了很大改变，但不符合国家标准之处仍较普遍。同时，参数范围的表示、数值的修约等方面还存在不少问题。

本节针对医学书刊的特点，遵循科学性、简洁性、灵活性原则，综合国家颁布的有关标准和规定，介绍数字用法和修约的一般规则，其中也包括某些约定俗成的内容。

一、数字用法

（一）数字形式的选用

1．选用阿拉伯数字

由于阿拉伯数字具有笔画简单、结构科学、形象清晰、组数简短、便于录入等优点，因此，在医学书刊中凡是可以使用阿拉伯数字而且又很得体的地方，均应使用阿拉伯数字。

（1）计量和计数资料数据要用阿拉伯数字：医学书刊中，总的原则是凡处在计量单位、计数单位前面以及计数的数字，包括 10 以下的个位数字，除个别特例外，均应使用阿拉伯数字。

在使用数字进行计量的场合，如正负数、小数、分数、百分数、比例、部分概数等，为达到醒目、易于辨识的效果，应采用阿拉伯数字。

示例 1：－125.03，34.05%，0.5，4/5，63% ～ 68%，1 ∶ 500，300 多。

当数值伴随有计量单位时，如长度、容积、面积、体积、质量、温度、音量、频率等，特别是当计量单位以字母表达时，应采用阿拉伯数字。

示例 2：6 cm，10 mmol/L，5.34 m^2，7 m^3，60 ～ 80 kg，34 ～ 39 ℃，120 dB。

关于数字“一”可否改用“1”，需要加以判别，避免造成不得体。判定的主要“规则”是：用“一”以外的数代替“一”，合情理，可以改为“1”，不合情理，必须用“一”。例如，他忙碌了1天；他一天忙到晚。

关于数字“二”和“两”可否改用“2”，一般来说都可以改，这时的“2”既可读作“二”，也可读作“两”。例如，他提了2条建议；电压为2伏（2V）；车祸造成1人死亡、2人重伤的悲惨结果。

（2）世纪、年代、年、月、日、时刻可用阿拉伯数字：日期和时刻可采用全数字式表示，年份必须用全称。例如，2006年6月23日7时28分31秒可写作2006-06-23 T 07：28：31。年、月、日之间用半字线“-”连接，时、分、秒之间用冒号“：”连接，月、日和时、分、秒均为2位数字，日期和时刻之间用时间标志符T连接。

有特定起点和终点的时间段，其连接号用“/”或“—”，在医学书刊中宜用“—”。例如，20世纪60—90年代；2001—2005；2006-08-10—09-10；T 20：21—25。

（3）序数词和编号的数字用阿拉伯数字：在使用数字进行编号的场合，为达到醒目、易于辨识的效果，应采用阿拉伯数字。

示例。电话号码：98888；邮政编码：05000；通信地址：北京市海淀区复兴路11号；邮箱：x186@186．net；网页地址：http://127.0.0.1；国际标准书号：ISBN 78-7-80184-224-4；连续出版物刊号：CN11 — 1399；章节编号：4.1.2；国家标准：GB/T15835—2011；产品型号：PH — 3000型计算机；产品序列号：C84XB — JYVFD — P7HC4 — 6XKRJ — 7M6XH；动物合格证号：SCKX（新）2011-0001；药品批准文号：国药准字Z20040063。

（4）已定型的含阿拉伯数字的词语：现代社会生活中出现的事物、现象、事件，其名称的书写形式中包含阿拉伯数字，已经广泛使用而稳定下来，应采用阿拉伯数字。

示例：5G手机；G20峰会；维生素B_{12}。

2．选用汉字数字

（1）非公历纪年：干支纪年、农历月日、历史朝代纪年及其他传统上采用汉字形式的非公历纪年等，应采用汉字数字。

示例：丙寅年；庚辰年八月五日；腊月二十三；清咸丰十年九月二十日；藏历阳木龙年八月二十六日；日本昭和二十年。

（2）概数：数字连用表示的概数、含“几”的概数，应采用汉字数字，一般医学书刊使用较少。

示例：一二十个；几万分之一；三四个月；五六十年前；四十五六岁。

（3）已定型的含汉字数字的词语：汉语中长期使用已经稳定下来的包含汉字数字形式的词语，如语素构成定型的词、词组、惯用语、缩略语或具有修辞色彩的语句时，应采用汉字数字。

例如，二元二次方程，四氧化三铁，二倍体，三叶虫，十二指肠，十字街头，三心二意，五体投地，七上八下。

3. 选用阿拉伯数字与汉字数字均可

如果表达计量或编号所需要用到的数字个数不多，选择汉字数字还是阿拉伯数字在书写的简洁性和辨识的清晰性两方面没有明显差异时，两种形式均可使用。

示例 1：17 号楼（十七号楼）；3 倍（三倍）；第 5 个工作日（第五个工作日）；100 多件（一百多件）；20 余次（二十余次）；约 300 人（约三百人）；40 天左右（四十天左右）；50 上下（五十上下）；第 8 天（第八天）；0.5（零点五）；76 岁（七十六岁）；120 周年（一百二十周年）；1/3（三分之一）；公元前 8 世纪（公元前八世纪）；20 世纪 80 年代（二十世纪八十年代）；公元 253 年（公元二五三年）；1997 年 7 月 1 日（一九九七年七月一日）；下午 4 点 40 分（下午四点四十分）。

如果要突出简洁醒目的表达效果，应使用阿拉伯数字；如果要突出庄重典雅的表达效果，应使用汉字数字。

示例 2：北京时间 2008 年 5 月 12 日 14 时 28 分；十一届全国人大一次会议，不写为“11 届全国人大 1 次会议”；六方会谈不写为“6 方会谈”。

在同一场合出现的数字，应遵循“同类别同形式”原则来选择数字的书写形式。如果两数字的表达功能类别相同（比如都是表达年月日时间的数字），或者两数字在上下文中所处的层级相同（比如文章目录中同级标题的编号），应选用相同的形式。反之，如果两数字的表达功能不同，或所处层级不同，可以选用不同的形式。

示例 3：2008 年 8 月 8 日亦可写二〇〇八年八月八日，不写为“二〇〇八年 8 月 8 日”；第一章　第二章……第十章，不写为“第一章 第二章……第 10 章”；第二章的下一级标题可以用阿拉伯数字编号：2.1，2.2，……应避免相邻的两个阿拉伯数字造成歧义的情况。

示例 4：高三 3 个班，高三三个班（不写为“高 33 个班”）；高三 2 班，高三（2）班（不写为“高 32 班”）。

4．罗马数字

在科技文献中，罗马数字也经常被使用；而罗马数字的记数比较特殊，不熟练掌握，在识别或使用时可能出错。

罗马数字的基本数字只有 7 个，即 I（1），V（5），X（10），L（50），C（100），D（500），M（1000）。其记数法则为：

（1）一个数字重复几次，表示该数增到几倍。例如，CCC 表示：300。

（2）一个数字右边附加一个较小数字所表示的数是大、小数字之和。例如，LI 表示 50 + 1 = 51；DCCV 表示 500 + 100 + 100 + 5 = 705。

（3）一个数字左边附加一个较小数字所表示的数是大、小数之差。例如，IX 表示 10–1 = 9；XC 表示 100 − 10 = 90；CMXCIX 表示 1000 − 100 + 100 − 10 + 10 − 1 = 999。

（4）数字上方加一横线，表示该数字扩大到 1000 倍。

例如，$\overline{L}$ 表 $50 \times 1000 = 50\,000$。

（5）数字上方加 2 根横线，表示该数扩大到 100 万倍。

例如，DLXI 表示 561，$\overline{\overline{DLXI}}$就表示 561×10^6 = 5.61 亿。

（二）数字形式的使用

1．阿拉伯数字的使用

（1）多位数：为便于阅读，四位以上的整数或小数，多位数分节方式参照 GB 3101—1993《有关量、单位和符号的一般原则》的规定执行，可采用以下两种方式分节。

第一种方式：千分撇“，”。

整数部分每三位一组，以“，”分节。小数部分不分节。四位以内的整数可以不分节。

示例 1：624，000；92，300，000；19，351，235.235767；1256。

第二种方式：千分空。

从小数点起，向左和向右每三位数字一组，组间空四分之一个汉字，即二分之一个阿拉伯数字的位置。四位以内的整数可以不加千分空。

示例 2：55 235 367.346 23；98 235 358.238 368。

尾数“0”多的5位以上数字，可改写为以万、亿为单位的数。一般情况下不得以十、百、千、十万、百万、千万、十亿、百亿、千亿作单位，只有法定计量单位的词头例外。

示例3：1 363 000 000人可改写为13.63亿人或13亿6 300万人，但不能改写为13亿6千3百万人。3 000元不能写作3千元，而3 000米可以写作3千米。

尾数有3个以上“0”的整数和小数点后面有3个以上“0”的纯小数，均可改为“$\times 10^n$”（n为正、负整数）的写法。

（2）纯小数：必须写出小数点前定位的“0”，小数点是齐阿拉伯数字底线的实心点“.”。

示例：0.46不写为.46或0。46。

（3）数值范围：在表示数值的范围时，除时间范围使用一字线“—”之外，均应采用波浪式连接号“~”或一字线连接号“—”。医学书刊中以用“~”为好。不管用哪一种，全本刊物应统一，切忌时而用“—”，时而用“~”。有的刊物用半字线“-”和破折号“——”作范围号是不正确的。前后两个数值的附加符号或计量单位相同时，在不造成歧义的情况下，前一个数值的附加符号或计量单位可省略。如果省略数值的附加符号或计量单位会造成歧义，则不应省略。

示例：36 ~ 38℃；100 ~ 150 kg；13万元 ~ 17万元（不写为13 ~ 17万元）；15% ~ 30%（不写为15 ~ 30%）；4.3×10^6 ~ 5.7×10^6（不写为4.3 ~ 5.7×10^6）。

（4）时间表述：

1）年月日：其表达顺序应按照口语中年月日的自然顺序书写。

示例1：2023年5月1日，可写作2023-05-01。“年”“月”可按照GB/T 7408—2005《数据和交换格式信息交换日期和时间表示法》中的5.2.1.1中的扩展格式，用“-”替代，但年月日不完整时不能替代。

示例2：8月8日（不写为8-8），2008年8月（不写为2008-8）。

四位数字表示的年份不可简写为两位数字。

示例3：“1990年”不写为“90年”。

月和日是一位数时，可在数字前补“0”。

示例4：2008-08-08；1997-07-01。

2）时分秒：计时方式既可采用 12 小时制，也可采用 24 小时制。

示例 1：11 时 40 分（上午 11 时 40 分）；21 时 12 分 36 秒（下午 9 时 12 分 36 秒）。

时分秒的顺序应按照口语中时、分、秒的自然顺序书写。

示例 2：15 时 40 分；14 时 12 分 36 秒。

“时”“分”也可按照 GB/T 7408—2005 的 5.3.1.1 和 5.3.1.2 中的扩展格式，用“：”替代。

示例：15：40；14：12：36。

3）含有月日的专名：采用阿拉伯数字表示时，应采用间隔号“·”将月、日分开，并在数字前后加引号。如“3·15”消费者权益日。

（5）数值的有效位数应全部写出：

例如，一组电压数据“0.500，0.750，1.000 V”不能改写作“0.5，0.75，1 V”。

但要注意，属于有效数字的“0”必须写出。例如，已知 4 800 000 这个数有 3 位有效数字，则应写作 4.80×10^6 或 480×10^4，而不能写作 4.8×10^6。

（6）书写格式：

1）字体：出版物中的阿拉伯数字，一般应使用正体二分字身，即占半个汉字位置。如，234；57.236。

2）换行：一个用阿拉伯数字书写的数值应在同一行中，不可断开、换行。

3）竖排文本中的数字方向：竖排文字中的阿拉伯数字按顺时针方向转 90 度。旋转后要保证同一个词语单位的文字方向相同。

示例：（图 5–1）

示例一

雪花牌 BCD188 型家用电冰箱容量是一百八十升，功率为一百二十五瓦，市场售价两千零五十元，返修率仅为百分之零点一五。

示例二

海军 J121 号打捞救生船在太平洋上航行了十三天，于一九九〇年八月六日零时三十分返回基地。

图 5–1 竖排文本中的数字方向

2．汉字数字的使用

（1）概数：两个数字连用表示概数时，两数之间不用顿号“、”隔开。

示例：二三米，一两个小时，三五天，一二十个，四十五六岁。

（2）年份：简写后的数字可以理解为概数时，一般不能简写。

示例：“一九七八年”不写为“七八年”。

（3）含有月日的专名：采用汉字数字表示时，如果涉及一月、十一月、十二月，应用间隔号“·”将表示月日的数字隔开，涉及其他月份时，不用间隔号。例如，“十一”国庆节，“五四”运动，“一二·九”运动。

（4）大写汉字数字：

1）大写汉字数字的书写形式：零、壹、贰、叁、肆、伍、陆、柒、捌、玖、拾、佰、仟、万、亿。

2）大写汉字数字的适用场合：法律文书和财务票据上，应采用大写汉字数字形式记数。

示例：3，504（叁仟伍佰零肆圆），39，148（叁万玖仟壹佰肆拾捌圆）。

（5）“零”和“〇”：阿拉伯数字“0”有“零”和“〇”两种汉字书写形式。一个数字用作计量时，其中“0”的汉字书写形式为“零”，用作编号时，“0”的汉字书写形式为“〇”。

示例：“3 052（个）”的汉字数字形式为“三千零五十二”（不写为“三千〇五十二”）。

“95.06”的汉字数字形式为“九十五点零六”（不写为“九十五点〇六”）。

“公元 2012（年）”的汉字数字形式为“二〇一二”（不写为“二零一二”）。

3．阿拉伯数字与汉字数字同时使用

如果一个数值很大，数值中的“万”“亿”单位可以采用汉字数字，其余部分采用阿拉伯数字。

示例 1：我国 2010 年第六次人口普查人数为 13 亿 3 972 万人。

除上面情况之外的一般数值，不能同时采用阿拉伯数字与汉字数字。

示例 2：108 可以写作“一百零八”，但不应写作“1 百零 8”“一百 08”；4 000 可以写作“四千”，但不能写作“4 千”。

二、数值的修约

对实验测定和计算所得的各种数值常常要进行修约，不少人在修约时简单地采用四舍五入的方法，这是不正确的。关于数值的修约，应遵循国家标准 GB/T 8170—2008《数值修约规则》、GB 3100 ~ 3102—1993《量和单位规定》规定的实施。

（一）步骤

1．确定保留位数

有 2 种表示方法：一是指定数位，如指定修约到 n 位小数、“个”“十”“百”……数位；另一是指定保留 n 位有效数字。

有效数字是指在测量中所能得到的有实际意义的数字。一个有效数字构成的数值，只有末位数字是估计数字，其他均为准确数字。有效数字与测量仪器的灵敏度有关，如天平的敏感度为 0.1 mg，那么称重结果 12.34 mg 中，12.3 mg 为准确数字，0.04 mg 为估计数字，2 项合在一起组成有效数字。平均值 ± 标准差（$\overline{X} \pm s$）的位数，一般按标准差的 1/3 来确定，如（3.61 ± 0.42）kg，标准差的 1/3 为 0.14，标准差波动在百分位，即小数点后第 1 位上，故应取到小数点后第 1 位，即 3.6 ± 0.4，过多的位数并无意义。但是在一系列数值并列时，小数点后的位数应一致，例如在 3.61 ± 0.42、5.86 ± 0.73、2.34 ± 0.15 这样一组数据中，3 组数据中最小标准差 0.15 的 1/3 为 0.05，在小数点后第 2 位，则这组数据的有效位数均取到小数点后第 2 位。

2．按规则进行修约

应遵循国家标准 GB/T 8170—2008《数值修约规则》、GB 3100 ~ 3102—1993《量和单位规定》。

（二）修约规则

数值修约的规则：4 舍 6 入 5 看右，右边有数应进位，右边无数再看左，奇进偶不进。

（1）拟舍弃数字的最左一位数字≤ 4，则舍去，≥ 6，则进 1。

（2）拟舍弃数字的最左一位数字等于 5，若其右边的数字并非全部为“0”时，则进 1；其右边数字皆为“0”时，所拟保留的末位数字若为奇数则进 1，若为偶数或“0”则舍弃。

示例：对下列 4 个已知数进行修约，修约数保留小数点后 1 位。3.1503

修约为 3.2；3.1500 修约为 3.2；3.4500 修约为 3.4；3.0500 修约为 3.0。

（3）负数修约时，先将其绝对值按上述规定进行修约，然后在修约值前加上负号。

（4）所拟舍弃的数字若为 2 位以上时，不得连续进行多次修约。

示例：对 8.3457 进行修约，保留到小数点后 1 位，修约后的数应为 8.3。若进行多次修约，则结果为 8.4。

（三）经单位换算后数值的修约

（1）对于准确值，在乘以准确的换算因数后，不得进行修约。

（2）极大值或极小值换算后，应遵循"极大值只舍不入，极小值只入不舍"的原则。

示例：不能大于 8 gal（加仑）。将 gal 换算成"L"保留 2 位小数。

在这里 8 gal 是极大值。按 1 gal = 4.546 L，得 8 gal = 36.368 L。由于只要求保留 2 位小数，根据极大值只舍不入的原则，应修约成 36.36 L。有人把它修约成 36.37 L，这是不对的；因为 36.368 L 已是极大值了，修约成 36.37 L 就变得更大了。

（四）参数和偏差范围表示

（1）单位相同的量值范围，只需写出后一个量值的单位。

示例：36.2 ~ 37.2℃，不必写作 36.2℃ ~ 37.2℃。

（2）百分数的范围，前一个参数的百分号"%"不能省略。

示例：5.3% ~ 9.8% 不能写作 5.3 ~ 9.8%。

（3）有相同幂次的参数范围，前一个参数的幂次不能省略。

示例：4×10^3 ~ 6×10^3 不能写作 4 ~ 6×10^3，但可写作（4 ~ 6）$\times10^3$。

（4）单位不完全相同的参数范围，每个参数的单位必须全部写出。

示例：36° 10' ~ 42° 18'。

（5）参数与其偏差的单位相同时，前一个单位不能省略。

示例：25.3 mm ± 0.1 mm，可以写成（25.3 ± 0.1）mm，但不能写作 25.3 ± 0.1 mm。

（6）参数的上、下偏差不相等时，偏差分别写在参数的右上、右下角，单位只写 1 次。

示例：35 ± 21℃不应写作 35+2℃ −1℃。

（7）参数的上或下偏差为 0 时，0 前面的"+"或"−"号应省略。

（8）表示 2 个绝对值相等、偏差相同的参数范围时，范围号“～”不能省略。

示例：5′ ±2″～-5′ ±2″不能写作 ±5′ ±2”。

（9）表示带中心值的百分数偏差时，应写成（27±2）%，而不应写成 27±2% 或 27%±2%。

（10）附带尺寸单位的量值相乘，按下列方式书写：40 cm×70 cm×90 cm；不能写作 40×70×90 cm 或 $40\times70\times90\ cm^3$。

（11）一系列量值的计量单位相同时，可仅在最末一个量值上写出单位。

示例：60，80，120 mmol/L，不必写作 60 mmol/L，80 mmol/L，120 mmol/L。

（五）其他

1．数字增加、减少的正确表示

（1）数字的增加可用倍数和百分数表示：

增加了 3 倍，即原来为 1，现在为 4；

增加到 3 倍，即原来为 1，现在为 3；

增加了 60%，即原来为 1，现在为 1.6。

（2）数字的减少只能用百分数或分数表示：

降低了 60%，即原来为 1，现在为 0.4。

降低到 60%，即原来为 1，现在为 0.6。

减少了 1/4，即原来为 1，现在为 0.75。

经常见到的“减少了 2 倍”“降低了 3 倍”等表述都是错误的。

2．正确使用数字前后表示约数的词

（1）“约”“近”“左右”等不能并用。

示例：“收缩压约为 140mmHg 左右”的写法是不妥的。

（2）最大和最小值不应用概数。

示例：“最慢心率为 50 次 / 分钟左右”“最高体温为 39 ～ 40℃”，以及“血压超过 200 多 mmHg”等说法都是不妥的。

（3）带有“几”字的概数用汉字。

示例：三百几十，五千几百。

第五节　量和单位的用法规范

量和单位是科技书刊中使用较多的专有名称和符号之一。根据国家技术监督局的规定，除古籍和文学艺术类书籍外，自“1995 年 7 月 1 日以后出版的科技书在使用量和单位名称、符号、书写规则时符合新标准的规定；所有出版物再版时，都要按新标准进行修改”。因此，作者撰稿和编辑加工中，均应遵照国务院 1984 年 2 月颁布的《中华人民共和国法定计量单位》和国家技术监督局 1993 年 12 月 27 日发布的中华人民共和国国家标准 GB 3100—1993、GB 3101—1993、GB 3102.1 ~ 13—1993（共 15 个文件）的规定，处理好稿件中所涉及的量和单位。

目前，在执行有关量和单位国务院规定和国家标准方面仍存在以下问题。

（1）使用已废弃的非法定单位和单位符号，非法定单位如斤、达因（dyn）、卡（cal）、当量浓度（N）等；单位符号如 ok（开尔文）、rmp（转每分）、hr（小时）、y 或 yr（年）等。

（2）使用已废弃的量名称，如比重（相对密度）、比热（比热容量）、电流强度、绝对温度、克分子浓度等。

（3）未使用国家规定的量符号。例如，质量符号不用 *m*，而用 *w*、P 或 *Q* 等。

（4）同一部著作或同一篇论文中的单位，时而用中文符号，时而用国际符号；在组合单位中 2 种符号并用，如“m/ 秒”。

（5）把一些不是单位符号的符号，如英文缩写字、全称等，作为标准化符号使用。如 ppm（10^{-6}）、sec（秒）、Joule（焦）等。

（6）量符号及其下角标符号、单位及词头符号的正斜体、大小写比较混乱。

（7）不善于使用词头构成十进倍数单位。

（8）词头使用错误，如重叠使用、独立使用、对乘方形式的单位加错了词头等。

（9）在图、表等中用符号表示数值的量和单位时，未采用标准化表示法。如“m · kg”“m（kg）”等未表示成“m/kg”。

一、量名称及符号

量分为物理量和非物理量，物理量定义是“现象、物体或物质的可以定性区别和定量确定的一种属性”。

（一）量的名称

量的名称因历史的原因或来源不一，有些量（如物理量“力”“质量”“长度”“电流”等）具有专门名称，而有些量（如某些导出量）则没有专门名称。医学书刊中涉及量名称时，有专门名称者应使用国标最新版中推荐使用的名称；没有专门名称者，本着命名科学、简明、通俗的原则，推荐参照GB 3101—1993《有关量、单位和符号的一般原则。附录A物理量名称中所用术语的规则》命名。而且在同一部著作或同一种期刊中，同一个物理量的名称应保持一致；如果同一部著作或同一种期刊中，同一个物理量的名称因引用的文献不同而不同时，应修改为同一个名称，或做必要的说明或注释。

物理量都有其各自的名称。GB 3102.1 ~ 13中，共列出常见的614个量，按照科学的命名规则（见GB 3101—1993的附录A）并遵循我国的习惯，为它们规定了名称，这些名称我们简称它为“标准量名称”。关于量的名称，在使用中一般应该使用标准量名称，不要使用自造的或已经废弃的旧名称。常见标准量名称与非标准的对照见表5-3。

表5-3　常见非标准的量名称与标准量名称对照

标准量名称、符号	非标准量名称	标准量名称、符号	非标准量名称
面积 A，（S）	亩数	相对分子质量 M_r	分子量
质量 m	重量	分子质量 m	
密度 ρ 相对密度 d	比重	物质的量 n，（ν）	摩尔数，克原子数，克分子数，克离子数，克当量
摩擦因数 μ，（f）	摩擦系数 *	B的质量分数 ωB	重量百分数，重量的百分浓度
质量热容，比热容 c	比热	B的体积分数 φB	体积百分浓度
质量定压热容，比定压热容 $C\rho$	定压比热容，恒压比热	B的浓度，B的物质的量浓度 cB	体积克分子浓度，摩尔浓度，当量浓度
热力学能 U	内能 *	粒子注量 Φ	剂量
电流 I	电流强度	[放射性]活度 A	放射性强度，放射性
相对原子质量 A_r	原子量		

注：* 表示暂时仍可与标准量并用，但在实践中不使用

（二）量的符号

量的符号应采用国家标准中规定的量符号。有关量符号的一般规则如下。

（1）量符号一般为单个拉丁字母或希腊字母，只有25个用来描述传递现象的特征数是例外，它们均由2个字母构成，如欧拉数*Eu*、磁雷诺数*Rm*等。

（2）量符号必须采用斜体字母，pH除外。

（3）矢量、张量符号一律用黑斜体。

（4）不能把量符号当作纯数来使用。例如，长度厘米为“*Lcm*”，时间秒为“*ts*”一类说法是不对的（这里的*L*和*t*分别是长度和时间的量符号）。

（5）量符号上可以根据需要附加其他符号，以下标、上标、顶标、底标、侧标符号或（和）其他说明性标记来表示不同的量或同一个量的不同状态。所加的附加符号有上角标字母、（Θ）、（^{0}）、（’）等，用以表示某些特定的状态、位置、条件或测量方法等，如“*”用于表示“纯的”、“理想的”，“Θ”表示“标准的”等。但是，表示变量的符号或数字一般不标右上标，以免与幂次混淆。

（6）量符号的组合规则：

相乘：zy，z · y。

对于2个字母构成的量符号，为避免误解为2个量的相乘，当它们出现在公式中时，相乘的量之间一定要加中圆点“·”或空出1/4个字的位置。例如，*Ma·b*，*Ma b*，不要排成*Mab*。

对于矢量相乘，不加乘号，“·”和“×”的意义是各不相同的，不能互相变换。

相除：x/y，$x \cdot y^{-1}$，xy^{-1}。

采用“/”作相除号时，同一行中的“/”不能多于1条（加括号时例外）。当分子分母为多项式时，如采用“/”，必须使用括号。

（三）量符号的使用和注意事项

（1）不可以将元素符号、化学式作为量符号使用。例如，盐酸的质量不可以写成HCl = 5 kg，而应写成*m*（HCl）= 5 kg或*m*HCI = 5 kg；铁的质量分数不可以写成Fe% = 67.89%，而应写成*w*（Fe）= 67.89%或WFe = 67.89%。

（2）不可以用量的英文名称的缩写字母组合作为量的符号。因为这种缩写是量的英文名称的简称。虽然国标给出的某些量的符号是由英文名称中的某个或某两个单词的第一个字母构成，但它已不是简单意义的英文名称的简称。书刊中遇到用缩写字母组合作为“量符号”而又无合适的符号可供选择替代时，如 LC、CD、COD 等，可以继续使用，但必须用正体印刷，以表明它们是英文名称的缩写，不是量符号。

（3）基于国标 GB 3102.11—1993《物理科学和技术中使用的数学符号》引言中“本标准适用于所有科学技术领域”已更改为“本标准规定物理科学、工程技术和有关的教学中一般常用的数学符号；过于专门的数学符号未列入”，因此标准中列出的常数“π”“e”“i（j）”以及微分符号“d”、偏微分符号“δ”在非纯数学学科中排正体，在纯数学学科中仍可排斜体。

二、单位名称及符号

（一）单位名称

1. 单位名称的基本原则

（1）单位名称有全称和简称两种。单位名称用于不带数值的叙述性文字中，还用于口语中，在不致混淆的场合可以使用简称。

（2）书写名称时不加任何符号。

示例：物质的量单位的名称为摩尔每升，而不是摩尔 / 升、摩尔 / 每升。

（3）名称和符号表示的顺序一致。

示例：速度单位符号 m/s（米 / 秒），其名称应为米每秒，而不是常见到有人说的“秒米”“秒分之米”“每秒米”。

（4）除号对应的名称为“每”，且“每”只能出现 1 次。

示例：摩尔气体常数的单位符号为 J/（mol · K），其名称为“焦耳每摩尔开尔文”或“焦每摩开”，而不是“焦耳每摩尔每开尔文”。

（5）乘方形式的单位名称，其顺序是指数名称在前，单位名称在后，指数由数字加次方组成；当长度的 2 次和 3 次幂是面积和体积时，其相应的指数名称为“平方”和“立方”。

示例：截面系数单位 m^3 的名称为三次方米，体积单位 m^3 的名称为立方米。

2. 法定单位的组成

我国现行的法定计量单位由三部分组成：① SI 基本单位：即国际单位制（SI）的基本单位 7 个（表 5–4）和辅助单位 2 个（表 5–5）。② SI 导出单位：包括SI辅助单位在内的具有专门名称的SI导出单位和由于人类健康安全防护上的需要而确定的具有专门名称的SI导出单位（表5–6）。③非SI法定单位：我国选定的暂时许可与SI单位并用的法定计量单位（表5–7）。

SI基本单位、SI导出单位、非SI法定单位可以自己组合（自组）和相互组合（合组）构成组合单位，也可以和SI词头构成倍数单位（个别例外）。

表5–4　国际单位制（SI）的基本单位

量的名称	单位名称	单位符号
长度	米	m
质量	千克（公斤）	kg
时间	秒	s
电流	安[培]	A
热力学温度	开[尔文]	K
物质的量	摩[尔]	mol
发光强度	坎[德拉]	cd

表5–5　国际单位制（SI）的辅助单位

量的名称	单位名称	单位符号
平面角	弧度	rad
立体角	球面度	sr

表5–6　国际单位制中赋予专门名称的导出单位

量的名称	单位名称	单位符号	换算关系和说明
[平面]角	弧度	rad	1 rad = 1 m/m = 1
立体角	球面度	sr	1 sr = 1 m^2/m^2 = 1
频率	赫[兹]	Hz	1 Hz = s^{-1}
力、重力	牛[顿]	N	1 N = 1 kg · m/s^2
压力、压强、应力	帕[斯卡]	Pa	1 pa = 1 N/m^2
能[量]、功、热	焦[耳]	J	1 J = 1 N · m
功率、[辐射]通量	瓦[特]	W	1W = 1 J/s
电荷[量]	库[仑]	C	1C = 1 A · s
电位、电压、电动势	伏[特]	V	1 V = 1 W/A
电容	法[拉]	F	1 F = 1 C/V

量的名称	单位名称	单位符号	换算关系和说明
电阻	欧[姆]	Ω	$1\ \Omega = 1\ V/A$
电导	西[门子]	S	$1\ S = 1\ \Omega^{-1}$
磁通[量]	韦[伯]	Wb	$1\ Wb = 1\ W \cdot S$
磁通[量]密度、磁感应强度	特[斯拉]	T	$1\ T = 1\ Wb/m^2$
电感	享[利]	H	$1\ H = 1\ Wb/A$
摄氏温度	摄氏度	℃	1 ℃ = 1 K
光通量	流[明]	lm	$1\ lm = 1\ cd \cdot sr$
[光]照度	勒[克斯]	lx	$1\ lx = 1\ 1m/m^2$
[放射性]活度	贝可[勒尔]	Bq	$1\ Bq = 1\ s^{-1}$
吸收剂量	戈[瑞]	Gy	1 Gy = 1 J/kg
剂量当量	希[沃特]	Sv	1 Sv = 1 J/kg

表5–7　我国选定的暂时许用非国际单位制单位

量的名称	单位名称	单位符号	换算关系和说明
时间	分	min	1 min = 60 s
	[小]时	h	1 h = 60 min = 3 600 s
	天[日]	d	1 d = 24 h = 86 400 s
平面角	[角]秒	″	1″ =（π/648 000）rad（π 为圆周率）
	[角]分	′	1′ = 60″ =（π/10 800）rad
	度	°	1° = 60′ =（π/180）rad
旋转速度	转每分	r/min	$1\ r/min = (1/60)\ s^{-1}$
长度	海里	n mile	1 n mile = 1 852 m（只用于航程）
速度	节	kn	1 kn = 1 n mile/h = 1 852/3 600）m/s（只用于航行）
质量	吨	t	$1\ t = 10^3\ kg$
	原子质量单位	u	$1\ u \approx 1.660\ 565 \times 10^{-27}\ kg$
体积	升	L，（l）	$1\ L = 1 dm^3 = 10^{-3}\ m^3$
能	电子伏	eV	$1\ eV \approx 1.602\ 177 \times 10^{-19}\ J$
级差	分贝	dB	
线密度	特[克斯]	tex	$1\ tex = 10^{-6}\ kg/m$
面积	公顷	hm^2	$1\ hm^2 = 10^4\ m^2$

3. 法定单位的名称

不同文种有各自文种的单位名称。本书所说的单位名称专指 SI 单位的中文名称。法定单位名称的构成和命名规则如下。

（1）SI 单位名称由规定的 7 个 SI 基本单位名称、21 个 SI 导出单位的专门名称，以及由这 28 个规定名称组合而成的组合单位名称构成。

（2）组合单位名称按其单位符号的乘除、乘方等组合形式命名。乘除形式的单位名称按其单位符号表示的顺序命名，其中的乘号没有对应的名称；除号的对应名称为“每”字，无论分母中有几个单位。“每”字只出现一次。乘方形式的组合单位名称，除长度表示面积和体积外，按指数名称“n 次方”在前，单位名称在后顺序命名。见表 5–8。

（3）单位分子为 1，分母有单位时，按“每单位名称”或“负几次方单位名称”命名。

（4）当长度的二次幂和三次幂分别用于表示面积和体积时，“二次方”改为“平方”，“三次方”改为“立方”，其他量仍用“二次方”和“三次方”。

表5–8　组合单位名称命名示例

量名称	单位符号	单位名称	错误名称
电偶极矩	C · m	库仑米	
磁场强度	A/m	安培每米	每米安培
线电流	Pa · s/m	帕斯卡秒每米	每米帕斯卡秒
质量热容	J/（kg · K）	焦尔每千克开尔文	每千克开尔文焦尔、焦尔每千克每开尔文
截住面二次矩	m^4	四次方米	米四次方
曲率	m^{-1}	每米，负一次方米	米负一次方
面积	m^2	平方米	二次方米、平方、平米
体积	m^3	立方米	三次方米、立方、方

4. 法定单位名称的使用和注意事项

（1）在书刊中单位名称只用于叙述性文字中。例如，土地面积用“平方千米”或“平方公里”，导线截面积用“平方毫米”，这是行业惯例。

（2）组合单位的名称中不得附加乘号、除号和其他符号。例如，“欧姆米”不得写成“欧姆 · 米”、“欧姆 – 米”、[欧姆][米]。“米每秒”不得写成“米 / 秒”“[米]/[秒]”“米 / 每秒”。

（3）不应该使用不规范的或淘汰的单位名称，见表5–9列出的示例。

表5–9　常见不规范或淘汰单位名称示例

不规范或淘汰的	规范的或暂用的	不规范或淘汰的	规范的或暂用的
呎	英尺	忽米	10微米
吋	英寸	丝米	0.1毫米
呾	英担（1英担＝112磅）		
呫	英石（1英石＝14磅）	公分（质量）	克
喃	盎司	公丝（一般不用）	毫克
唡	英亩	公毫（一般不用）	厘克
㖊；浔	英寻	公厘（质量）	分克
哩	英里	公钱	十克
浬，海浬	海里	公两	百克
公尺	米	公吨	吨
公分（长度）	厘米	公担	分吨（＝100公斤）
公厘（长度）	毫米		
		昉	方（响度级单位）
[市]石	100升	咮	宋（响度单位）
[市]斗	10升	嗼	美（音调单位）
[市]升	1升		旦（纤度单位）
[市]合	0.1升	纨	特（纤度单位）
[市]担	50公斤		
[市]斤	0.5公斤	乇	托
[市]两	50克	瓩	千瓦
[市]钱	5克	新烛光、烛光、支	坎[德拉]
[市]分（质量）	0.5克	马力	千瓦
[市]厘（质量）	50毫克	周、周/秒	赫[兹]
[市]里	0.5公里	克分子、克原子	摩[尔]
[市]丈	（10/3）米	立米、立方、方	立方米
[市]尺	（1/3）米	平米、平方	平方米
[市]寸	（1/30）米、（1/3）分米	秒米、米秒	米每秒
[市]分（长度）	（1/3）厘米		
[市]厘（长度）	（1/3）毫米	达因	牛[顿]

（二）单位符号

1．单位符号和单位的中文符号

单位符号有中文符号和国际符号 2 种。在国家标准中，只推荐国际符号，未列出中文符号。目前还经常碰到中文符号，并且尚存在不少问题。

（1）单位的国际通用符号简称符号，由国际计量局选定的有 28 个符号，其他的单位许多都可以由 28 个符号通过乘除或乘方形式组合而成。此外还有许多非 SI 单位符号，如 min（分钟）、h（小时）、d（日，天）、a（年）、t（吨）等。

单位符号没有复数形式，符号上不得附加任何其他标记或（和）符号。例如，土壤中氮的质量分数单位“g/kg”不得写为“gN/kg 土”。单位符号一律正体印刷，符号中的字母除源于人名单位的首字母要大写，以及升的符号“L”可以大写以外，其余均小写。

（2）单位名称的简称作为该单位的中文符号使用。例如，名称“焦耳”省略“耳”字后，“焦”即作为中文符号使用。中文符号使用时不应混淆单位名称及其中文符号，例如，体积单位符号“m^3”，其名称是“立方米”，其中文符号是“米^3”。摄氏度的符号“℃”可以作为中文符号使用。

2．符号、中文符号的使用和注意事项

书刊中涉及的单位符号和单位的中文符号必须符合其使用规则。

（1）单位和词头的符号用于公式、数据表、曲线图、刻度盘等需要明了的地方，也用于叙述性文字中。

（2）组合单位中一般不得同时使用单位符号和单位的中文符号。例如，密度单位“kg/m^3”不得写作“千克 /m^3”或“kg/ 米^3”。但是，当组合单位中出现的单位是诸如“件”“种”“元”“次”等非物理量单位时，可以混合使用，例如，服药次数可以写作“次 /d”。

组合单位中的中文符号不得写作单位名称，例如，“千克每平方千米”的中文符号是“千克 / 千米^2”或“千克 · 千米$^{-2}$”，不得写作“千克，平方千米”或“千克 · 平方千米$^{-1}$”。

相乘的组合单位符号之间，建议采用加间隔号的表示形式，例如，“N · m”和“牛 · 米”（虽然国标规定还有其他形式）。

相除的组合单位，一般采用如“mL/min（毫升 / 分）”或“mL · min^{-1}（毫升 · 分$^{-1}$）”两种形式之一。

相除的组合单位分母由两个以上单位组合构成时，分母中的单位间要加分隔号，所有单位用括号括起，单位符号间的左斜线“/”不能多于一条。分母中的单位采用负指数形式表示时，每个单位之间也应加间隔号“·”。例如，“mg/（kg·d）和“$kg\cdot kg^{-1}\cdot d^{-1}$”。

（3）单位符号应写在全部数值之后，数值与符号之间应空一定空隙（通常是为四分之一字长）；数值与中文符号之间可以不留空隙。

（4）单位符号都必须作为一个整体使用，不得拆开。例如，摄氏度的单位符号为“℃”，“20 摄氏度（20℃）”不得写作或读作“摄氏 20 度”或“20 度”。

（5）角度的度、分、秒的符号单独使用时，要用圆括号括起。如（°）、（′）、（″）；与数值合用时，排在数字的右上角，如“48° 37′ 50″”。

（6）过去习称的“无量纲”已更名为“量纲一”。任何量纲一的量的一贯单位都是“一”，符号是“1”；在表示量值时，“1”一般不明确写出，而且不能与词头结合以构成其十进倍数或分数单位，其十进倍数或分数以 10 的幂表示。

1）单位“1”有时具有专门名称及其符号。例如，[平面] 角的单位名称是“弧度”，符号是“rad”（1 rad ＝ 1 m/m ＝ 1）；立体角的单位名称是“球面度”，符号是“sr”（$1\ sr = 1\ m^2/m^2 = 1$）；场量级的单位名称是“奈培”，符号是“Np”（1 Np ＝ 1）；声压级、声强级、声功率级的单位名称是“贝 [尔]”，符号是“B”。

2）数字“0.01”可以百分符号“%”代替；数字“0.001”一般应避免使用千分符号“‰”，但在如医学界统计“出生率”“死亡率”“病死率”等特殊情况下，原统计数字中出现的“‰”可以保留，不宜简单地把数值中的小数点移前一位改为“%”。

3）由于百分是纯数字，因此书稿中常见的把“质量分数”或“体积分数”说成“质量百分（数）”或“体积百分（数）”在原则上是无意义的。写成“%（m/m）”或“%（V/V）”是错误的。

（7）根据国家质量技术监督局和卫生部联合发布的质量监督量函[1998]126 号文件精神，血压计量单位恢复使用毫米汞柱（mmHg），但在书中首次出现时，应注明 mmHg 与千帕 [斯卡]（kPa）的换算系数（即 1 mmHg ＝ 0.133 kPa）。厘米水柱（cmH_20）参照执行。

（8）我国规定的土地面积法定计量单位名称（符号）是平方公里（km^2）、公顷（hm^2）、平方米（m^2）。[市]亩为非法定计量单位，然而在目前情况下，必要时仍允许继续使用，但在首次出现时，应注明其与法定计量单位的换算关系，即 1 亩＝1/15 公顷＝10 000/15 平方米＝666.7 平方米。使用时应按照准确度的要求选用不同的换算系数。如 1 亩可为 $666.7m^2$ 或 $666m^2$ 或 $667m^2$。“平方公里”亦称“平方千米”“百万平方米”；其国际符号为“km^2”，读作“平方千米”。

（9）非法定计量单位一般应换算为法定计量单位。但根据“个别科学技术领域中，如有特殊需要，可使用某非法定计量单位，但必须与有关国际组织规定的名称、符号相一致”的规定，其中一些非法定计量单位，若换算为法定计量单位困难很大，且换算后会给读者带来不便时，可根据学术界惯例而保留使用，但应做到以下几点：①或在其后括注法定计量单位；②或在其第一次出现时加脚注注明其与法定计量单位的换算关系；③或在书刊前（或书刊末）列出书中各种非法定计量单位与法定计量单位的换算表。

（10）翻译书中的英制单位（不是单位的英文名称）一般不宜直接改为我国法定计量单位，但应在其后括注法定计量单位。

（11）在非图表的叙述文字中，某些单位是使用单位名称还是单位符号，应根据这个单位的具体情况而定。例如，“年”，符号“a”，行文中写“3a 6 个月”不得体，应写“3 年 6 个月”。符号“a”一般用于图表、公式、组合单位以及和词头组合成的单位中。例如，图坐标“t/a”；单位面积年产量的单位“t/（hm^2 · a）”和词头组合如“500 Ma”（500 兆年）等。

（12）高分子化合物的当量浓度 N 换算为法定计量单位困难时，可以保留使用。但是，撰稿时应避免使用当量浓度的称谓。

（13）图的坐标标注和数据表的栏目栏头用量与特定单位的比表示量的数值。例如，用“V/m^3”形式，而不用“V（m^3）”或“V m^{-1}”形式。

（14）包括翻译书在内的所有中文版图书，不得用英文单位名称或缩写作为单位符号，例如，“sec”“day”“yr”等。

（15）容积“升”的符号“l”与阿拉伯数字“1”可能混淆，当其在没有词头而单独使用时，宜采用大写字母“L”；在有词头时，既可以采用小写，也可以采用大写，但全书全刊应统一。

（16）单位符号有严格的界定，书刊稿中常见的单位“a 每 b”，即“apb”

形式，应仿照“rpm”定为“r/min”形式修改。同样，应避免使用“ppm”“ppb”等一类单位符号。不得已使用这些单位时，应指明其与法定单位或与10的幂的关系。并且要注意，西方国家对ppb、ppt所代表的数值是不十分一致的：ppb（N parts per billion的缩写，在美国、法国表示10^{-9}，在英国、德国表示10^{-12}），ppt（为parts per trillion的缩写，在美国、法国表示10^{-12}，在英国、德国表示10^{-18}）。

（17）日常生活和贸易中，“重量”一词可使用。

（18）虽然我国旧制度量衡单位（例如，[市]寸、[市]尺、[市]丈、[市]里、[市]斤、[市]升等）已废用，但在科技书刊稿中出现这些单位时，不能随便地换算成现行的法定单位，特别是涉及古籍史料时更要谨慎。这是因为在我国各个历史时期，长度、容量、重量的单位与现行的法定单位比较有较大的差别。如果要标注或换算成法定单位，务必要搞清楚是哪个时代的单位。

（19）在涉及医学内容时，要特别注意用来描述穴位位置的“寸”。这个“寸”不是一般意义的长度单位，而是指“同身寸”，它依患者的身高、胖瘦不同而不同，绝不能换算成法定单位。

（20）不应使用须废除的单位符号，见表5-10。书刊中常见错用单位符号，见表5-11。

表5-10　常见废弃单位及换算系数

单位名称	符号	换算系数
微（米）	μ	1 μ ＝ 1 μm
费密	Fermi	1 Fermi ＝ 10^{-15} m ＝ 1 fm
达因	dyn	1 dyn ＝ 10^{-5} N
千克力	kgf	1 kgf ＝ 9.806 65 kN
吨力	tf	1 tf ＝ 9.806 65 MN
标准大气压	atm	1 atm ＝ 101.325 kPa
工程大气压	at	1 at ＝ 9.806 65 × 10^4 Pa
托	Torr	1 Torr ＝ 133.322 Pa
毫米汞柱①	mmHg	1 mmHg ＝ 133.322 Pa
毫米水柱	mmH_2O	1 mmH_2O ＝ 9.806 65 Pa
西西	cc	1 cc ＝ 1 mL
道尔顿	D	1 D ＝ 0.992 1u
开氏度	k	1° k ＝ 1 K

续表

单位名称	符号	换算系数
转每分[2]	rpm	1 rpm = 1 r/min
尔格	erg	1 erg = 10^{-7} J
卡	cal	1 cal = 4.186 8 J
大卡	kcal	1 kcal = 4.186 8 kJ
度（电能）		1 度= 1 kW · h
[米制] 马力		1 马力= 735.499 W
英马力	hp	1 hp = 745.7 W
奥斯特	Oe	1 Oe ≈ 79.578 A/m
高斯	Gs	1 Gs ≈ 10^{-4} T
麦克斯韦	Mx	1 Mx ≈ 10^{-8} Wb
体积克分子浓度	M	1 M = 1 mol/L = 1 kmol/m^3
当量浓度	N	1 N =（1 mol/L）/Z（离子电荷数）

注：① mmHg 可用于表示血压，但必须给出其与 kPa 的换算关系；②“转每分”仍为法定单位“r/min”的名称

表5-11　常见错用单位符号

量的名称	错用单位符号（方括号中的为正确符号）
长度	M[m]；Cm[cm]；um[μm]；mμm[nm]
质量	KG，Kg[kg]；T[t]
压力	pa，P_a，P[Pa]
力	nt[N]
时间	sec，（″），S[s]；m，（′）[min]；hr，hs（复数）[h]；day[d]；wk[星期，周，无国际符号]；mo[月，无国际符号]；y，yr[a]
电容	f[F]
电阻率	Ω-m[Ωm]
频率	HZ，H_z[Hz]
功，能量	ev[eV]；Kev[keV]；Joule[J]
功率	w[W]；KW[kW]

（三）SI 词头及使用

1．词头的构成

SI 词头已由 16 个增至 20 个，如表 5-12 所示。

表5-12　SI词头构成表

所代表的因数	词头名称		词头符号
	中文名称	外文名称	
10^{24}	尧[它]	Yotta	Y
10^{21}	泽[它]	Zetta	Z
10^{18}	艾[可萨]	Exa	E
10^{15}	拍[它]	Peta	P
10^{12}	太[拉]	Tera	T
10^{9}	吉[咖]	Giga	G
10^{6}	兆	Mega	M
10^{3}	千	Kilo	k
10^{2}	百	Hector	h
10^{1}	十	Deca	da
10^{-1}	分	Deci	d
10^{-2}	厘	Centi	c
10^{-3}	毫	Milli	m
10^{-6}	微	Micro	μ
10^{-9}	纳[诺]	Nano	n
10^{-12}	皮[可]	Pico	p
10^{-15}	飞[母托]	Femto	f
10^{-18}	阿[托]	Atto	a
10^{-21}	仄[普托]	Zepto	z
10^{-24}	幺[科托]	Yocto	y

2．SI 词头的使用和注意事项

（1）现行 20 个 SI 词头（代表因数 10^{24} ~ 10^{-24}）用于构成倍数单位（十进倍数单位和分数单位）。词头符号与所紧接的单位符号共同组成一个新单位，其间不留空隙，如 kPa（千帕）、mg（毫克）、cm（厘米）、mL（毫升）等。表示的因数等于、大于 10^{6} 的 7 个词头为大写体，其余 13 个均为小写体。特别要注意区分 Y（10^{24}）和 y（10^{-24}）、Z（10^{21}）和 z（10^{-21}）、P（10^{15}）和 p（10^{-12}）、M（10^{6}）和 m（10^{-3}）。

（2）用 SI 词头构成倍数单位时，应通过适当的选择，使量的数值处于实用的范围，一般是处于 0.1 ~ 1 000。但是，在某些领域（情况）习惯使用的单位和在同一量的数值表中或叙述同一量的文字中为对比方便使用相同单位时，则不受这个限制。

（3）SI 词头不得单独使用和重叠使用。例如，“纳米”能写成“nm”，不能写成“n”和“纳”或“mμm”和“毫微米”；质量的 SI 单位是“kg（千克）”，但组合倍数单位时应以“g（克）”为构建单位，因此，“毫克”应写成“mg”而不应写成“μkg”和“微千克”。

（4）SI 词头 h（百）、da（十）、d（分）、c（厘）一般只用于长度、面积、体积单位，但根据习惯和方便，必要时也可以用于其他场合。

（5）以乘方、相乘、相除和相乘除形式构成组合单位时，除分母中可以保留质量单位（kg）以及长度、面积、体积单位选用的词头以外，一般一个组合单位只用一个词头，也不在组合单位的分子/分母中同时采用词头，应将词头置于组合单位的第一个单位前。例如，摩尔热力学能单位“kJ/mol”不宜写成“J/mmol”。但此规定并不是硬性的，如“kJ/kg”“mg/cm^3”“μg/mL”等却是允许使用的。因此，具体使用时，根据方便、需要，特别是当专业标准有规定时，可以在分子和分母中都使用词头。

（6）SI 以外的某些单位亦可以用 SI 词头构成倍数单位。例如，m 和 Ci（居里）可以组合成 mci（毫居里）等。

（7）摄氏温度单位摄氏度（℃），角度单位度（°）、分（′）、秒（″），时间单位日（d）、时（h）、分（min），以及转每分（r/min）不得用 SI 词头构成组合单位。但是，热力学单位开[尔文]（K）和时间单位年（a）、秒（s）可以用 SI 词头构成倍数单位。例如，Ma（兆年）、ms（毫秒）等。SI 单位 kg 和 dB 不得直接用 SI 词头构成倍数单位，但去掉词头 k 和 d，g 和 B 可以用 SI 词头构成其他的倍数单位。例如，Mg 和 kB。

第六节　名词术语与缩略词用法规范

一、名词术语

（一）全国科学技术名词审定委员会审定公布的名词术语

全国科学技术名词审定委员会（原称全国自然科学名词审定委员会）于 1985 年经国务院批准成立，是经国务院授权，代表国家审定、公布科技名词的权威性机构。国务院于1987年8月12日明确批示，经全国科学技术名词审定委员会审定公布的名词具有权威性和约束力，全国各科研、教学、生产经营以及新闻出版等单位应遵照使用。1990年6月23日，国家科委、国家教委、中国科学院、新闻出版署联合发文[（90）科发出字0698号]，要求“各新闻出版单位要通过各种传播媒介宣传名词统一的重要意义，并带头使用已公布的名词。各编辑出版单位今后出版的有关书、刊、文献、资料，要求使用公布的名词。特别是各种工具书，应把是否使用已公布的规范词，作为衡量质量的标准之一。凡已公布的各学科名词，今后编写出版的各类教材都应遵照使用”。新闻出版总署已明确将科技名词术语的使用纳入到自2005年3月1日起执行的《图书质量管理规定》中：“使用科技术语不符合全国科学技术名词审定委员会公布的规范词的，每处计一个差错。”

目前全国科学技术名词审定委员会已公布有关医学学科名词70余种，内容覆盖医学基础、临床、公共卫生等各个领域。已经完成的有：《微生物学名词》（1989），《生理学名词》（1990），《遗传学名词》（1990），《医学名词》（第一分册：妇产科学等）（1990），《人体解剖学名词》（1992），《细胞生物学名词》（1992），《医学名词》（第二分册：口腔科）（1992），《组织学名词 胚胎学名词》（1994），《医学名词》（第三分册：医学遗传学等）（1995），《医学名词》（第四分册：心血管病学等）（1996），《医学名词》（第五分册：眼科学）（1997），《医学名词》（第六分册：外科等）（1998），《药学名词》（2001），《心理学名词》（2001），《医学名词》（第七分册：整形、美容等）（2002），《中医药学名词》（定义版，2005），《遗传学名词》（第二版、定义版，2006），《生理学名词》（第二版、定义版，2007），《免疫学名词》（定义版，2008），《生物化学与分子生物学名词》（第二版、定义版，2009），《细胞生物学名词》（第二版、定义版，2009），《中医药学名词》（内妇儿科等，定义版，2011），《微生物学名词》（第二版、定义版，2012），《泌尿外科医学名词》（定义版，2014），《中医药学名词》（外科等6个学科，定义版，2014），《全科医学与社区卫生名词》（定义版，2014），《放射医学与防护名词》（定义版，2014），《物理医学与康复名词》（定义版，2014），《药学名词》（第二版、定义版）（2014），《组织学与胚胎学名词》（第二版、定义版，2014），《人体解剖学名词》（第二版，定义版，2014），《心理学名词》（第二版、定义版，2014），

《医学美学与美容医学》（定义版，2015），《显微外科学名词》（2016），《地方病学名词》（2016），《显微外科学名词》（定义版，2016），《老年医学名词》（定义版，2017），《核医学名词》（定义版，2018），《呼吸病学名词》（定义版，2018），《结核病学名词》（定义版，2019），《阿尔茨海默病名词》（定义版，2019），《肠外肠内营养学名词》（定义版，2019），《精神医学名词》（定义版，2019），《烧伤学名词》（定义版，2019），《运动医学名词》（定义版，2019），《计划生育名词》（定义版，2019），《感染病学名词》（定义版，2020），《手外科学名词》（定义版，2020），《神经病学名词》（定义版，2020），《医学影像技术学名词》（定义版，2020），《病理学名词》（定义版，2020），《器官移植学名词》（定义版，2020），《生理学名词》（定义版，2020），《消化内镜学名词》（定义版，2021），《医学遗传学名词》（定义版，2021），《血液学名词》（定义版，2022），《生殖医学名词》（定义版，2022），《睡眠医学名词》（定义版，2022），《妇科肿瘤学名词》（定义版，2022），《行为医学名词》（定义版，2022），《消化病学名词》（定义版，2022），《男科学及性医学名词》（定义版，2023）等。

（二）医学名词术语统一和规范化的原则

医学名词既具有相对稳定性，又随着科学技术的发展不断产生和完善。例如，“白血球”“血色素”“荷尔蒙”“莱塞”“抗菌素”等，分别被“白细胞”“血红蛋白”“激素”“激光”“抗生素”等所替代，就是因为不断产生的新名词初期使用较混乱，经一定时期进行修订、完善的结果。为此，全国科学技术名词审定委员会将定期、不定期进行标准化、规范化修订和审定，并推广应用。医学名词术语是反映医学专业概念的一种形式和意义结合的语言符号，或者说它是通过语言或文字来表达或限定概念的约定性符号。我国名词术语审定工作有以下几条主要原则。

1. 单义性

这是指科技术语是单一的、专用的。任何一个概念只能有一个专门固定的术语，即“一词一义”的原则。审定时，对于一个概念具有多个名称的，应选择与概念相符或较贴切的词来确定，只定一个术语。例如，Internet，常被译作“英特网”“国际互联网”“互联网”“全球互联网”“国际电脑网络”“国际计算机互联网”等，现统一规范称“因特网”。

2. 科学性

审定科技名词术语应以科学概念为依据，准确严格地反映所指事物的特征，根据其科学性定出名符其义的术语。例如，noise 习称“噪音”。根据我国各种辞书的记载，成调的和有规律的声音叫做“音”，不成调的称作“声”，现已定名为“噪声”。天文学术语 Greenwich，过去称“格林威治”，因字母“w”不发音，现服从科学性，规范称为“格林尼治”。

3. 系统性

一个术语在学科以至相关领域中并非孤立的、随机的，而是合乎分类学的有机组成部分，它包括了学科的概念体系、逻辑相关性和构词能力等；所以，在审定一个名词时，应充分考虑其所属概念体系，以及它在体系中的上位与下位关系以及因果联系等，以达到系统化。例如，细胞 – 细胞核 – 细胞质 – 细胞器 – 细胞衣 – 细胞膜 – 细胞突，等。

4. 简明通俗

这指的是科技术语应当简单明了，易懂、易记、易写、易用等。例如，television（电视），feedback（反馈），optical fiber（光纤）等。定名时往往发现，由一长串名词组成的复合词显得繁冗，又增加记忆负担，这时可以在不改变概念的前提下尽量减少用词，甚至用其简称或缩略语，达到简明的目的。例如，AIDS（艾滋病）——acquired immune deficiency syndrome（获得性免疫缺陷综合征）、lasel（激光）——light amplification by stimulated emission of radiation 等。当然，缩略语的使用原则应该是行业承认、公知公用、约定俗成的。反之，就应该在缩略语名词第一次出现时，其后用括号注明中文或外文的全称，以免滥用。

5. 纯概念性

术语应当只包含具有明确的语义范围的实体，即它的逻辑意义。审定术语应选择语义属于中性的、不包含主观评价成分，不得具有情感色彩的词汇。称“肺结核”，不称“肺痨”；称“艾滋病”，不称“爱滋病”；称“维生素 C 缺乏病”，不称“坏血病”。

6. 中文特性

术语的定名，应该体现汉语表意文字的特点，使人望文生义，有中国味。例如，Kaschin–Beck disease，过去称“卡 – 贝二氏病”，现在定名为“大骨节病”等。对外来语是采用意译还是音译，现在仍有争论，但许多定名专家主张，应尽量意译，少用音译，以体现中文特性。

7. 国际性

这是要求术语应与国际上通用的相应术语保持概念一致，以不违反本民族的构词基本规则为前提，力求词形与发音上也能与国际词接近，尤其是由希腊语等词素构成的术语使用得比较多。例如，X-ray 称“X 射线”，α-particle 称“α 粒子”，β-decay 称“β 衰变”等。目前，以计算机为代表的学科，许多词汇是以原形出现的，而不必再译成汉语，如 WINDOWS、BASIC 等。

8. 内涵特性

有些术语由于历史原因定名不确切，或未能体现其本质特征，有些术语则是以讹传讹沿用下来。据此，名词委按照是否名符其义、体现概念内涵，予以科学定名。例如，“河豚毒素”修订为“河鲀毒素”，“颉颃作用”修订为“拮抗作用”，“心肌梗塞”修订为“心肌梗死”，计算机名词“菜单”修订为“选单”等。

9. 约定俗成

即个别术语的原名虽然不大科学，但由于使用时间较久，应用范围很广，人们早已习惯，则不宜轻易改动，以继续使用为宜，否则将会造成新的混乱。例如，panda（熊猫）虽然它属于熊科动物，但人们已习惯这一称谓，不宜再改作“猫熊”等。一般认为，约定俗成的范围越小越好。

以上 9 条原则是从一组等义词语中选择规范术语的基本标准，其中，单义性、科学性、简明通俗和内涵特性等应当作为定名的主要原则。

（三）使用医学名词术语需要注意的问题

1. 注意名词本注释栏里的几项规定

（1）“正名”即名词委公布的规范名称。

（2）“简称”与规范名词等效。例如，光学显微镜 – 光镜，新陈代谢 – 代谢，等。

（3）“又称”是不推荐的非规范名。例如，抗坏血酸 – 维生素 C，中风 – 卒中，等。

（4）“曾称”是被淘汰废弃的旧名词，不得再使用。例如，先天愚型 – 唐氏综合征，等。

（5）“俗称”是非学术用名，科技书刊中不宜使用。例如，打嗝 – 呃逆，囊虫病－猪囊尾蚴病，隐形眼镜－接触镜，等。

2．按照定名原则纠正尚未统一的名词

例如，建议《化学名词》词条“机理”，宜向《生理学名词》词条“机制”看齐；《心理学名词》词条“克汀病”（音译），宜向《医学名词》词条“呆小病”（意译）看齐；《生理学名词》词条“皮层”，按系统性原则，宜向《人体解剖学名词》词条“皮质”看齐；按外国自然科学家译名通则关于双音节以上的以人名命名的名词不再加“氏”字的规定，《微生物学名词》词条“革兰氏染色”“立克次氏体”等译名，宜规范作“革兰染色”“立克次体”等。

3．贯彻名词术语规范化原则

（1）准确规范：凡国际或国内学术界已通用的名词，切莫杜撰新词或自行定义。如类毒素与毒素类、类风湿与风湿类，都是有确切定义的，并不是玩文字游戏。

医学名词以全国自然科学名词审定委员会公布的、科学出版社出版的《医学名词》为准。①纠正名词中的错别字：例如，《微生物学名词》词条“类葫萝卜素”－“类胡萝卜素”；《遗传学名词》词条“高分辩显带技术”－“高分辨显带技术”，“假两性畸型”－“假两性畸形”；《外科学名词》词条“驱体痛”－“躯体痛”。②使用规范字：例如，《人体解剖学名词》词条“内眥”－“内眦”；按词义区分“黏”（nian）与“粘”（zhan）等字，例如，医学名词的“黏膜”“黏液”“黏附”等，口腔医学名词的“粘固”“粘结固定桥”等。③使用汉语词典中的首选字：例如，肾脏细尿管中的Henle loop，《动物学名词》定名为“髓襻”，《生理学名词》定名为“髓袢”，宜统一选用首选字“襻”字，等。

药学名词以2020年版《中华人民共和国药典》或人民卫生出版社出版的陈新谦、金有豫、汤光主编的《新编药物学》（第18版，2018年）为标准。药品名称应用通用名称，通用名称是药品的法定名称。禁用商品名称、别名、俗名。

尚未审定规范的名词术语以人民卫生出版社出版的《英汉医学词汇》《汉英医学大词典》《中医大词典》，人民军医出版社出版的《现代临床医学辞典》为准。也可参考国家有关标准、规范化教材和专业参考书，或有关医学缩写词辞书。

（2）全文一致：由于历史或翻译的原因，有许多医学名词同一个概念或同一种事物，有不同的名称或书写形式。因此，必须依据全国科学技术名词审定委员会最新公布的标准名词为准，做到全文统一，即使未收入的最新名词，也应做到全文统一，避免混用。

（3）新名词应定义：如果是自己首次提出的，从来没有人用过的新名词，应当在首次出现时给出确切的定义。

（4）由姓名构成的名词：如“裘法祖报道”，不应写成“裘氏报道”或“裘法祖氏报道”，即用全姓名，不单独用姓氏，也不加“氏”字。涉及患者姓名时，应写“姓＋某”，如“刘某”，不应写成“刘氏”或“刘 ×”。涉及外国人姓名时，尽量用原文种的姓，如“Gambetti 认为”，不应写成“Gambetti 氏认为”，但是，如果已有大家熟悉的汉语译名者，可直接用汉语姓，如“吉兰 - 巴雷综合征”“库欣综合征”“帕金森病”等；正文中叙述时，不必写出名的缩写形式，如不应写成“WB Gambetti 认为”或“Gambetti WB 认为”。以外国人姓氏命名的解剖名称、病名、症状、体征、试验、检查等，可根据读者对象统一选用原文种形式或汉语译名，对基层或非专业读者，可统一写汉语译名，如“巴宾斯基征”等；对专业读者，一般写原文种形式，如“Babinski 征”，也可任选其中一种形式，但全文必须统一。

（5）大小写、上下标、正斜体、中外文书写形式必须标准、规范：医学名词，特别是基础医学名词，大小写、上下标、正斜体、中外文写法比较混乱，如“CO”与“Co”前者为一氧化碳，后者为钴元素，是完全不同的两种物质；表示显著性检验结果的“P”，如果写成“P（正体）”“p（小写、斜体）”都是不正确的。类似上述容易搞错的例子还很多，如 MRI 检查中的 T_1WI、T_2WI，甲状腺功能检查的 T_3、T_4 等，不可与指胸椎的 T_1、T_2、T_3、T_4……相混淆。因此，对这些看似不重要的问题，都必须严谨、认真地按标准化、规范化的要求统一书写正确。

二、缩略词规范

医学缩略词是医学名词的缩写形式，它在医学文稿中的作用和重要性不言自明。

1. 通用的缩略词

已公知公用的通用缩略词，可以和医学名词全称一样直接使用，如汉语缩略词“甲亢”“冠心病”等。

2. 非通用的缩略词

为叙述方便，对一些较长（多于 5 个字）、文稿中使用频率较高的名词，可自定义缩略词，但在首次出现时应写全称，并在其后的圆括号内写缩写形式，如“慢性阻塞性肺疾病（慢阻肺）”“甲状旁腺功能亢进症（甲旁亢）”。此后可直接、统一用“慢阻肺”“甲旁亢”，务必注意全称与缩写不要混用。

3．避免口语化

如“人工流产”缩写为“人流”，“室性期前收缩”缩写为“室早”，“静脉滴注”缩写为“静滴”，“心力衰竭”缩写为“心衰”等都是不正确的。但“生物化学”可缩写为“生化”，这是经审定的标准缩略词。

4．英文缩略词

文稿中首次使用的，人们不太熟悉的英文缩略词，应先写汉语译名全称，然后在圆括号内写英文全称，逗点后写缩写，如“静态三维成像（static three-dimensional imaging，STDI）”“高迁移率族蛋白1（high mobility group box-1，HMGB-1）”，此后可直接写“STDI”“HMGB-1”等；对人们比较熟悉的名词，多数情况下也可以不写英文全称，如“前列环素（PGI2）”“低密度脂蛋白胆固醇（LDL-C）”“慢性阻塞性肺疾病（COPD）”等；对人们已熟悉的英文缩写，可像汉字缩写一样，直接写缩写形式，如“DNA”“RNA”“ATP”等。

5．某些简明、确切的缩略词

这些缩略词一律用英文缩写，如“白细胞（WBC）”“红细胞（RBC）”“血红蛋白（Hb）”“血压（BP）”“脉搏（P）”“呼吸（R）”“体温（T）”等。

6．外国人姓氏汉译组合缩略词

取汉译姓氏只有1个汉字的，可以加“氏”字，如“唐氏综合征（Down’s syndrome）”；取汉译姓氏2个或以上汉字，一律不加“氏”字，如“阿尔茨海默病（Alzheimer’s disease）”；取2位及以上汉译姓氏的，应用姓氏的第1个汉字，不用“氏”字，中间加半字线连接，如“吉兰－巴雷综合征（Guillan Barre syndrome）”。

7．自定义的缩略词不宜太多

书刊中的缩略词，包括自定义的缩略词不宜太多，特别是面向基层读者著作或综合性医学期刊论文更应严格控制，否则将严重影响书刊的可读性。

8．书刊标题中的缩略词

书名、论文标题中尽量不用缩略词，但以下情况除外：①众所周知的缩略词，如上述提到的“甲亢”“冠心病”“DNA”“RNA”“ATP”等；②专业性或专科性很强的专著和论文。

9．论文摘要中的缩略词

论文摘要中提倡尽量写全称，特别是面向基层读者的综合性医学期刊的论文，以便读者从摘要中直接获取尽可能多的信息。但是，为了浓缩和提高摘要的信息容量，专业性或专科性很强，并拟投专业期刊的论文可适当使用缩略词，一般不必写汉语或英文全称。

10．其他

（1）缩略词大小写、上下标、正斜体、中外文书写形式与全称词的要求相同，必须标准化、规范化，严谨、认真地写准确。全书必须一致。

（2）同形不同义的缩略词，如“TCA”同是“三氯醋酸”和“三碳酸”的缩略词，这种情况完全有可能出现在同一篇论文中，因此，一旦存在这种现象，应设法区分开。

第七节　图表格式规范

一、书刊插图规范

插图在出版界被誉为“形象语言”“视觉文字”，与文字一样用来作为表达作者意图的有效工具。所谓图文并茂，不仅要求写出高水平的文字内容，同时也要求插入高水平的插图，两者并重，不可偏废。明代李时珍的巨著《本草纲目》中有许多插图，图像逼真，是图文并茂的典范。在医学书刊稿件中，特别是基础医学、影像学文稿，几乎都有插图。对于某些内容，如生物外观、人体形态结构等病理学、影像学照片类插图，是难以用文字定量描述的，还有一些研究结果必须借助插图才能帮助读者直观地理解。插图不仅可以使某些内容的描述简洁、清晰、准确，有利于紧缩篇幅、节约版面，而且具有活跃和美化版面的功能，使读者赏心悦目，提高阅读的兴趣和效率。计算机制图技术的发展，给绘图提供了先进的手段。在促进传统媒体与新兴媒体融合发展的今天，插图对提高书刊质量具有重要的意义。

与文艺类插图不同，医学书刊插图的特点之一是它的原始设计，一般只能由文章作者来完成，因此，也可以认为科技插图的原始设计是文章作者的

"天职"；但是，由于多种原因，作者送交的图稿又常常不够准确，不够规范，有待改进和完善。因此，在医学文稿的加工中，编辑要像对待文字一样，对图稿进行审理和修改，甚至重新设计，否则，书刊的出版质量就难以保证。

（一）插图的意义

1．形象直观

插图以直观的方法，简洁地表述量与量之间的关系，明确地显示了事物的形态、结构、特性及其变化趋势。它可以节约文字，使读者迅速理解，一目了然，形象直观地表述科研构思和技术知识。

2．紧缩篇幅

用简单的图形取代用大量文字、表格也难以表达清楚的复杂问题，透彻地提示给读者，使文章更清晰并可紧缩篇幅，节约版面。

3．美化版面

在平淡的叙述中运用一些精美的插图，可以使版面美观，图文并茂，互相配合。文字可以说明图，但更主要的是以图辅助文字表达的内容，不仅可以提高读者的信任度，还可以增加读者的兴趣。

4．超越语言障碍

具有自明性的插图，可使不同语言的读者通过插图加快对文章内容的理解。

（二）书刊插图的特点

医学书刊的插图与其他一切图画或照片一样，都追求美的完善，这是图片的共性；但是，插图作为医学文稿的辅助表述手段，它又不同于一般的美术绘画。相对于文章的信息功能来说，它对艺术性的要求毕竟是第二位的，而着重要求插图能完整且清晰地表述人体有关组成部位的形态及其相对位置或相互关系，或数据间的关联，或事件的发生顺序等，为此提供科学、准确的相关信息。

1．图形的示意性

医学书刊一般总是图文并茂、互相配合的，以文说明图，但更为主要的是以图辅助文字描绘难以用文字表述的内容。为了简化图面，突出主题，这种描绘通常多是示意性的。因此，这种示意性的表述方式也反映在插图比例缩放上，一般不必详细标注尺寸比例（某些有尺寸效应的图例外）。函数曲线图也不像供设计或计算用的手册那样精确，可省略或简化细密的横竖坐标分隔线，采用简化坐标图的形式。

2．内容的写实性

美术作品为追求艺术效果，可以运用虚实结合处理的夸张手法，重点刻画版面的主要物像或物像的主要部分。医学书刊的插图一般不能这样。只要是对读者有意义的信息，都要求严格地忠实于描述对象，详尽地把整个对象都用墨线勾画出来，不可臆造或添枝加叶。

3．取舍的灵活性

美术作品要求反映某一主题思想的画面完整，医学书刊的插图则要求反映文字难以表达而又想告诉读者的某些信息内容；因此，它不要求画面的完整性，尽量省略次要部分，而且为了突出主题，节约版面和绘图时间，也为了读者更容易理解，凡是能用局部或轮廓、符号表达的，就不该用整图、剖面图或照片类的写实图。

4．绘制的规范性

这可能是医学书刊插图不同于工艺画面的一项主要特征。通常的工艺作品都无例外地要求出奇而制胜，能引发读者无穷的遐想，而医学书刊插图正好相反，它强调表述的规范化；因为正是这样大量重复的规范化的表述方式才能保证作者报道出来的信息能够快速、方便、准确且唯一地被读者所吸取。

（三）插图的类型

现代科学门类越来越多，科技插图的种类日益增加。面对门类繁多的插图，医学插图可以分成两大类，即线条图（也称墨线图）和照片图（也称网目图）。

1．照片图

照片图又分单色（黑白）与彩色之分。

（1）黑白图：主要见于X线片、CT片、MR片、黑白超声图、电子显微镜照片、心电图、脑电图、脑磁图、电泳图等。

（2）彩色图：主要见于人体照片、内镜照片、光学显微镜照片、彩色超声图片等。文稿作者提供的照片往往是原始照片，未经加工处理，投稿时作者要选择部位明确、图像清晰、层次分明、反差适中的照片。为了突出重点不分散读者的注意力，作者要进行剪裁，裁去照片中多余的部分。

2．线条图（统计图）

线条图包括条图、圆图、线图、半对数图（又称算术对数线图）、散点图、直方图、多边图和统计地图等。

不同图形其用途也不同。设计插图时应使图形适合于资料内容的性质，这是设计插图的重要原则，使用量最大的是函数图。比较性质相似的间断性资料应采用条图，不能用线图或直方图；表示连续性资料的频数分布，应采用直方图或多边图；说明某事物在时间的发展变化，或某现象随另一现象变迁的连续性资料，则应采用线图，不能用条图。线图和多边图都适用于连续性资料，但有所区别。多边图是直方图的另一表达形式，曲线以下面积表示频数，其纵轴的数值必须从零开始；线图的纵轴一般表示数量，纵轴的数值可以不从零开始。

（四）插图的基本结构

插图包括图序、图题、纵坐标、横坐标、标值、纵标目（计量单位）、横标目（计量单位）、图中曲线、图注等，如图 5–2。

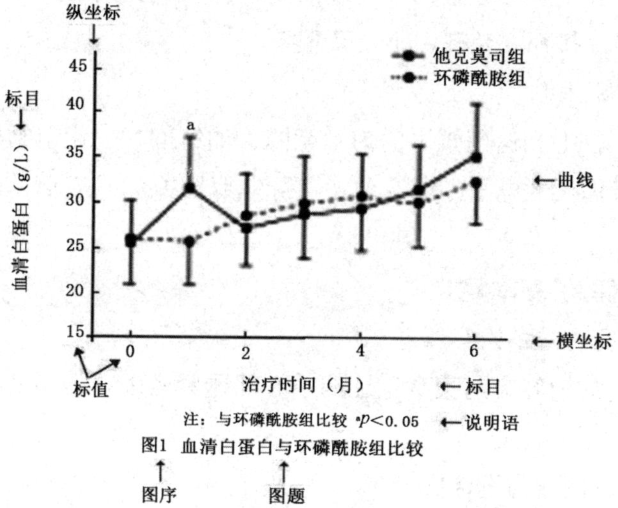

图 5–2 线条插图的基本结构示意图

1. 线条图

（1）坐标：①坐标轴线应互相垂直，轴的长短以能包括图中曲线为限；②坐标轴标尺用短而细黑线垂直画在坐标轴内侧；③每个坐标轴都应有标目，同时应注明单位，标目应与被标的坐标轴平行，排在坐标轴的外侧，而不应排在坐标轴终端；④为了有效地利用版面，坐标轴的起点可以是“0”，也可以不是“0”，而是接近曲线起点的数字，可以在坐标轴中间加删节线，以缩短图面的轴线长度，但必须写清断开后的数字；⑤坐标标值应防止标注得过分密集，可以选用0，0.1，0.2……或0，2，4，6……或0，30，60……排在坐标轴外侧紧靠标值的短线的地方。防止选用不规则的标值，如选用标值为0.395，0.790，1.185……可改成标值为0.4，0.8，1.2……（同时相应移动标值线。为了阅读方便，标注的标尺数值其范围一般为0.001 ~ 1 000，当数值过大或过小时，可采用乘 10^n（n为正负整数）的办法来简化；⑥要认真选取标目上的物理量的单位，按照国标计量的规定运用单词头（E，P，T，G，M，k，h，da，c，m，μ，p，f，a），如用5 mg代替0.005 g等。

（2）图中线条：①图中线条要求准确无误、美观流畅、主次分明、清晰易懂；②线条描绘要粗细均匀，疏密适当。弧线要光滑，各接点处准确自然，不要有折点、开脱、延伸或粗黑点；③曲线应比坐标轴线稍粗，以2 ∶ 1为宜。横、纵坐标的宽度以3 ∶ 2或2 ∶ 3为宜；④如果坐标轴上标注的数值已表明趋向性，则不必在轴的终端画箭头；⑤引线应细于主线，其长短、方向间隔要适当，排列要整齐，不交叉重叠。

2．示意图

线条图中在书刊运用较多的为示意图，如解剖学、化学结构式、药用植物学等。作者提供的电子图稿有的比实际制版图或大、或小，处理时应整体缩小或放大。

（五）插图的基本要求

1．插图要为文章内容服务

图所表达的内容应与文章论证的中心问题紧密配合，同文字、表格有机地构成一体。

2．图序、图题与图注齐全

凡插在正文中的照片图和线条图，全文插图应按顺序统一编号。插图必须有图序、图题与图注，居中写在图的下方。图序号一律用阿拉伯数字表示，如图1、图2，文只有一图者序号为图1，图序末不加标点符号，图序与图题之间空一字。图题应该简洁明确，具有自明性，图题最好不超过15个字。图注排在插图与图题之间。

3．插图应有自明性

任何图都应有“自明性”，这是设计插图的另一个重要原则。所谓自明性就是说每幅图除了图本身的文字、符号、数字外，无须其他文字说明，就可以看明白这幅图所表述的内容，因此，每幅图应可以独立存在。

4．插图要精选

能用文字或表格表达清楚的问题尽量不用插图，切忌与文字、表格重复。

5．设计要合理精炼

符合统计学与规范化要求。图形要简明，项目要齐全，各种符号、计量单位、名词术语应符合国家标准及有关专业标准。图中文字要精炼，应精简到最低限度，示意文字尽可能用字母、符号代替。图中外文字符大、小写，正、斜体要符合规范。

6．图稿大小要适当

根据图形繁简、线条疏密程度考虑，绘图最好略大于预计的制版尺寸，一般以放大 0.5、1 倍为宜。16 开本正文中半栏图宽为 6.5 cm，通栏图宽为 13 cm。高：宽宜 5 ： 7。图中文字、符号或数字字体、字号要全书刊一致。

7．插图的位置

插图应放在文稿相应文字下方，通栏图应顶天立地。必要时半栏图可跨栏排，但不应超过另栏的 1/3。插图应排在正文中首次提到图的自然段后面，图多时可集中于文末。

8．图的宽度

双栏排以一个图占一个栏或两个图占一个栏，3 个图或 4 个图占两栏为宜；一栏的宽度不应超过 7 cm，两栏（通栏）的宽度不超过 16 cm；当插图为一组图时，应按顺序在右下角标明 A、B、C、D 或①、②、③、④等。特指部位或病变部位一定要用箭头标注。

9．图片格式

图题放在图的下边，图注放在图题和图之间。为了使图更清晰，请转换成 JPG 格式。方法：将图复制到桌面上，点击右键→打开方式→ Acdsee →查看→全屏幕→工具→格式转换→ JPG →确定。Acdsee 是专门处理图形的软件，如没有可从网上下载。

10．线条图

线条图线条要清晰，尽量用计算机制图，标值一般标在纵坐标和横坐标的内侧。

11．显微镜图

组织切片图、显微结构图应注明染色方法，放大倍数。若为彩色图应注明，图的颜色及对比度应清晰。应注明核准图序和方向。作者对照片图应精心剪裁，突出所要观察的部位。保留其有用的部分，若为2张图以上，应剪裁成同样大小。

12．心电图、脑电图影像图

心电图要截取有意义的心动周期；脑电图、影像图（彩色超声除外）要截取有价值的图像，背景不要用彩色，可用E-mail发送。

（六）插图的常见错误与纠正

插图的常见错误有以下10种，如图5-3。

1．坐标轴线过粗

横、纵坐标轴线过粗，而坐标图中的曲线过细。

正确的制图方法是，坐标轴线要细（但印刷后不能断线），坐标图中曲线宜粗（一般为坐标轴线的2倍）。

2．坐标图中曲线不清晰

插图为计算机制图，用不同颜色表示不同曲线，由于各种颜色的屈光度不同，各曲线制成黑白线图后则深浅不一，效果不佳。

正确的制图方法是，不同曲线均用墨线制作，只是用不同形式的墨线区分不同的曲线。

3．纵坐标与横坐标比例失调

纵坐标与横坐标之比均不协调，或细高或扁长，视觉效果不好。

正确的纵坐标与横坐标之比宜为5∶7。

4．标值线方向标反

标值线均标在了坐标轴的外侧。

正确的标值线标注方向是，标值线均应标注在坐标轴的内侧，即纵坐标轴的右侧，横坐标轴的上方。

5．标值线未等距分隔

横坐标标值线间隔表示的数量不等。

正确的标值线间隔应为等距。

6．标目错标在标值处

错误地将标目与标值放在了一起，是因为未将两者的概念理解清楚：标值是坐标轴定量表述的尺度；标目是说明坐标轴物理意义的必要项目，通常由物理量的名称或符号和相应的单位组成。

正确的方法是，标值与标目应分开标注，图中的量和单位宜放在标目处。

7. 纵坐标标目方向标注错误

作者常将纵坐标的标目竖排。纵坐标标目正确的标注方向为顶左底右。

8. 图注或说明语位置放错

作者常将图注或说明语置于图题下。图注或说明语正确的标注方法是，放在图题上方，即图与图题之间。

9. 坐标轴线标注终端画有箭头

坐标轴线标注了数值表示出增殖方向，仍在轴的终端画有箭头，或纵坐标出现了随意延伸的标志。

正确的标注纵坐标尺截至1即可，纵坐标尺从0开始。

10. 坐标轴线未标注

纵、横坐标线不是从“0”开始，无截值符。正确的标注应用删节线“//”。

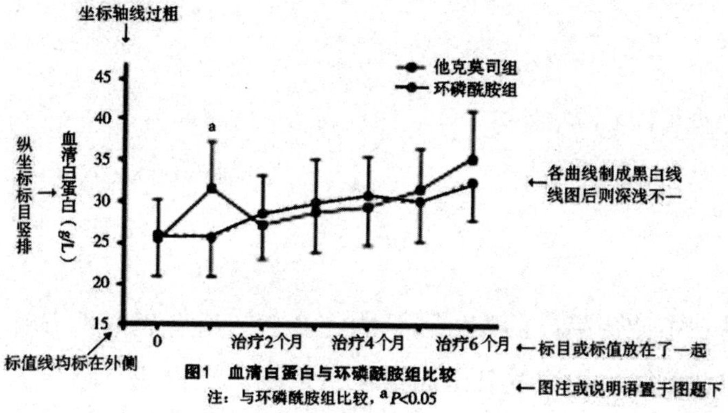

图 5-3 线条图常见错误示意图

二、书刊表格规范

在医学书刊中，表格是常用的统计描述方法，正确的表格可以对数据进行概括、对比或做直观的表达，可以简洁明了地表达内容，让读者一目了然，因此编辑在对表格进行编辑加工时应注意表格格式是否规范，数据与文字表述是否一致等问题。

（一）表格的类型

1. 挂线表

挂线表又称系统表或组织图，通过使用横线、竖线或括号等将相关文字连贯起来，以表达事物的系统关系。挂线表的每一层内容必须为同类型或同级并列项，如表 5–13。

表5–13　神经系统分类

神经系统	中枢神经系统	脑
		脊髓
	周围神经系统	脑神经（12 对）
		脊神经（31 对）

2. 无线表

无线表省略各行列间线条，可用于表达较少项目内容的事物关联性，如药物配方、食品成分等，常不归入表系列编号，随文出现，如表 5–14。

表5–14　氯霉素滴耳液配方

药品	用量
氯霉素	20 g
乙醇	160 mL
甘油	加到 1 000 mL

3. 卡线表

医学书刊中使用最广的表格，分为完全表（所有表线不省略）、不完全表（省略左右墙线）和三线表（通常包括顶线、栏目线、底线），卡线表主要由表序、表题、横纵栏目、表身和表注（不一定有）构成。

（二）表格规范格式

医学书刊一般用三线表，三线表是卡线表的一种，顶线和底线通常用反线画出，而栏目线多以正线画出。三线表并不一定只有 3 条线，必要时可加辅助线，如图 5–4。

1. 表序和表题

表序应放在表格的正上方，表序号通常用阿拉伯数字，图书一般采用“章–序–表”形式，亦可全书从头到尾编序号，但不管用哪种方式，全书应统一。表题放在表序之后，与表序空一个字符或两个字符。必须准确地反映表中内容，并且要简明扼要，高度概括表中内容。

2. 栏头

三线表中的栏头由于省略了斜线，所以不能同时对横纵栏目的属性进行指示，而在医学论文中通常用于对同列纵栏目属性的指示。

3. 栏目

反映表身中与之相对应信息的特征或属性，包括横栏目和纵栏目。根据国家标准 GB 7713–1987《科学技术报告、学位论文和学术论文的写作格式》中的规定：“表格编排一般指内容和测试项目由左至右横读，数据依序竖排。”也就是说，纵栏目一般为测试项目，即被研究事物的各项指标；横栏目一般为内容，即被研究的事物。但也不必拘泥于所谓主、谓语之分，有时为排版美观和方便，横纵栏目可以互换。

4. 共用单位

如果整个表格使用同一类物理量和相同的单位（相同的单位是指包括词头在内的整个单位都一样），则在整个表格的栏目上和表身上都可省略单位，而把共用单位集中标注在表题的右端。

5. 表注

表注是对表格中内容的补充或说明，编排在表身下方，一般加“注”字。也可采用备注栏（通常放在表格右侧），如有多条需要注释，可在备注内容右上角标号，并将注解放于表底线下方，需要注意的是注解中的标号要与表中一致。

6. 数字

GB/T 15835–2011《出版物上数字用法》中规定：“使用数字计量的场合，为达到醒目、易于辨别的效果，应采用阿拉伯数字。”小数点前面的“0”不能省略，对同一栏目中的小数点对齐，小数点后面的有效位数也要统一。

7. 其他

表的主要组成部分，内容多为数值。对带有范围内容的可采取居中排。对数值后面的计量单位，如无特殊应归并到栏目。栏目中不详的数据可用“…”表示，不存在的数据用“—”表示。栏目中内容如有重复，应重复填写，而不可使用“同上”“…”等字样。

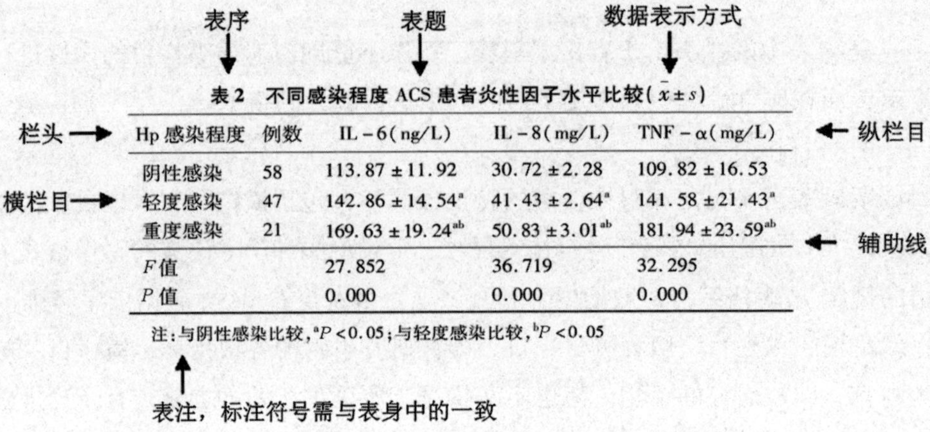

表 2　不同感染程度 ACS 患者炎性因子水平比较（$\bar{x} \pm s$）

Hp 感染程度	例数	IL－6（ng/L）	IL－8（mg/L）	TNF－α（mg/L）
阴性感染	58	113.87 ± 11.92	30.72 ± 2.28	109.82 ± 16.53
轻度感染	47	142.86 ± 14.54[a]	41.43 ± 2.64[a]	141.58 ± 21.43[a]
重度感染	21	169.63 ± 19.24[ab]	50.83 ± 3.01[ab]	181.94 ± 23.59[ab]
F 值		27.852	36.719	32.295
P 值		0.000	0.000	0.000

注：与阴性感染比较，[a]$P<0.05$；与轻度感染比较，[b]$P<0.05$

图 5–4　表格的基本结构

（三）三线表的补充表述手段

对表述内容较多的表格，简单的三线表格有时会使其失去应有的清晰的逻辑对比功能，此时的解决方法就是添加辅助线。如在栏头上添加辅助线，可解决栏目多层次的问题。三线表中的辅助线可根据表格项目进行增加和删减，不只局限一根辅助线。适当添加或删除辅助线，可以使表格阅读更方便、版面更简洁美观。

表格一般排在所对应正文后面，即表随文列，左右居中。文字与表格尽量在同一页面，如必须分开也应在同一节或同一章。如页面为多栏，跨栏表格最好放在页面的最上或最下面进行编排。

（四）表格的特殊处理

1．竖切横并

对横向数据少，纵向数据多的表格，为了节约版面或美观，可将表格纵向切断，下段表格放在右侧，与左侧表格用双线分隔，形成左右叠合表，右侧表的横栏目要与左侧一致，如图 5–5。

2．横切竖并

对横向数据多，纵向数据少的表格，可采用横向切开，将切下的部分放置在下边，用双线与上段分隔，纵栏目与上段一致，如图 5–6。

表 4　“肯尼迪病 1234 量表”各条目与总分的相关性

条目	相关系数
语言	0.415
吞咽	0.492
书写	0.421
立卧撑	0.748
上肢上举	0.553
行走	0.721
跑步	0.683
上楼梯	0.742
蹲起	0.748
呼吸	0.342

转换为

表 5　“肯尼迪病 1234 量表”各条目与总分的相关性

条目	相关系数	条目	相关系数
语言	0.415	行走	0.721
吞咽	0.492	跑步	0.683
书写	0.421	上楼梯	0.742
立卧撑	0.748	蹲起	0.748
上肢上举	0.553	呼吸	0.342

图 5–5　竖切横并表示例

表 6　2 组患者治疗前后尿流动力学指标测定结果比较　（$\bar{x} \pm s$）

组　别	例数	(ml/s)				MUP(cmH_2O)				MUCP(cmH_2O)				ALPP(cmH_2O)			
		治疗前	治疗后	t 值	P 值	治疗前	治疗后	t 值	P 值	治疗前	治疗后	t 值	P 值	治疗前	治疗后	t 值	P 值
联合组	45	25.83 ±2.84	36.65 ±3.51	16.076	0.000	43.78 ±14.26	79.13 ±14.29	11.746	0.000	−17.29 ±4.67	15.64 ±3.17	39.137	0.000	59.74 ±13.65	86.82 ±13.15	9.584	0.000
对照组	45	26.11 ±2.47	31.72 ±3.97	8.049	0.000	44.14 ±14.58	57.88 ±15.19	4.378	0.000	−16.98 ±4.52	10.98 ±4.21	30.365	0.000	59.99 ±13.51	70.18 ±14.52	3.447	0.001
t 值	-	0.499	6.241			0.118	6.835			0.320	5.932			0.087	5.698		
P 值		0.619	0.000			0.906	0.000			0.750	0.000			0.931	0.000		

为了使表中数据间距离宽松一些可改为

表 7　2 组患者治疗前后尿流动力学指标测定结果比较　（$\bar{x} \pm s$）

组　别	例数	Q_{max}(ml/s)				MUP(cmH_2O)			
		治疗前	治疗后	t 值	P 值	治疗前	治疗后	t 值	P 值
对照组	45	26.11 ±2.47	31.72 ±3.97	8.049	0.000	44.14 ±14.58	57.88 ±15.19	4.378	0.000
联合组	45	25.83 ±2.84	36.65 ±3.51	16.076	0.000	43.78 ±14.26	79.13 ±14.29	11.746	0.000
t 值	-	0.499	6.241			0.118	6.835		
P 值		0.619	0.000			0.906	0.000		

组　别	例数	MUCP(cmH_2O)				ALPP(cmH_2O)			
		治疗前	治疗后	t 值	P 值	治疗前	治疗后	t 值	P 值
对照组	45	−16.98 ±4.52	10.98 ±4.21	30.365	0.000	59.99 ±13.51	70.18 ±14.52	3.447	0.001
联合组	45	−17.29 ±4.67	15.64 ±3.17	39.137	0.000	59.74 ±13.65	86.82 ±13.15	9.584	0.000
t 值		0.320	5.932			0.087	5.698		
P 值		0.750	0.000			0.931	0.000		

图 5–6　横切竖并表示例

3．竖横互换

有时由于版面原因，或使表格表达更清晰，需要将表格横纵栏目进行互换，见图 5–7。

表8　2组椎体前缘高度分析　（$\bar{x} \pm s$，mm）

项目	单纯手术组	联合组	t值	P值
术前	17.53±1.23	17.39±1.06	0.547	0.586
术后4周	20.93±1.03	24.86±1.12	-6.290	0.000
术后12周	21.32±1.02	24.25±1.03	-5.408	0.000
术后24周	20.98±0.82	25.05±0.92	-6.748	0.000
F值	55.904	71.209		
P值	0.000	0.000		

转换为

表8　2组椎体前缘高度分析　（$\bar{x} \pm s$，mm）

组别	例数	术前	术后4周	术后12周	术后24周	F值	P值
单纯手术组	38	17.53±1.23	20.93±1.03	21.32±1.02	20.98±0.82	55.904	0.000
联合组	42	17.39±1.06	24.86±1.12	24.25±1.03*	25.05±0.92*	71.209	0.000
t		0.547	-6.290	-5.408	-6.748		
P		0.586	0.000	0.000	0.000		

图5–7　竖横互换表示例

4. 跨页并合

跨页并合又称对页表或和合表，因数据较多而又不方便进行横叠或纵叠表时，且要求表格在同一视面时，可将表格编排在双、单页码上，如图5–8。

表1　人口年龄构成

单位：人

年龄（岁）	人口数			年龄（岁）	人口数		
	合计	男	女		合计	男	女
总　计	432237	212847	219390	28	7841	3730	4111
<1	4435	2295	2140	29	10232	4783	5449
1	4270	2245	2025	30	9208	4335	4873
2	4462	2384	2078	31	7679	3659	4020
3	3989	2071	1918	32	7376	3598	3778
4	4078	2125	1953	33	6957	3397	3560
5	3680	1896	1784	34	6411	3127	3284
6	3642	1880	1762	35	6155	2952	3203
7	3579	1875	1704	36	6159	2986	3173
8	2260	1188	1072	37	5243	3088	3155
9	3723	1908	1815	38	7093	3503	3590
10	3276	1781	1495	39	7863	3882	3981
11	3381	1769	1612	40	7947	3991	3956
12	3222	1663	1559	41	8604	4169	4435
13	3153	1585	1568	42	7223	3604	3619
14	3292	1645	1647	43	8150	4089	4061
15	3443	1733	1710	44	5859	3032	2827
16	3580	1847	1733	45	6646	3408	3238
17	3966	1993	1973	46	7138	3637	3501
18	4145	2026	2119	47	7713	3993	3720
19	4181	2013	2168	48	10365	5295	5070
20	4254	2047	2207	49	6957	3729	3228
21	6329	2872	3457	50	3470	1826	1644
22	8407	3917	4490	51	5412	2830	2582
23	9091	4212	4879	52	5410	2782	2628
24	10266	4868	5398	53	6174	3210	2964
25	9696	4520	5176	54	6277	3274	3003
26	8122	3754	4368	55	5712	2913	2799
27	6875	3177	3698	56	5432	2867	2565

续表

年龄（岁）	人口数			年龄（岁）	人口数		
	合计	男	女		合计	男	女
57	5468	2754	2714	86	632	280	352
58	5022	2514	2508	87	491	206	285
59	5066	2546	2520	88	377	164	213
60	4703	2305	2398	89	312	128	184
61	4570	2344	2226	90	237	109	128
62	4164	2102	2062	91	174	64	110
63	3645	1802	1843	92	112	49	63
64	3644	1796	1848	93	117	44	73
65	3633	1892	1741	94	78	27	51
66	3253	1674	1579	95	59	19	40
67	2796	1387	1409	96	41	15	26
68	2858	1411	1447	97	23	4	19
69	3227	1467	1760	98	21	6	15
70	3254	1432	1822	99	18	5	13
71	3334	1407	1927	100	11	1	10
72	3386	1385	2001	101	7	2	5
73	3691	1538	2153	102	2	1	1
74	3570	1558	2012	103			
75	3138	1426	1712	104	3	1	2
76	2853	1343	1510	105			
77	2525	1204	1321	106	1		1
78	2398	1168	1230	107			
79	1988	968	1020	108			
80	1553	769	784	109	1		1
81	1512	780	732				
82	1262	619	643				
83	1038	481	557				
84	786	364	422				
85	680	308	372				

图5–8　跨页并合表示例

5. 换页接续

因版面原因或表格纵向数据较多，需2页或以上才能编排完，此时需换页接续，续表应在左上角或右上角加上“续表”字样，如图 5–9。

附录 5

食品安全事故常见致病因子的临床表现、潜伏期及生物标本采集要求

致病因子	潜伏期	主要临床表现	生物标本	送样保存条件(24 h 内)
		主要或最初症状为上消化道症状(恶心、呕吐)		
亚硝酸盐	一般 10 ~ 20 min,由腌制不当或变质的蔬菜引起的中毒一般 1 ~ 3 h,最长可达 20 h	口唇、耳郭、舌及指(趾)甲、皮肤黏膜等出现不同程度发绀,可伴有头晕、头痛、乏力、恶心、呕吐;中毒明显者可出现心悸、胸闷、呼吸困难、视物模糊等症状;严重者可出现嗜睡、血压下降、心律失常,甚至休克、昏迷、抽搐、呼吸衰竭	血液 呕吐物 胃内容物 尿液	必须立即采样,若现场不能检验,可带回实验室测定,采样量约10 mL,抗凝剂以肝素为佳,禁用草酸盐,应冷藏保存,如长时间运输,可冷冻 采样量50 ~ 100 g,使用具塞玻璃瓶或聚乙烯瓶密闭盛放,应冷藏保存,保存和运输条件同上 采样量300 ~ 500 mL,使用具塞玻璃瓶或聚乙烯瓶密闭盛放,应冷藏保存,保存和运输条件同上
金黄色葡萄球菌及其肠毒素	1 ~ 6 h (平均 2 ~ 4 h)	恶心、剧烈地反复呕吐,腹痛、腹泻	粪便或肛拭子 呕吐物	新鲜粪5 g,置于无菌、干燥、防漏的容器内。或采样拭子沾满粪便插入 Gary-Blair 运送培养基1,冷藏运送至实验室 采取呕吐物置无菌采样瓶或采样袋密封送检,冷藏运送至实验室
蜡样芽孢杆菌 (呕吐型)	0.5 ~ 5 h	以恶心、呕吐为主,并有头晕、四肢无力	粪便或肛拭子	新鲜粪5 g,置于无菌、干燥、防漏的容器内。或采样拭子沾满粪便插入 Gary-Blair 运送培养基1内保存,冷藏运送至实验室
椰毒假单胞菌酵米面亚种(米酵菌酸)	4 ~ 24 h	恶心、呕吐、轻微腹泻、头晕、四肢无力,严重者出现黄疸、肝肿大、皮下出血、血尿、少尿、意识不清、烦躁不安、惊厥、抽搐、休克;一般无发热	粪便或肛拭子 呕吐物	新鲜粪5 g,置于无菌、干燥、防漏的容器内。或采样拭子沾满粪便插入 Gary-Blair 运送培养基1内保存,冷藏运送至实验室 采取呕吐物置无菌采样瓶或采样袋密封送检,冷藏运送至实验室

386

续表

致病因子	潜伏期	主要临床表现	生物标本	送样保存条件(24 h 内)
		主要或最初症状为上消化道症状(恶心、呕吐)		
诺如病毒	12 ~ 48 h (中位 36 h)	恶心、呕吐,水样无血腹泻,脱水	粪便或肛拭子 呕吐物	新鲜粪10 g(10 mL)或呕吐物,置于无菌、干燥、防漏的容器内。肛拭子置于2 mL病毒保存液中。冷冻或冷藏保存运送至实验室
维生素 A (动物肝脏)	0.5 ~ 12 h	头痛、恶心、呕吐、腹部不适、皮肤潮红、皮屑甚至皮肤脱落等		
		咽喉肿痛和呼吸道症状		
溶血性链球菌	12 ~ 48 h	咽喉肿痛,发热,恶心,呕吐,流涕,偶有皮疹	咽喉拭子	采集咽喉拭子,尽快划线接种血平板,或将拭子插入 Stuart 运送培养基2中,冷藏运送至实验室
		主要或最初症状为下消化道症状(腹痛、腹泻)		
产气荚膜梭菌、蜡样芽孢杆菌(腹泻型)	2 ~ 36 h (中位 12 h)	腹痛、腹泻,有时伴有恶心和呕吐	粪便或肛拭子	新鲜粪5 g,置于无菌、干燥、防漏的容器内。或用采样拭子沾满粪便插入 Gary-Blair 运送培养基1内保存,冷藏运送至实验室
变形杆菌	5 ~ 18 h	腹痛、急性腹泻,可伴有恶心、呕吐、头痛、发热	粪便或肛拭子 呕吐物 血清	新鲜粪5 g,置于无菌、干燥、防漏的容器内。或采样拭子沾满粪便插入 Gary-Blair 运送培养基1内保存,冷藏运送至实验室 取呕吐物置无菌采样瓶或采样袋密封送检,冷藏运送至实验室 血清2 ~ 3 mL,冷藏或冷冻保存,避免反复冻融

图 5–9　换页接续表示例

（五）注意事项

1. 表格要有自明性

表格不宜太烦琐，用最简洁的表格表达复杂的内容，让读者一目了然。

2. 主语应在左栏

左栏一般为主语，即纵表头，为“项目名称 / 单位”。

3. 表格内容与文字表达不宜完全重复

文字表达与表格应互为补充，文字可以是对表格简单的介绍，而表格一般是对文字表述中繁多的数据进行补充。

4. 表格中不宜重复“%”或计量单位

如果整个表格使用同一类物理量和相同的单位，则在整个表格的栏目上和表身上都可省略单位，而把共用单位集中标注在表题的右端。

5. 表格中空格的表述

表格中不宜出现空格，如栏目中不详的数据可用“…”表示，不存在的数据用“—”表示。栏目中内容如有重复，应重复填写，而不可使用“同上”“…”等字样。

第八节 人名、地名用法规范

一、人名的规范化书写

姓名是个人的代号，属于专有名词。医学书刊中的人名是科技文献著录项目中的重要组成部分，正确地、规范地列名体现出对作者和科学家劳动的尊重，同时，消除以往文献在引用人名问题上的混乱，以便把人名正确地、规范地编入索引，为检索文献提供方便。

（一）中国人姓名的表达

1. 汉语书写规则

中国人名属汉语语系，包括姓和名 2 个部分，按姓前名后排列。我国汉族人名的写法大致有 6 种情况：①单姓＋单名，如张华。②单姓＋双名，如张远华。③复姓＋单名，如欧阳文。④复姓＋双名，如皇甫玉珊。⑤双姓＋单名，如张扬妹。⑥双姓＋双名，如林陈慧芳。

人名常见难字、冷僻字和相似字，编辑加工时须仔细辨别。例如，把姓“傅”写成“付”，把姓“戴”写成“代”，把正体字的姓“萧”写成俗体字的“肖”等。编辑加工时常忘记姓名有“避俗就雅”的习惯，把名的“璧”写成“壁”，把“凤”写成“风”，等。

书写我国少数民族人名时，应本着“名从主人”的原则，按罗马字母或汉语拼音把原名转写为汉字。例如，Babulai（Baburai）– 巴布来，Jimu（Jim）– 吉木，等。

2．拼音拼写规则

根据 GB/T 28039–2011《中国人名汉语拼音字母拼写规则》进行拼写。

（1）正式的汉语人名由姓和名两个部分组成。姓和名分写，姓在前，名在后，姓名之间用空格分开，汉语复姓连写。姓和名的开头字母大写。例如，Wang Fang（王芳），Ma Benzhāi（马本斋）；Ouyang Xiu（欧阳修），Sima Xiangnan（司马相南）。

（2）由双姓组合（并列姓氏）作为姓氏部分，双姓中间加连接号，每个姓氏开头字母大写。例如，Liu–Yang Fan（刘杨帆），Zheng–Li Shufāng（郑李淑芳）。已专名化了的姓名可连写，庄子（Zhuangzi）。

（3）著名科学家和历史人物的姓名。如果已有惯用拼法，一般宜照写，必要时可括注。例如，孙逸仙 Sun Yixian（Sun Yat–sen）；张德慈 Zhang Deci（Te Tzu Chang）。

（4）人名的汉语拼音字母须用正体书写，必要时也可用斜体；另外，当以元音 a、o、e 开头的音节在其他音节后面，使音节界限发生混淆时，可采用隔音号“’”隔开。例如，唐西安 Tang Xi’an。

（5）笔名、字（或号）、艺名、法名、代称、技名、帝王名号等，按正式人名写法拼写。例如，Lu Xun（鲁迅），Cao Xueqin（曹雪芹，“雪芹”为号），Qin Shihuang（秦始皇）。

（6）少数民族语姓名按照民族语用汉语拼音字母音译转写，分连次序依民族习惯。音译转写法可以参照《少数民族语地名汉语拼音字母音译转写法》执行。例如，Ulanhu（乌兰夫，Wūlánfū），Ngopoi Ngawang Jigme（阿沛・阿旺晋美，Āpèi Āwàngjìnměi），Seypidin（赛福鼎，S à if ú d ǐ ng）。

（7）非汉语人名和外国人名，本着“名从主人”的原则，按照罗马字母（拉丁字母）原文书写。例如，马克思 Marx；达尔文 Darwetl；爱因斯坦 Einstein。

（8）中文信息处理中的人名索引，可以把姓的字母都大写，声调符号可以省略。例如，Wáng Jiànguó（王建国），拼写为：WANG Jianguo；Zhang Ying（张颖）拼写为：ZHANG Ying；Shàngguān Xiǎoyue（上官晓月）

拼写为 SHANGGUAN Xiaoyue。

（二）外国人名的表达

不同国家的姓名表达习惯有显著差别，美国、加拿大、英国、意大利、俄罗斯、泰国、北欧诸国（丹麦、挪威、瑞典、芬兰和冰岛）等的习惯是名前姓后；中国、朝鲜、越南、匈牙利和日本等习惯采用姓前名后的形式。有些国家姓名的表达习惯可能让人难以直接地识别其中的姓和名，此时可参照引文的作者有关姓名表达和对文献引用的方式来进行判断。

（1）在医学书刊中，外国人名一般照搬原文，并且通常只给出姓氏即可。对于人们熟知的外国人名（如爱因斯坦、达尔文等），应使用标准的中文译名。

（2）外国人名译成中文时，应查阅有关最新的各国人名、地名译名手册，如《世界姓名译名手册》《英语姓名译名手册》。

（3）英美人姓名中前后缀不可省略。如 Jr–Junior，Ⅲ（三世）等，如 F. W. Day. Jr（著录为 Day F W Jr），A. B. Toll，Ⅲ（著录为 Toll AB Ⅲ）。日本人、朝鲜人、越南人等的姓名用英文表达时最好同时在括号中给出其汉字译名。

（4）在文后参考文献表中，按规定责任者都采用姓前名后的形式，姓氏的字母全部拼写，名缩写为首字母。正文角注只标注姓。

不同国家作者姓名的习惯表达方式及其在文后参考文献表中的著录格式大致如下。

1）欧洲人（葡萄牙和西班牙除外）姓名：名前姓后，复姓不可缩写或省略（不论复姓中是否采用连字符）。如 Bird Rosemary（著录为 Rosemary B），Davidson Jeft（著录为 Jeff D），Carson—Peters Henriette（著录为 Henriette C–P）。

2）葡萄牙人姓名：如果最后一部分中包括指示家庭关系的修饰语（如 Filho，Neto，Sobrinho），则应将它包括于姓中。如 Vidal Neto Victor（著录为 Vidal Neto V）。注意：前葡萄牙殖民地地区的人名也类同；简单姓中以前置词开始时，姓中不包括该前置词，如 Fonseca Maria Anna da（著录为 Fonseca MA）。

3）西班牙人名：对于包括父姓加母亲婚前姓的西班牙人复姓（如果为已婚女性，可能为介词“de”加其夫姓），使用姓中所有部分，如 Perez y Fernandez Juan（著录为 Per’ez yFernandez J）；如果姓中包含有冠词前置词

（1a，el，las，los），应将它包括在姓中，并大写首字母，如 Las Heras Manuel（著录为 Las Heras M）；如果前置词为介词或介词加冠词，则不包括于姓中，如 Vega Josedela（著录为 Vega J）。

4）匈牙利人姓名：姓前名后，引用时无须变换位置。如 Bartok Bela（著录为 Bartok B）。

5）阿拉伯、埃及人姓名：埃及等阿拉伯国家采用名前姓后的方式。如 Khalil Has-san Fahmy（著录为 Hassan Fahmy K）。

6）印度人姓名：现代印度人姓名已采取名前姓后的格式（其中 Sen 或 Das 应作为姓。如 Bimal C Sen Gupta（著录为 Sen Gupta BC）。

7）泰国人姓名：泰国人采取名前姓后的方式。如 Tiep Nguyen Lain（著录为 NguyenLam T），Duangjai Somskdi（著录为 Somskdi D）。

8）日本、朝鲜人姓名：日本、朝鲜采取姓前名后的方式。如 Hiroko Yakamoto（著录为 Hiroko Y）。

二、地名的规范化书写

地名是人们对方位、范围的个体地理实体赋予的专有名称，是各民族交往的重要工具，是社会及科技信息传递中不可缺少的内容。

（一）中国地名

准确书写地名关系到国家主权和民族团结，对军事、外交、新闻、出版、测绘、交通、邮电、文教等各项工作都有很大影响，是一项政治性很强的工作。香港、澳门和台湾是我国的神圣领土，在书刊正文和图表中，决不可与我国国名并列。南海诸岛是我国南海大小近 300 个岛屿、沙洲、暗礁、暗沙的总称，自古以来就是我国的领土，绘制我国领土示意图时，必须加以准确标示。

准确书写地名是科学报道的一项重要内容，农业、气象、地质、医学流行病学等科学研究工作有着强烈的地域性，科技书刊如果只有实验结果，而无明确的实验地名，就会影响书刊的科学性和使用价值。

书写中国地名须注意生、难、僻字和土俗字。例如，安徽省亳州市（亳，bo）；四川省的涪陵县（涪，fu）。

注意正确运用简化字。编辑加工地名时，不得使用非规范字。例如，浙江省的“嘉兴”“上虞”，有时被误写成“加兴”“上于”等。某些书写烦琐的地名已经国务院批准更名，例如，黑龙江省的“爱辉”县、“铁力”县等，江西省的“新于”县等，贵州省的“习水”县等就是更名后的新名。

中国地名汉语拼音字母拼写按照中国地名委员会、中国文字改革委员会、国家测绘局颁发《中国地名汉语拼音字母拼写规则（汉语地名部分）》（2005-08-02），包括分写与连写，数词的书写，语音的依据，大小写、隔音、儿化音的书写和移行，起地名作用的建筑物、游览地、纪念地和企事业单位等名称的书写等。

（二）外国地名

（1）国外地名表达以《世界地名手册》为准，或新华社公布的地名为准。对于省或州以下的外国地名，最好直接用原文表示。

（2）外国地名译成中文时，应查阅有关最新的各国地名译名手册，如《世界地名录》《外国地名译名手册》等。

（3）文后参考文献表中外国出版地和出版者的表达。对于专著（书籍）类出版物，需标注出版社名和出版社所在的城市名，即“出版地：出版者”。

如果专著中载有多个出版地，可只著录其中一个处于显要位置的出版地。如 London：Butterworths，1978（原文：London，Boston，Sydney，Wellington，Durban，Toronto：Butterworths，1978）。

为了简洁，出版社名需要采用缩写形式。通用的主要缩写规则如下。

1）通常可删减的词。冠词（a，an，the，les 等），介词（of，de 等），著名出版机构中具有“出版公司”含义的词（Press，Editions，Books，House，Publishers，Librairie，Verlage，Inc.，Ltd.，C.，Corp. 等）。

2）避免容易引起混淆的删减。例如，对于不知名的出版社，则应保留其中具有“出版公司”含义的词（如可将 Press 缩写为 Pr，Presses 缩写为 Prs 等）。又如，隶属于大学（University）的出版社（Press），一定要保留 Pr，因为大学本身也可以独立从事出版活动，而不必通过其附属的出版社。再如，Les Editions INSERM 中的 Editions 应保留，因为 INSERM 也有可能表示另外一个名称。

3）出版社名称中专业性学术协会或机构的名称应保留，但可缩写，如 Assoc（Association），Coll（College），Inst（Institute），Soc（Society）；如果出版社的名称包含人名（如 Harry NA，Norton WW，Wiley J），保留姓即可（如 Harry，Norton，Wiley）。

4）如果删除某些词汇后只留下形容词，则不可删除。如 Academic Press

不可删节为 Academic。

5）以知名机构或学会名称表示的出版社通常可缩写成大写的首字母。 如 GPO（Government Printing Office），IOS（International Organization for Standardization）。

第九节 外文字母及大小写用法规范

外文句首、专有名词、姓名的第一个字母用大写。

在冒号后分条叙述，均成完整句子的，其首字母大写；如与冒号前文句构成一句时其首字母用小写。

（1）专有名词要大写。如 the Earth 地球，the Moon 月亮。

（2）河流、省份、县（区）等两个以上名字在一起时，river,province, county 要小写。如

the Yangtze and Yellow rivers 长江和黄河

Jiangsu and Zhejiang provinces 江浙

Changping and Yanqing counties 昌平县和延庆县

（3）有些单词要特别注意其大小写，因为其大写时为特指。如

West 西方（指欧美国家）

East 东方（指亚洲国家）

Northeast 东北三省

（4）复合词，即用连字符的连字要大写时，连字符前后两个字都大写。如

Three-Flavour Study 三味书屋

（5）官衔与人名一起时官名大写。如

Premier Zhou Enlai 周恩来总理

Foreign Minister Qian Qichen 钱其琛外长

（6）人的名字、父名、姓用大写起头、缩写亦同。

外国人名：Charles Darwin, Kawasaki S.

复姓均大写起头，中间加连字符（-）：Milne-Edwards

（7）国家、国际组织、国际会议、条约、文件名称等以大写起头（前置词小写起头），缩写亦同。如

Conference of Asia and Africa

（8）学校、机关名称等以大写起头。

Academia Sinica

Institute of Geology,Beijing

（9）书名、期刊名、作品名等英文除前置词、虚词以外，每个字都大写起头，俄文则只是第一个字大写起头。

Hodgman,West & Selby: Handbook of Chemistry and Physics

第十节　参考文献著述及使用规范

参考文献是医学书刊的一个重要组成部分，特别是医学论文，参考文献引用得是否正确、书写是否符合标准，已成为考核医学论文和医学期刊质量的一项指标。

我国于 1987 年颁布了国家标准——GB 7714-87《文后参考文献著录规则》，2005 年进行了修订 GB 7714-2005《文后参考文献著录规则》，2015 年再次进行了较大的修改，更名为 GB/T 7714-2015《信息与文献—参考文献著录规则》。

论文后的参考文献表可有两种：一种是作者在论文中引用某些文献的参考文献表，置于正文之后；一种是作者推荐可供读者参考的有关本研究课题的文献题录，作为著作附录部分。

一、参考文献的功能作用

1. 标志作用

医学书刊所讨论的主题，一定是某学科领域的某一问题。对于这一问题，该领域的学者已经发表的独到的、有价值的见解、观点，是一篇新的学术论著得以立论的基础。有了这个基础，学术论文才有可能具备较高的学术水平，可见参考文献的新颖性和权威性是反映论著水平高低的重要标志之一。一般来说，某论著引用参考文献若是最新的，且被刊载在权威刊物上或者其作者为学术权威，则说明该论著起点高。论著的价值、水平与作者运用资料或参考文献的情况息息相关。通过对论著的引文量、引文类型、引文语种、引文的衰减系数或最新引用时限等的分析，可以对论著本身和作者的科研能力等做出某种评估。

2. 检验作用

参考文献为论著树立了一杆标尺，使检验能够自然、客观。不仅如此，参考文献还可以对论著中的某个具体论点或观点起到检验、证明的作用。在自然科学论著中，一些观点或论点所依据的事实等往往以参考文献的形式表现出来。自然科学的重要特征之一就是能够重复，只要给定的条件相同，不论谁来从事这一研究或实验，这种必然联系都不会改变。如果作者论著中的结论是正确的、科学的，就能经得起审稿者、编者、读者或其他任何人的检验。对参考文献与正文的内容从学术角度比较，可以判断论著是否有学术上的独创性和先进性。作者敢于把论文所依据的理论和经验列出，把检验判断的主动权交给读者，这是对读者的尊重。

3. 评价作用

对于书刊被引用的某一项参考文献作者，表明其获得了一种学术的认可。作者著录参考文献，在表明自己论著学术水平的同时，也是在对别人（被引用者）的论著作出评价，参考文献由此也就获得了评价功能。实际上，论著与参考文献之间的评价是相互的。如果说水平标志功能指的是参考文献对论著、被引用者对引用者所作的评价，那这里的评价功能就是专指论著对参考文献、引用者对被引用者所作的评价。参考文献的这种评价功能在一般学术论文的作者意识中，尤其是一部分临床医学论文作者的意识中没有引起足够重视。正是他们在著录参考文献时的每一次个人评价行为，被有关情报部门收集、汇总、统计后，按照文献计量学等学科的原理进行处理，得出的结果成为判断期刊及其刊载论文学术水平的重要的直接依据。

4. 保护作用

从著作权法的角度看，论著作者与被引文献的作者的关系，实质上是作品使用者与作者（著作权人）的关系。对作者与使用者权利义务关系的规定正是著作权法的核心内容之一，参考文献的著录就直接涉及著作权法的这一核心内容。不重视参考文献实质上是法律意识，至少是著作权法意识不强的一种表现。著录参考文献的行为是《著作权法》意义上的合理使用行为。著录参考文献首先是对被引用者著作权的保护，也是对被引用者劳动成果的继承和尊重。

二、参考文献的内容特点

1．继承性

作者将引用的参考文献列出，是为了说明自己的论点、数据、资料是有根据的。既表示尊重和继承前人的科学成果，也是为了精简正文的文字，并向读者提供进一步检索有关资料的线索，或者让读者去比较文献记载与本文的差异，了解本文的独到之处。如果引用前人的资料，不写出文献，难免有剽窃他人作品之嫌。

2．限制性

被列入的引文参考文献应该只限于那些著者亲自阅读过，而且正式发表的出版物，或其他有关档案资料等文献。译文、文摘、转载、私人通信、内部讲义及未发表的著作，一般不宜作为参考文献著录，但可用脚注或文内注释的方式，以说明引用依据。已被采用尚未出版的原稿，可列入文后参考文献表中，但应在该刊名后用圆括号注明“排印中”。

3．时空性

随着医学科学技术的发展，医学著作特别是论文是有时间性和空间性的。在引用论文的时间要求，要尽量引用近期的，除追溯渊源者，一般以近 5 年内出版者为宜，进展类综述时间更应当短些；在引用论文的空间性要求，由于科学是没有国界的，我国有些学科与国外先进水平还有较大的距离，不但要引用国内的，也要引用国外的，只引用国内著作或只引用国外著作都是不可取的。

4．权威性

在作者阅读过的著作中，应当选择引用那些有影响的作者和影响力较大的出版单位，这些权威性文章不仅能够开拓研究思路，而且有助于提升论著的学术水平。

5．准确性

要求著录项目齐全，排列顺序标准，著录符号和外文字母拼写正确。

三、参考文献的书写格式

国家标准 GB/T 7714 — 2015《信息与文献—参考文献著录规则》指出，“参考文献”是指“对一个信息资源或其中一部分进行准确和详细著录的数据，位于文末或文中的信息源”，分为“阅读型参考文献”和“引文参考文献”。前者指“著者为撰写或编辑论著而阅读过的信息资源，或供读者进一步阅读的信息资源”；后者则指“著者为撰写或编辑论著而引用的信息资源”。一般而言，论文只著录引文参考文献，对阅读型参考文献可酌情按注释处理。

引文参考文献的标注体系有“顺序编码制”和“著者—出版年制”。前者指引文采用序号标注，参考文献表按引文的序号排序；后者指引文采用著者—出版年标注，参考文献表按著者字顺和出版年排序。其中，顺序编码制为我国学术书刊所普遍采用。

1．文内标注格式

采用顺序编码制时，在引文处按它们出现的先后用阿拉伯数字连续编码，并将序码置于“[ ]”内，把序码作为右上角标，或者作为语句的组成部分。一般按以下3种格式，将文献序号置于方括号内加以标记。

（1）引文部分写出作者姓名的，角码置于作者姓名右上角。

（2）引文部分未写出作者姓名的，角码置于引文之后右上角。

（3）引文的序号作为正文文句的组成部分，则不用角码标注，而用与正文相同的字体字号的数字书写。

示例1：Matsushita等[8]和Sischoff等[9]研究发现，从食管到右半结肠，嗜酸性粒细胞数目是增加的。

示例2：有研究显示，香烟烟雾刺激产生的炎性反应被认为可能关联到肺肿瘤的生长[10]。

示例3：按照参考文献[5]的方法，用淋巴细胞分离液收集人外周血中的单个核细胞。

这里，[8][9][10]作为引文注，用上角标形式表示；而[5]是语句的组成部分，不必写成角标。对于同一处引用多篇文献，应将各篇文献的序号在“[ ]”内全部列出，各序号间用“，”，如遇连续序号，起讫序号间用“—”连接。对于多次引用同一著者的同一文献时，在正文中标注首次引用的文献序号。

2．参考文献表的著录格式

GB/T 7714 — 2015《信息与文献—参考文献著录规则》要求的，主要文献著录格式及举例如下。

（1）专著。

[序号]主要责任者. 题名：其他题名信息[M]. 其他责任者. 版本项（第

1 版不写）. 出版地：出版者，出版年：页码.

[1] 吴以岭. 脉络论 [M]. 北京：中国科学技术出版社，2010：120.

[2]Goldman L Schafer AI. 西氏内科学 [M]. 王贤才，译 .24 版. 北京：北京大学医学出版社，2012：1059.

（2）专著中析出的文献。

[序号] 析出文献主要责任者. 析出文献题名 [M]// 专著主要责任者. 专著题名: 其他题名信息. 版本项. 出版地: 出版者, 出版年: 析出文献的页码.

[3] 俞茂华，杨永年，叶红英. 糖皮质激素的内科临床应用 [M]// 陈灏珠，林果为，王吉耀. 实用内科学 .14 版. 北京：人民卫生出版社，2013：1191–1197.

[4]Bonow RO. Guidelines for infective endocarditis[M]//Bonow RO, Mann DL, Zipes DP, et al. A Textbook of Cardiovascular Medicine.9th ed. Philadelphia: Elsevier Science, 2011: 1558–1560.

（3）期刊析出的文献。

[序号] 作者. 篇名 [J]. 刊名，出版年份，卷号（期号）：页码.

[5] 程国涛，袁劲松，余开湖，等. 中枢神经细胞瘤的影像学表现及其临床价值 [J]. 疑难病杂志，2014，13（1）：42–45. DOI：10.3969/J. issn 1671–6450.2014.01.015.

[6]Ludke AR, Mosele F, Caron–Lienert R, et al. Modulation of monocrotaline induced cor pulmonale by grape juice[J]. J Cardiovasc Pharmacol, 2010, 55（1）: 89–95. DOI: 10.1097/FJC.0b013e3181c87a9d.

（4）报纸析出的文献。

[序号] 作者. 题名 [N]. 报纸名称，出版年份 – 月 – 日（版次）.

[7] 陈敏华. 中晚期肝癌射频消融治疗 [N]. 中国医学论坛报，2011–06–30（B2）.

（5）学位论文。

[序号] 作者. 题名 [D]. 培养单位所在地：培养单位，出版年：页码.

[8] 滕军燕. 缺血性心血管病风险评估模型的建立与研究 [D]. 济南：山东大学，2017：50–52.

（6）电子文献。

A. 期刊论文网络电子版。

[序号] 作者．题名 [J/OL]．刊物名称，年，卷（期）：页码 [引用日期]．获取或访问路径．

[9] 江向东．互联网环境下的信息处理与图书管理系统解决方案 [J/OL]．情报学报，1999，18（2）：4[2000-01-18]．http://www．chinainfo．gov．cn/periodical/gbxb/gb-xb99/gbxb990203．

B．优先出版期刊论文（刊期号未定）。

[序号] 作者．标题 [J/OL]．刊物名称 [检索日期]．网址．DOI．

[10] 周鹏．浅谈高职英语教学中跨文化交际意识及能力的培养 [J/OL]．教 育 教 学 论 坛 [2011-12-13]．http://www．cnki．net/kcms/detail/13.1399.G4.20111109.1127.001．html．DOI：CNKI：13-1399/G4.20111109.1127.001．

C．专著网络电子版。

[序号] 作者．题名 [M/OL]．其他责任者．出版地：出版者，出版年：页码 [引用日期]．获取或访问路径．

[11] 王文萍 . 肿瘤与淋巴水肿 [M/OL]. 北京：中国中医药出版社，2007：58[2018-05-15].http：//www.tushu001.com/ISBN-9787802311701.html.

文献类型及其标识代码，见表 5-15。

表5-15　文献类型及其标识代码

文献类型	标识代码
普通图书	M
会议录	C
汇编	G
报纸	N
期刊	J
学位论文	D
报告	R
标准	S
专利	P
数据库	DB
计算机程序	CP
电子公告	EB

续表

文献类型	标识代码
档案	A
舆图	CM
数据集	DS
其他	Z

电子文献载体类型及其标识代码，见表5–16。

表5–16　电子文献类型及其标识代码

载体类型	标识代码
磁带（magnetic tap）	MT
磁盘（disk）	DK
光碟（CD–ROM）	CD
联机网络（online）	OL

GB/T 7714 — 2015《信息与文献—参考文献著录规则》的著录用符号中，“：”的用法修改为“用于其他题名信息、出版者、引文页码、析出文献的页码、专利号前”，“；”不变，即“用于期刊后续的年卷期标识与页码以及同一责任者的合订题名前”，示例分别如下。

[1]1981（1）：37 – 44；1981（2）：47 – 52.

年　期　　页码　　年　期　　页码

[2] 顾炎武. 昌平山水记：京东考古录 [M]. 北京：北京古籍出版社，1982.

对于引自序言、前言或扉页题词的页码，可按实际情况著录。如

[1] 王细荣. 图书情报工作手册 [M]. 上海：上海交通大学出版社，2009：前言 2.

[2] 徐中玉. 序一 [M]// 王细荣. 大世界里的丰碑——湛恩纪念图书馆的前生今世. 上海：上海交通大学出版社，2014：序一 i—ii.

外国人名不管姓还是名全部字母均要大写，团体责任者第一个单词和实词的首字母大写；题名中的专有名词和第一个单词首字母大写，其他小写，题名不可用斜体。如

[1]World Healt h Organization. Factor s regulating the immune response: report of WHO Scientific Group[R]. Geneva: WHO, 1970.

（7）已出版的档案文献用代码“A”标识，其著录格式如下。

[序号]主要责任者. 档案文献题名[A]. 出版地：出版者，出版年：页码。例如，

[1]中国第一历史档案馆，辽宁省档案馆. 中国明朝档案总汇[A]. 桂林：广西师范大学出版社，2001：21－33.

至于未出版的档案，原则上以脚注或文内注的方式注明来源，其参考的著录格式如下。

圈码序号 责任者. 文献题名：原件日期[A]. 收藏地：收藏单位（收藏编号）：页码. 例如，

①叶委员剑英关于安平事件调查结果的声明：1946-09-09[A]. 北京：中央档案馆.

②国务院外国专家局的报告：1958-12-11[A]. 呼和浩特：内蒙古自治区档案馆（全宗252，目录1，卷宗57）：65-67.

（8）古籍的著录格式如下。

[序号]主要责任者. 题名：其他题名信息[M]. 其他责任者. 版本项. 出版地：出版者，出版年：页码. 例如，

[1]沈括. 梦溪笔谈[M]. 刻本. 茶陵：东山书院，1305（元大德九年）：2.

[2]杨炯. 杨盈川集[M]. 四部丛刊影印刊刻本. 上海: 商务印书馆，1919（民国八年）.

（9）各种未定义类型的文献著录格式如下。

[序号]主要责任者. 文献题名[Z]. 出版地：出版者，出版年. 例如，

[1]故宫博物院. 故宫日历：2015[Z]. 北京：故宫出版社，2014.

最后要指出的是，凡出现在文后“参考文献”项中的标点符号都失去了其原有意义，且其中除书名、篇名等文献名外的所有标点最好是半角；参考文献的英文人名缩写规则为：①姓名缩写只缩写名而不缩写姓；②无论东西方人，缩写名的书写形式都是姓在前、名在后；③杂志作者名中，全大写一定是姓；④省略所有缩写点。

四、著录常犯的错误

（1）普遍的问题是书写不准确、项目不齐全，错误百出，刊出后不便读者查阅。

（2）把与文章关系不大或未亲自阅读过的文献也列为参考文献。

（3）有的文献过于陈旧。

（4）引用内部资料、学术会议资料汇编，读者难以查到。如果要引用，可将引用部分摘要列入正文引用处，并标明出处。

（5）只引用国外文献而不引用国内文献，或只引用国内文献而不引用国外文献。

（6）该列入的没列入，不该列入的罗列过多。

（7）某些书刊，以节省篇幅或编排上的方便为由，将文献一刀砍去。写上一个“参考文献从略”，这是不认识参考文献的重要意义所致。

五、新版《信息与文献—参考文献著录规则》的主要修改

2015 年 5 月 15 日，国家质量监督检验检疫总局和中国国家标准化管理委员会联合发布了国标 GB/T 7714－2015《信息与文献—参考文献著录规则》。此标准已于 2015 年 12 月 1 日正式实施。与 2005 版标准相比，GB/T 7714–2015 主要做了以下修改。

（1）本标准的名称由《文后参考文献著录规则》更名为《信息与文献—参考文献著录规则》。

（2）根据本标准的适用范围和用途，将“文后参考文献”和“电子文献”分别更名为“参考文献”和“电子资源”。

（3）在“术语和定义”中，删除了参考文献无须著录的“并列题名”，增补了“阅读型参考文献”和“引文参考文献”。根据 ISO 690：2010（E）修改了“文后参考文献”“主要责任者”“专著”“连续出版物”“析出文献”“电子文献”的术语、定义、英译名。

（4）在著录项目的设置方面，为了适应网络环境下电子资源存取路径的发展需要，本标准新增了“数字对象唯一标识符”（DOI），以便读者快捷、准确地获取电子资源。

（5）在著录项目的必备性方面，将“文献类型标识（电子文献必备，

其他文献任选）”改为“文献类型标识（任选）；”将“引用日期（联机文献必备，其他电子文献任选）”改为“引用日期”。

（6）在著录规则方面，将“8.1.1”中的“用汉语拼音书写的中国著者姓名不得缩写”改为“依据 GB/T 28039-2011 有关规定用汉语拼音书写的人名，姓全大写，其名可缩写，取每个汉字拼音的首字母”。在“8.8.2”中增加了“阅读型参考文献的页码著录文章的起讫页或起始页，引文参考文献的页码著录引用信息所在页”。在“8.5 页码”中增补了“引自序言或扉页题词的页码，可按实际情况著录”的条款。新增了“8.6 获取和访问路径”和“8.7 数字对象统一标识符”的著录规则。

（7）在参考文献著录用文字方面，在“6.1”中新增了“必要时，可采用双语著录。用双语著录参考文献时，首先用信息资源的原语种著录，然后用其他语种著录”。

（8）为了便于识别参考文献类型、查找原文献、开展引文分析，在“文献类型标识”中新增了“A”档案、“CM”舆图、“DS”数据集以及“Z”其他。

（9）各类信息资源更新或增补了一些示例，重点增补了电子图书、电子学位论文、电子期刊、电子资源的示例，尤其是增补了附视频的电子期刊、载有 DOI 的电子图书和电子期刊的示例以及韩文、日本、俄文的示例。

（10）著录细则中对于页码增补了“引自序言或扉页题词的页码，可按实际情况著录”的条款。“参考文献标注法”中增加了规定：“如果顺序编码制用脚注方式时，序号可由计算机自动生成圈码。”

第十一节　医学图书编辑出版的质量控制

质量是任何图书，包括医学图书的生命，没有质量的图书就等于死亡。实际上，一本图书从选题策划，到谋篇写作，从设计排版，到装订成书，每一个环节都关乎着这本图书的质量。

为了保证图书编辑、出版质量，我国图书出版界历经多年总结出并坚持实行“三审三校”制度。“三审”：一本书稿的编审，要经过初审（责任编辑，中级及以上职称）、复审（编辑室主任，副高级及以上职称）和终审（社长、总编辑或其副职，副高级以上职称），三个环节缺一不可。三审环节中，任何两个环节的审稿工作不能同时由一人担任；“三校”：出版社每出一种书，都要指定一名具有专业技术职称的专职校对人员为责任校对，负责校样的文字技术整理工作，监督检查各校次的质量，并负责付印样的通读工作。一般图书的专业校对应不低于三个校次，重点图书、工具书等，应相应增加校次。终校必须由本社具有中级以上专业技术职称的专职校对人员担任。

国家对图书质量的管理历来十分重视，1992 年，当时的新闻出版署出台了《图书质量管理规定（试行）》。经过 5 年的试行，新闻出版署对《图书质量管理规定（试行）》进行了修改和补充，于 1997 年 3 月 3 日正式颁布《图书质量管理规定》。2004 年，新闻出版总署总结 8 年来实施《图书质量管理规定》的经验，开展广泛的调查研究，着手重新制订《图书质量管理规定》。同年 12 月 9 日，总署第四次署务会议讨论通过了新的《图书质量管理规定》（包括附件：图书编校质量差错率计算方法），自 2005 年 3 月 1 日起实施。

《图书质量管理规定》以国家行政法规形式，对图书的质量提出了明确的合格标准，对于图书的质量保障具有重要的意义。特别是规定的附件“图书编校质量差错率计算方法”，不仅是国家图书出版管理机关检查图书质量的标准，也是每一个图书编辑日常工作的标准，自己所编辑的图书能够达到标准的就是合格图书，达不到标准的就是不合格图书，中间没有模糊地带。因此，作为医学图书编辑，应熟读并牢记这个标准，时刻以标准衡量并规范自己的编辑工作，为编辑、出版更多、更好的医学图书贡献自己的力量。

为便于医学编辑学习和掌握，也便于广大读者了解和学习，本书特将最新版的《图书质量管理规定》（包括附件：图书编校质量差错率计算方法）附后。

图书质量管理规定

（原国家新闻出版总署 2004 年 12 月 24 日颁布，自 2005 年 3 月 1 日起施行）

第一条　为建立健全图书质量管理机制，规范图书出版秩序，促进图书出版业的繁荣和发展，保护消费者的合法权益，根据《中华人民共和国产品质量法》和国务院《出版管理条例》制定本规定。

第二条　本规定适用于依法设立的图书出版单位出版的图书的质量管理。

出版时间超过十年且无再版或者重印的图书，不适用本规定。

第三条　图书质量包括内容、编校、设计、印制四项，分为合格、不合格两个等级。

内容、编校、设计、印制四项均合格的图书，其质量属合格。内容、编校、设计、印制四项中有一项不合格的图书，其质量属不合格。

第四条　符合《出版管理条例》第二十六、二十七条规定的图书，其内容质量属合格。

不符合《出版管理条例》第二十六、二十七条规定的图书，其内容质量属不合格。

第五条　差错率不超过万分之一的图书，其编校质量属合格。

差错率超过万分之一的图书，其编校质量属不合格。

图书编校质量差错的判定以国家正式颁布的法律法规、国家标准和相关行业制定的行业标准为依据。图书编校质量差错率的计算按照本规定附件《图书编校质量差错率计算方法》执行。

第六条　图书的整体设计和封面（包括封一、封二、封三、封底、勒口、护封、封套、书脊）、扉页、插图等设计均符合国家有关技术标准和规定的，其设计质量属合格。

图书的整体设计和封面（包括封一、封二、封三、封底、勒口、护封、封套、书脊）、扉页、插图等设计中有一项不符合国家有关技术标准和规定的，其设计质量不合格。

第七条　符合中华人民共和国出版行业标准《印刷产品质量评价和分等导则》（CY/T2–1999）规定的图书，其印制质量属合格。

不符合中华人民共和国出版行业标准《印刷产品质量评价和分等导则》（CY/T2–1999）规定的图书，其印制质量属不合格。

第八条　新闻出版总署负责全国图书质量管理工作，依照本规定实施图书质量检查，并向社会及时公布检查结果。

第九条　各省、自治区、直辖市新闻出版行政部门负责本行政区域内的图书质量管理工作，依照本规定实施图书质量检查，并向社会及时公布检查结果。

第十条　图书出版单位的主办单位和主管机关应当履行其主办、主管职能，尽其责任，协助新闻出版行政部门实施图书质量管理，对不合格图书提出处理意见。

第十一条　图书出版单位应当设立图书质量管理机构，制定图书质量管理制度，保证图书质量合格。

第十二条　新闻出版行政部门对图书质量实施的检查包括：图书的正文、封面（包括封一、封二、封三、封底、勒口、护封、封套、书脊）、扉页、版权页、前言（或序）、后记（或跋）、目录、插图及其文字说明等。正文部分的抽查必须内容（或页码）连续且不少于 10 万字，全书字数不足 10 万字的必须检查全书。

第十三条　新闻出版行政部门实施图书质量检查，须将审读记录和检查结果书面通知出版单位。出版单位如有异议，可以在接到通知后 15 日内提出申辩意见，请求复检。对复检结论仍有异议的，可以向上一级新闻出版行政部门请求裁定。

第十四条　对在图书质量检查中被认定为成绩突出的出版单位和个人，新闻出版行政部门给予表扬或者奖励。

第十五条　对图书内容违反《出版管理条例》第二十六、二十七条规定的，根据《出版管理条例》第五十六条实施处罚。

第十六条　对出版编校质量不合格图书的出版单位，由省级以上新闻出版行政部门予以警告，可以根据情节并处 3 万元以下罚款。

第十七条　经检查属编校质量不合格的图书，差错率在万分之一以上万分之五以下的，出版单位必须自检查结果公布之日起 30 天内全部收回，改正重印后可以继续发行；差错率在万分之五以上的，出版单位必须自检查结果公布之日起 30 天内全部收回。

出版单位违反本规定继续发行编校质量不合格图书的，由省级以上新闻出版行政部门按照《中华人民共和国产品质量法》第五十条的规定处理。

第十八条　对于印制质量不合格的图书，出版单位必须及时予以收回、调换。

出版单位违反本规定继续发行印制质量不合格图书的，由省级以上新闻出版行政部门按照《中华人民共和国产品质量法》第五十条的规定处理。

第十九条　一年内造成三种以上图书不合格或者连续两年造成图书不合格的直接责任者，由省、自治区、直辖市新闻出版行政部门注销其出版专业技术人员职业资格，三年之内不得从事出版编辑工作。

第二十条　本规定自2005年3月1日起实施。新闻出版署于1997年3月3日公布的《图书质量管理规定》同时停止执行。

附件：图书编校质量差错率计算方法

一、图书编校差错率

图书编校差错率，是指一本图书的编校差错数占全书总字数的比率，用万分比表示。实际鉴定时，可以依据抽查结果对全书进行认定。如检查的总字数为10万，检查后发现两个差错，则其差错率为0.2/10 000。

二、图书总字数的计算方法

图书总字数的计算方法，一律以该书的版面字数为准，即：总字数 = 每行字数 × 每面行数 × 总面数。

（1）除环衬等空白面不计字数外，凡连续编排页码的正文、目录、辅文等，不论是否排字，均按一面满版计算字数。分栏排版的图书，各栏之间的空白也计算版面字数。

（2）书眉（或中缝）和单排的页码、边码作为行数或每行字数计入正文，一并计算字数。

（3）索引、附录等字号有变化时，分别按实际版面计算字数。

（4）用小号字排版的脚注文字超过5行不足10行的，该面按正文满版字数加15%计算；超过10行的，该面按正文满版计算字数。对小号字排版的夹注文字，可采用折合行数的方法，比照脚注文字进行计算。

（5）封一、封二、封三、封底、护封、封套、扉页，除空白面不计，每面按正文满版字数的50%计算；版权页、书脊、有文字的勒口，各按正文的一面满版计算。

（6）正文中的插图、表格，按正文的版面字数计算：插图占一面的，按正文满版字数的20%计算字数。

（7）以图片为主的图书，有文字说明的版面，按满版字数的50%计算；没有文字说明的版面，按满版字数的20%计算。

（8）乐谱类图书、地图类图书，按满版字数全额计算。

（9）外文图书、少数民族文字图书，拼音图书的拼音部分，以对应字号的中文满版字数加30%计算。

三、图书编校差错的计算方法

1. 文字差错的计算标准

（1）封底、勒口、版权页、正文、目录、出版说明（或凡例）、前言（或序）、后记（或跋）、注释、索引、图表、附录、参考文献等中的一般性错字、别字、多字、漏字、倒字，每处计1个差错。前后颠倒字，可以用一个校对符号改正的，每处计1个差错。书眉（或中缝）中的差错，每处计1个差错；同样性质的差错重复出现，全书按一面差错基数加1倍计算。阿拉伯数字、罗马数字差错，无论几位数，都计1个差错。

（2）同一错字重复出现，每面计1个差错，全书最多计4个差错。每处多、漏2～5个字，计2个差错，5个字以上计4个差错。

（3）封一、扉页上的文字差错，每处计2个差错；相关文字不一致，有一项计1个差错。

（4）知识性、逻辑性、语法性差错，每处计2个差错。

（5）外文、少数民族文字、国际音标，以一个单词为单位，无论其中几处有错，计1个差错。汉语拼音不符合《汉语拼音方案》和《汉语拼音正词法基本规则》（GB/T 16159-1996）规定的，以一个对应的汉字或词组为单位，计1个差错。

（6）字母大小写和正斜体、黑白体误用，不同文种字母混用的（如把英文字母N错为俄文字母И），字母与其他符号混用的（如把汉字的○错为英文字母O），每处计0.5个差错；同一差错在全书超过3处，计1.5个差错。

（7）简化字、繁体字混用，每处计0.5个差错；同一差错在全书超过3处，计1.5个差错。

（8）工具书的科技条目、科技类教材、学习辅导书和其他科技图书，使用计量单位不符合国家标准《量和单位》（GB 3100-3102-1993）的中文名称的、使用科技术语不符合全国科学技术名词审定委员会公布的规范词计1个差错，同一错误全书最多计3个差错。

（9）阿拉伯数字与汉语数字用法不符合《出版物上数字用法的规定》（GB/T 15835-1995）的，每处计0.1个差错。全书最多计1个差错。

2. 标点符号和其他符号差错的计算标准

（1）标点符号的一般错用、漏用、多用，每处计 0.1 个差错。

（2）小数点误为中圆点，或中圆点误为小数点的，以及冒号误为比号，或比号误为冒号的，每处计 0.1 个差错。专名线、着重点的错位、多、漏，每处计 0.1 个差错。

（3）破折号误为一字线、半字线，每处计 0.1 个差错。标点符号误在行首、行末的，每处计 0.1 个差错。

（4）外文复合词、外文单词按音节转行，漏排连接号的，每处计 0.1 个差错；同样差错在每面超过 3 个，计 0.3 个差错，全书最多计 1 个差错。

（5）法定计量单位符号、科学技术各学科中的科学符号、乐谱符号等差错，每处计 0.5 个差错；同样差错同一面内不重复计算，全书最多计 1.5 个差错。

（6）图序、表序、公式序等标注差错，每处计 0.1 个差错；全书超过 3 处，计 1 个差错。

3. 格式差错的计算标准

（1）影响文意、不合版式要求的另页、另面、另段、另行、接排，空行，需要空行、空格而未空的，每处计 0.1 个差错。

（2）字体错、字号错或字体、字号同时错，每处计 0.1 个差错；同一面内不重复计算，全书最多计 1 个差错。

（3）同一面上几个同级标题的位置、转行格式不统一且影响理解的，计 0.1 个差错；需要空格而未空格的，每处计 0.1 个差错。

（4）阿拉伯数字、外文缩写词转行的，外文单词未按音节转行的，每处计 0.1 个差错。

（5）图、表的位置错，每处计 1 个差错。图、表的内容与说明文字不符，每处计 2 个差错。

（6）书眉单双页位置互错，每处计 0.1 个差错，全书最多计 1 个差错。

（7）正文注码与注文注码不符，每处计 0.1 个差错。

第六章　医学文献检索

第一节　医学文献基本知识

人类的知识、思想等用文字、图形、符号、音频、视频、光电磁等技术手段保存记录在信息载体上，即成为文献。记录医学科学知识的载体就叫作医学文献。

医学文献中有大量成功的经验和失败的教训。既有逻辑思维的推理，又有实际工作方法，是医学工作者科研成果的结晶，也反映了医学技术发展的水平。它在教学、科研、医疗和药品的研制开发中都发挥着重要的作用。

一、现代医学文献的特点

随着医学科学技术的发展，医学文献表现出新的特点如下。

（1）文献数量庞大，增长迅速快。目前，生物医学期刊已经超过 21 000 种，约占全世界期刊的 1/5。且随着医学科学科研成果的不断涌现，越来越多的医学现象被识别，使医学文献增长迅速。

（2）出版类型复杂多样。目前医学文献的类型除传统的印刷型之外，还有各种视听型（如录像带、幻灯等）、微缩型（如胶卷、平片等）、电子型（如光盘、电子文件等）。随着电脑技术的发展，目前电子期刊在文献存储和检索方面发挥着越来越重要的作用。

（3）新陈代谢频繁，文献寿命缩短。科学文献的老化周期，已经从 19 世纪的 50 年左右缩短到目前的 5 ～ 10 年。

二、科学文献的类型

根据文献的出版形式划分，科学文献可分为如下几类。

1. 图书

如供读者阅读的著作、书籍或工具书等。

2. 期刊

即杂志，是科技工作者知识更新的主要信息资源。

3. 报纸

报纸的特点是报道及时，有大量的科学技术成果信息和科技动态。

4. 特种文献

特种文献主要包括专利文献、会议文献、科技报告、学位论文等。

第二节　医学文献检索的方法、步骤和工具

文献检索(literature retrieval)是指将文献根据其外表特征(即篇名、作者、文献来源、发表时间等）或内容特征（即主题、关键词、摘要），按照一定的方式编排并储存在一定的载体上，通过一定的方法，从检索系统中查出特定文献的过程。文献检索是通过查找文献获得知识、信息的基本手段，贯穿于研究的全过程，掌握正确的文献检索方法，可以便捷高效地收集所需要的文献资料。

一、医学文献检索常用的数据库

通常我们在医学文献检索中最常使用计算机检索和手工检索两种方式。

计算机检索的对象包括数据库、搜索引擎、网站和数字图书馆等，其中医学文献检索中常用的数据库类型如下。

1. 全文型数据库

全文型数据库提供期刊全文，但通常文献检索功能较弱。Science Direct（Elsevier）、Springer Link、Wiley Online Library 以及中国知网、万方、维普等都是医学文献检索中常用的全文型数据库。

2. 文摘型数据库

文摘型数据库又称书目数据库，主要用于文献检索，为检索者提供文献出处。医学检索中常用的 PubMed（MEDLINE）、Embase 以及 Sinomed 都是文摘型数据库。

3. 事实型数据库

事实型数据库存储有关人物、机构、课题研究动态等一般事实性资料信息的数据库。常用者包括 The Cochrane Library、UpToDate 等。

4. 引文分析型数据库

在医学文献检索中常用到的引文分析型数据库有 Web of Science 以及 Scopus。

二、文献检索方法

文献检索常用方法有检索工具法、追溯法、循环法。

1. 检索工具法

这是利用各种检索工具查找文献的方法，适用于检索范围较宽、收罗齐备、馆藏检索工具较多者。常用法又包括顺查法、倒查法和抽查法三种。

（1）顺查法即由旧到新的顺序查找。利用顺查法要对某一课题涉及的背景和历史有所了解，熟悉有关的参考资料，然后选择好适当的检索工具，从开始年代向后逐年查阅。在查阅时，应随时注意剔除关系不大或关系较小的资料。

优点：检索面宽，收罗广泛，查全率较高；缺点：费时多，费力大，误检率较高。

（2）倒查法与顺查法相反，即由新到旧的查找方法，一般查找资料多以近期为主。因为近期文献不仅反映了现代科学技术的最新成就，而且近期文献中往往引用、论证或概述了早期的文献资料，从而可了解有关课题早期发展的大致情况。

优点：费时少，资料新，信息量大，适用性强；缺点：漏检率高，不易达到全面和准确。

（3）抽查法：针对学科发展高峰期，选取一定时间段进行查找的方法。利用选定的检索工具，由近及远逐年查找，直到查到需要的文献为止。

优点：检索效率较高，省时省力；缺点：必须熟悉和掌握该学科发展的全貌，才能选准高峰时期，否则漏检率较高。

2. 追溯法

追溯法又叫篇名文献检索法或引文法，是利用文献后所附的参考文献逐一追踪查找的方法，也是人们习惯使用的一种方法，有人形象地称其为“从一开始”，像滚雪球一样线索越来越多。

追溯法的优点如下。

（1）比较简单，初学者不会有太大困难。

（2）在没有检索工具或检索工具不全时，只要层层追踪，就能查到大量有用资料。

（3）针对性强，文献经过原作者初步筛选，课题明确，以免泛泛大海捞针，对新扩展的线索大体有数，避免盲目性。

追溯法的缺点如下。

（1）面狭窄。只限于原作者选用的部分文献，有一定局限性，有的因语种限制而使文献不能扩大。

（2）越向前追溯，文献越陈旧，越缺乏新信息。

3. 循环法

循环法指同时使用检索工具法和追溯法，不断扩大检索范围，直到满足检索要求为止。

三、检索途径分类

利用不同字段进行检索时，一般可将检索途径分为以下两大类。

从文献外部特征进行检索的途径：篇名检索、著者检索、序号检索。

从文献内容特征进行检索的途径：主题途径、关键词检索、分类途径。

（1）篇名检索：利用文献篇名进行文献检索。

（2）著者检索：用文献的著作者、编译者的姓名或机构团体名称编制的索引进行查找的一种方法检索特定的个人或团体所生产的文献。

（3）序号检索：利用文献的各种代码、数字编制而成的索引查找文献，如专利说明书有专利号、图书期刊有国际标准书号等。

（4）主题检索：通过文献内容学科性质的主题进行检索文献的途径，需要对文献经过主题分析从中抽取主题概念词。主题词用来描述文献重点讨论的内容，是对文献的自然语言进行规范化处理后用来标引和检索文献。

（5）关键词检索：我们最常用的就是关键词检索。根据文献篇名或内容中具有实际意义并能表述文献主要内容、起关键作用的词抽取出来作为反映文献内容的关键词，为了避免漏检，检索时需要把不同词的同义词、近义词等都查找一遍，以提高查全率。

（6）分类途径：即从文献所属的学科范围进行的检索。相对于主题检索，其更适用于学科范围明确的概念，充分发挥族性检索优势。分类检索的操作步骤与主题检索类似。

四、文献检索的步骤和工具

1．分析研究检索课题的要求

（1）分析研究课题的主题内容，例如研究课题具体针对的疾病。

（2）确定研究课题所需的文献类型，例如若研究课题属于基础理论性研究，就需要检索期刊、会议论文；若研究课题属于发明创造或技术革新研究，则需要检索专利文献。

（3）根据研究课题的背景信息确定文献检索的时间范围是由远及近、由近及远，还是某一高峰期。

2．选择检索工具和数据库

检索工具是用于报道、存储和查找文献线索的工具和设备的总称，包括图书馆目录、期刊索引、电子计算机检索等。

在选择数据库时，需要明确以下三点。

（1）收录文献的来源、学科特点。

（2）收录文献的文献类型和时间范围。

（3）收费标准及能否索取到原文。

3．确定检索途径

文献检索途径有以下几种。

（1）分类途径：按文献内容所属的学科类别检索。

（2）作者途径：通过已知作者检索。

（3）序号途径：通过文献出版时所编的号码检索。

（4）主题途径：按文献的主题词检索。

（5）篇名检索途径：根据文献名称检索。

（6）其他途径：通过来源、出版类型、出版日期、国别、文种等类别进行检索。

4．制定检索策略

制定检索策略的关键在于通过构建不同作用的检索式，表达对于信息的需求，获取需要的检索结果。实际检索过程中首先要进行概念分析、选择检索词，然后运用逻辑运算符、位置运算符、截词符等构造检索表达式。

常用的4种检索方法如下。

（1）布尔逻辑检索：是指利用布尔逻辑运算符连接各个检索词，由计算机进行相应逻辑运算以找出所需信息的方法，是机检系统中最常用的方法。

布尔逻辑检索所运用的逻辑运算符有三个，分别是“与”“或”“非”。

逻辑“与”表示其所连接的两个检索项的交叉部分，即交集，可用AND或*表示。

逻辑“或”用于连接并列关系的检索词，可用OR或+表示。

逻辑“非”用于连接排除关系的检索词，即排除不需要的和影响检索结果的概念，可用NOT或—表示。

（2）位置运算符检索：是一种用特定的运算符表达检索词与检索词之间的邻近关系的方法。

位置运算符检索所运用的逻辑运算符有两个，分别是“With”和“Near”。

“With”用于表示同时出现在同一文献的同一字段的两个词，且两词顺序不能颠倒。

“Near”用于表示同时出现在一个子字段（一句话）的两个词，两者顺序可颠倒。

逻辑运算优先级从高到低依次为NOT、AND、Near、With、OR，此外也可以使用括号改变运算顺序，也就是说有括号存在时优先运算括号内的内容，否则按上面的逻辑运算优先级进行运算。

（3）字段限定检索：是指限定在数据库记录中的一个或几个字段范围内查找检索词。

在字段限定检索中，我们通常把可供检索的字段划分为表示文献内容特征的主题索引和表示文献外部特征的辅助索引。

主题索引包括的字段有题目、叙词、文摘、标识词等。

辅助索引则包括了主题索引以外的所有其他字段，例如作者、期刊名称、作者单位、出版年份等。

每个字段都有一个用二位字母表示的代码，字段和检索对应表6-1。

检索时，可利用前缀或后缀形式的字段代码，对检索词、检索式或代表检索步骤的检索步号的查找区域加以限定。

表6-1 字段限定检索

分类	字段	代码
表示文献内容特征的主题索引	题目	TI
	文摘	AB
	叙词	DE
	标识词	ID
表示文献外部特征的内容索引	作者	AU
	期刊名称	JN
	出版国家	CO
	语种	LA
	作者单位	CS
	出版年份	PY

（4）截词检索：也称词干检索或字符屏蔽检索，是一种以给定词干做检索词，查找含有该词干的全部记录的方法。截词检索的优点在于可扩大检索范围、提高查全率、减少检索词输入量和节省检索时间。

按截断的位置不同，截断可分为后截断、前截断、中截断三种类型，也就是在单词的头部、中间、尾部进行截词。

截词符号分为无限截词符“*”和有限截词符“？”：

无限截词符代表 0- 多个字母，例如输入 chem* 后，可得到 chemical、chemist、chemistry 等。

有限截词符代表 1 个字母，例如输入 compute？，得到 computer。

根据不同截词符的运用，截词检索的方式可以分为有限截词、中间截词和无限截词。

有限截词主要用于词的单、复数，动词的词尾变化等，输入时将“n”个截词符放在检索词的词干或词尾可能变化的位置上。

中间截词通常仅允许输入有限截词符，主要用于英、美拼写或单、复数拼写不同的词，例如输入 wom?n，得到 woman 和 women。

无限截词，即截去某个词的尾部，是词的前方一致比较，也称前方一致检索。例如，comput* 可检索出 computer、computing、computers、computering、computeriation 等词的记录。

5. 分析、修改

查找、检索出相关文献并分析检索结果，以及对检索式进行反馈修改。

以上就是文献检索步骤的全部流程，另外在检索过程中也离不开检索工具的应用。

第三节　医学文献计算机检索

一、分析、拆分检索课题

首先，我们将需要检索的课题通过 PICOS 模式拆分成几个部分。所谓 PICOS 是循证医学中的一个原则，包含以下五个部分。

研究对象（Participants/Population）

干预措施（Intervention）

对照 / 比较措施（Comparison）

结局指标（Outcome）

研究类型（Study）

举例：安罗替尼对比舒尼替尼治疗晚期肾细胞癌的随机对照研究。此课题可拆分成以下几部分。P：晚期肾细胞癌；I：安罗替尼；C：舒尼替尼；S：随机对照研究。

在实际检索过程中，多数课题只需针对 P（研究对象）、I（干预措施）和 S（研究类型）进行检索即可。当检索出的结果过多，需要缩小范围时，可以补全 C（对照）和 O（结局）。

二、明确检索要求，选择合适的数据库

检索要求是指你希望检索文献的种类，比如，国内还是国外的文献，类型是期刊、图书、会议论文还是学位论文。有了明确的目标后，选择合适的数据库进行检索。如果是国内的文献，常用的数据库是中国生物医学文献数据库 CBM、中国期刊全文数据库、CNKI、万方等；如果要检索英文文献，可以选择 Pubmed、Embase 等。

三、确定检索词

检索词包括主题词和自由词。主题词，英文是 Medical Subject Headings，医学主题词表，简称 MeSH。主题词是数据库官方指定的检索词，其对文献中出现同一概念的书写形式等进行严格的控制和规范。而自由词则是我们自己制定的检索词，是主题词的同义词、近义词、口头表达、习惯称呼、缩写等。

MeSH 检索实现了标引和检索的沟通，提高了检准率和检全率，但无法检测到最新的未标引 MeSH 的文献。为了保证搜索全面，可在 MeSH 检索的基础上进行自由词检索。

四、制定和调整检索策略

检索策略是指检索词与各运算符组配成的表达式。在制定检索策略时，要灵活运用布尔逻辑算符、位置算符、截词符等来制定检索表达式。在文献检索中，常常会出现文献结果过少或过多，检索结果不能达到检索要求，这时需要调整检索策略，有时需要反复多次调整才能获得满意的检索结果。

五、检索文献、结果导出及管理

根据制定好的检索策略，对相应的数据库进行检索，得到检索结果后，浏览文献的标题和摘要，选出可能相关或肯定相关的文献导出。如果检索文献量较大，可以借助 endnote 或其他的文献管理软件，对标题或摘要信息进行浏览、去重、筛选和排序等，以提高文献管理效率，最终确定哪些是我们需要的文献。另外，我们可以通过期刊杂志的影响因子来估计其刊登文章的可信程度。

最后，就是将我们筛选出的相关文献仔细研读。笔者的习惯是按照中文综述—中文论文—英文综述—英文论文的顺序进行由浅入深的阅读。当然，如果你已经对相关领域有一定的了解，也可以跳过中文的部分直接去阅读英文文献。

第四节　医学临床科研常备的文献数据库

医学临床科研常备的文献数据库对于医学行业的发展十分重要，现将目前常用的医学文献数据库予以介绍说明。

一、MEDLINE Complete 医学文献全文数据库（综合版）

MEDLINE Complete，是以 MEDLINE 为基础，搜集、整合其全文刊物而成的全文数据库。包含美国国立医学图书馆 MEDLINE 5 200 余种期刊索引文摘，近 960 万条文献记录。其中全文期刊数量超 2 200 种，SCI 期刊占比超过 59%，被 Scopus 收录的期刊占比为 97%，94% 为同行评审期刊，有影响因子的期刊占比为 70%。从学科上看，MEDLINE Complete 的期刊主题涵盖医学全部学科，包括儿科、内外科、肿瘤科、公共卫生、妇科、耳鼻喉科、药学、生命科学、生物工程等方面的内容。

二、IGI Medicine & Healthcare 医药与保健数据库

IGI Medicine & Healthcare 的主要内容为电子书。迄今为止，IGI Global 已出版了超过 5 900 多种参考工具书，出版物包括百科全书、教学案例、会议录等，涵盖 11 个学科领域。出版速度快，保证其出版的是领域内的最新研究。

IGI Medicine & Healthcare 包括 8 个核心主题，内容涉及辅助技术、生物信息学、生物医学技术、生物计量学、临床技术、电子医疗、医疗信息技术、远程医疗，新书紧跟业内热点，以医疗与信息科技的结合为主，如智慧医疗、云计算在医疗领域的应用、生物信息大数据等。

三、JoVE 实验视频期刊数据库

JoVE 实验视频期刊（Journal of Visualized Experiments）是致力以视频方式展现生物学、医学、化学、物理等学科领域研究过程与成果的实验视频期刊，同时也是 100% 经同行评审，并被 PubMed、MEDLINE、SCI、Scopus、ChemAbstracts、SciFinder 收录索引的视频数据库。JoVE 每月出版一期，每期约 80 个视频（每个视频配有 1 篇文章），视频每日更新，TA 的数据主要来源于哈佛大学、麻省理工学院等世界著名高校及学术研究机构实验室的 16 000 名作者，收录了自 2006 年至今的超过 16 000 多名作者的超过 12 000 个视频，每个视频均配有一篇文献，这些机构的学者同时也在利用 JoVE 进行科研工作。

与大多数以结论为导向的传统期刊不同，JoVE 专注于通过视频还原科

学实验的完整过程，同时非常注重科学实验的应用性，不仅发表前沿科研成果，同时也关注经典实验方案的再现及新应用。

四、DynaMed Plus 临床决策支持工具

这个数据库专为忙碌的医务人员设计，基于循证医学、关注特定主题，快速给出答案，是每日更新数次以上的循证医学（EBM）主题评论数据库。数据库内容从 500 多种医学期刊中萃取而成，由医师团队整合临床证据并提供客观分析，并以条列式的总摘要形式呈现，是临床医护人员便捷可靠的循证参考工具。DynaMed Plus 数据库学科覆盖广，包含 6 000 余个医学主题，涉及大部分科别专业。

采用国际 GRADE 实证医学证据评比系统来提供临床建议，包含近 4 500 种医学图片与影像，其中 1 000 余种来自 ACP(美国内科医师学会)，每个主题都提供相关全球临床指南，例如国际指南、美国指南、欧洲指南、亚洲指南、中南美指南、中东指南等。

在使用上，如以青光眼为例进行检索，即可获得背景、病理、诊断治疗建议等图文系统介绍。

五、CHKD 中国医院知识总库

《中国医院知识总库 (CHKD)》是专门针对医务人员临床疑难病症诊断治疗，医学科研项目选题、设计、撰写论文、成果鉴定，管理决策，医院科技项目查新和科研绩效评价，医务人员继续医学教育等多方面的知识信息需要，开发的专业化知识资源总库。

《中国医院知识总库 (CHKD)》经国家新闻出版署批准，由中国知网编辑出版与发行。国内刊号：CN 11-9250/R，国际刊号：ISSN 1671-6736。

CHKD 总库平台配备了中国知网研制的、具有国际先进水平的数据库检索和管理系统，支持全方位的检索条件，并具有强大的数据统计分析和评价功能。CHKD 总库与 PubMed 外文医学文献平台实现统一检索，便捷且有效地满足了读者一站式获取各类医学文献信息资源的需求。

六、中国知网临床诊疗知识库

中国知网临床诊疗知识库，包含疾病、药品、检查、检验、护理等临床

诊疗知识；指南、临床路径等国家行业标准；包括知识查询、知识链接、知识导航、知识关联等知识获取功能。知识库精选全国大中型医院疑难病、罕见病等典型病例知识 40 多万例，还有国家颁布临床指南 10 000 多篇，以及 800 多种社区常用药品用药知识。

七、WHKBD 世界医卫知识大数据

世界医卫知识大数据是中国知网利用网络出版、转载和搜索服务等著作权运营机制，运用结构化与碎片化处理、专业标引、知识体系化组织、知识关联挖掘、智能检索、智能翻译等信息技术，全面、高速、深度凝聚国内外医药卫生领域资源的整合传播平台。

WHKBD 与全球 65 个国家及地区，500 余家医药卫生保健领域的出版机构建立合作关系，收录专业期刊、会议论文、专著、学位论文、报纸文献、研究报告、专利、标准（规范、指南、共识）、年鉴、法律法规、实验视频、专业辞典、医学图谱、药品、疾病、中药材、方剂、专家信息等各种知识类型。内容涉及基础医学、临床医学、公共卫生与预防医学、中西医结合、药学、特种医学、护理等医学所有学科领域，总文献量 6 400 万篇，年更新量 270 万篇以上。

八、中国生物医学文献数据库（CBM）

由中国医学科学院医学信息研究所开发研制。收录 1978 年以来 1 600 多种中国生物医学期刊，以及汇编、会议论文的文献题录，年增长量 40 余万篇，数据总量达 350 余万篇。学科范围涉及基础、临床、预防学等生物医学的各个领域。

CBM 注重数据的规范化处理和知识管理，全部题录均根据美国国立医学图书馆最新版《医学主题词表》、中国中医研究院中医药信息研究所《中国中医药学主题词表》等进行主题标引和分类标引。此外，检索系统与 PubMed 具有良好兼容性：CBM 检索系统 (CBMWEB) 具有检索入口多，检索方式灵活，以及主题、分类、期刊、作者等多种词表辅助查询功能，可满足简单检索和复杂检索的需求，与 PubMed 具有良好兼容性，可获得良好的查全率和查准率。

第七章　医学图书中的著作权

第一节　著作权概述

一、关于著作权及著作权人

著作权，又称版权，是指文学、艺术和科学作品的作者及其他著作权人依据著作权法对其作品所享有的各项权利的总称。

狭义的著作权是指自然人、法人或者非法人组织对文学、艺术和科学作品依法享有的人身权和财产权的总称。

广义的著作权还包括邻接权，即作品传播者因传播作品而享有的专有权利。

著作权人包括作者、其他依照著作权法享有著作权的自然人、法人或者非法人组织。

二、著作权包括的相应权利

著作权包括下列人身权和财产权：

（1）发表权，即决定作品是否公之于众的权利。

（2）署名权，即表明作者身份，在作品上署名的权利。

（3）修改权，即修改或者授权他人修改作品的权利。

（4）保护作品完整权，即保护作品不受歪曲、篡改的权利。

（5）复制权，即以印刷、复印、拓印、录音、录像、翻录、翻拍、数字化等方式将作品制作一份或者多份的权利。

（6）发行权，即以出售或者赠予方式向公众提供作品的原件或者复制件的权利。

（7）出租权，即有偿许可他人临时使用视听作品、计算机软件的原件或者复制件的权利，计算机软件不是出租的主要标的时除外。

（8）展览权，即公开陈列美术作品、摄影作品的原件或者复制件的权利。

（9）表演权，即公开表演作品，以及用各种手段公开播送作品的表演的权利。

（10）放映权，即通过放映机、幻灯机等技术设备公开再现美术、摄影、视听作品等的权利。

（11）广播权，即以有线或者无线方式公开传播或者转播作品，以及通过扩音器或者其他传送符号、声音、图像的类似工具向公众传播广播的作品的权利，但不包括本款第十二项规定的权利。

（12）信息网络传播权，即以有线或者无线方式向公众提供，使公众可以在其选定的时间和地点获得作品的权利。

（13）摄制权，即以摄制视听作品的方法将作品固定在载体上的权利。

（14）改编权，即改变作品，创作出具有独创性的新作品的权利。

（15）翻译权，即将作品从一种语言文字转换成另一种语言文字的权利。

（16）汇编权，即将作品或者作品的片段通过选择或者编排，汇集成新作品的权利。

（17）应当由著作权人享有的其他权利。

三、著作权侵权行为

（1）未经著作权人许可，发表其作品的。

（2）未经合作作者许可，将与他人合作创作的作品当作自己单独创作的作品发表的。

（3）没有参加创作，为谋取个人名利，在他人作品上署名的。

（4）歪曲、篡改他人作品的。

（5）剽窃他人作品的。

（6）未经著作权人许可，以展览、摄制视听作品的方法使用作品，或者以改编、翻译、注释等方式使用作品的，著作权法另有规定的除外。

（7）使用他人作品，应当支付报酬而未支付的。

（8）未经视听作品、计算机软件、录音录像制品的著作权人、表演者或者录音录像制作者许可，出租其作品或者录音录像制品的原件或者复制件的，著作权法另有规定的除外。

（9）未经出版者许可，使用其出版的图书、期刊的版式设计的。

（10）未经表演者许可，从现场直播或者公开传送其现场表演，或者录制其表演的。

（11）其他侵犯著作权以及与著作权有关的权利的行为。

四、关于作品

作品是指文学、艺术和科学领域内具有独创性并能以一定形式表现的智力成果，包括：

（1）文字作品。

（2）口述作品。

（3）音乐、戏剧、曲艺、舞蹈、杂技艺术作品。

（4）美术、建筑作品。

（5）摄影作品。

（6）视听作品。

（7）工程设计图、产品设计图、地图、示意图等图形作品和模型作品。

（8）计算机软件。

（9）符合作品特征的其他智力成果。

五、各类作品著作权的保护期

（1）作者的署名权、修改权、保护作品完整权的保护期不受限制。

（2）自然人的作品，其发表权的保护期为作者终生及其死亡后五十年，截止于作者死亡后第五十年的 12 月 31 日；如果是合作作品，截止于最后死亡的作者死亡后第五十年的 12 月 31 日。

（3）法人或者非法人组织的作品、著作权（署名权除外）由法人或者非法人组织享有的职务作品，其发表权的保护期为五十年，截止于作品创作完成后第五十年的 12 月 31 日。

（4）视听作品，其发表权的保护期为五十年，截止于作品创作完成后第五十年的 12 月 31 日。

六、著作权的特征

（1）具有知识产权的共同特征，包括专有性、地域性、时间性和客体的无形性。

（2）权利的自动产生，著作权自作品创作完成时产生著作权。

（3）权利内容的双重性，著作权包括人身权与财产权的双重内容。

（4）著作权的客体是文学、艺术和科学领域内具有独创性并能以一定形式表现的智力成果。

（5）著作权的主体包括自然人、法人和非法人组织。

第二节　医学著作编写出版中的著作权问题

一、著作权及著作权保护

我国的著作权法规定，作者对其作品享有著作权，其中署名权、修改权和保护作品完整权受永久保护；作品发表、复制、发行、改编、翻译、汇编等权利，对于自然人，保护期限为作者终生及死后50年，对于法人和其他组织的作品，保护期限为50年。著作权保护作品的表现形式，不保护作品的思想观点和反映的事实。

图书出版是发表著作和传播知识的重要渠道，由于出版者在作品的编辑加工、出版过程中付出了智力劳动，因而其利益也应受到保护，这属于著作权的邻接权，称为出版者权。著作权法规定，图书出版者对著作权人交付出版的作品，在合同约定期限内享有专有出版权，第三人如果出版了该图书，属于侵权行为。除文字内容外，书籍的版式、装帧设计也受到保护，出版者有权许可或禁止他人使用，保护期为10年。

为促进知识的传播和社会文化的发展提高，著作权法规定了可以对作品合理使用和法定许可使用的若干情况。

编写医学书籍，其内容要严格遵循医学理论、规则及临床或实验的事实及结论，不允许作者在实质性的内容上有过多的发挥，即使对于由第一手资料写作的著述，也不可避免地要引用已有的资料。如何在出版过程中遵守著作权法，既尊重作者和出版者的劳动成果，又能合理使用已有的资料，完善其新的作品，是每一个作者和编辑、出版人员都应注意的问题。

二、作者应避免的侵权行为

1．擅自更改署名

多人合著的医学著作，一般都有主编，负责该书编写和出版的主要责任。主编为了图书体系的完整，有时将两人或几人所写的章节删改合并，或者将原来的一部分分为几部分，因而擅自将独立的署名合并署名或将合作的作者分开署名。有时为了署名格式的统一，将原来署名在节后面的统一改为在章后面，或者将章节后的署名去掉，全部署在书的扉页上。主编经过作者的同意对各位作者的稿件可以改动、合并或分开，或者要求作者按照主编的要求修改，但最后署名则要与作者充分协商，取得作者的同意。至于没有改动作品内容，仅仅改动署名的做法就更属于违反著作权法了。

2．未参与创作的人署名为作者

著作权法第十三条规定："没有参加创作的人不能成为合作作者。"如提出建议者、打字员、资料整理人员、经济资助者等，根据法律不能署名为作者。有时为了朋友情面，就把这些人员署名为作者。更有甚者，为了经济利益情愿让出钱的人在自己的作品上署名，这是典型的、违法的名与利的交换。另一种情况是，为了利用某些领导或专家的特殊地位扩大图书的影响而情愿让其在没有参加创作的作品上署名，也属于违反著作权法的行为。

3．在作品上不恰当地分类署名

科技图书一般由多位专家合作完成，有撰稿人、制图、提供图片、统计资料提供者等。在合作作品中，每位作者对各自创作的部分享有独立的著作权，应该根据实际情况分类署名。如果笼统地署名为参编人员，可能侵犯作者的著作权，独立使用时也容易有纠纷。图片创作者是图片资料的作者，可以独立享有著作权，可以独立署名。医学著作中的插图，如 CT 图、超声图、眼底图、各种腔镜的手术图等，这些资料凝结着医师的创造，属于著作权法保护的范畴。在作品中图片作者的署名可以作为合作作者共同署名，也可以独立在图片资料处署名。一般情况下，如果图片资料占整体作品的比例很小，可直接在图片处署名某某提供，在整体作品后则不再署名。如果图片资料是作品的主要内容，提供图片者就成为作品的主要创作者之一，也应该在整体作品上署名。

4．擅自摘录自己已经发表的作品

通常抄袭他人作品违法十分容易理解，但是说抄袭自己的作品也是违法的，可能会让人觉得不可思议。在编写医学著作过程中经常有这种情况，一作者将其在其他图书中独立完成的章节稍做修改，理所当然地编入新的一部书稿中，认为是作者对其作品享有独立使用权的体现。但需要注意的是，在出版合同中一般会有一条：合同双方未经许可，不得允许第三方使用。如果违反约定，应当承担责任。例如，如果作者与出版社签订了有效期为 10 年的合同，在 10 年内书中每一位作者都不得允许第三方使用其作品。不得将书中的内容在杂志上刊登，不得编入其他图书中。作者自己抄袭自己的书稿编入第二本书中，即允许了第三方（第二家出版社）使用，属于违反合同法。但是，过了合同的有效期，或者合同中未做约定，作者可以单独把自己编写的章节编入其他图书中，这时抄袭自己作品的现象就属于正常了。

5．擅自修改作者的书稿

主编是一本书的组织者和主要完成者，并对图书的整体内容负责。如决定让谁写，怎么写，写什么，所以主编要对各位参加编写者的作品进行修改，以达到出版的要求。但是，作品的修改权利是作者的，主编没有对其他人作品的修改权利，主编对他人作品的修改必须征求原作者的同意。在实际工作中一定要注意，不能因为是主编，或与参编者是上下级或师生关系，而忽视了原作者的修改权利。主编不与参编者商量就对其作品删改、合并或更动署名，无论事实上主编改得比原稿好或差，都是有违著作权法的行为，都不影响侵权事实的成立，都不免除主编的侵权责任。

6．发表职务作品未经单位许可

有些图书是职务作品，如医学教材或单位集体研究课题总结的专著，出版此类图书而未经过单位许可，有可能泄露单位的技术或商业秘密，因而也构成违法。

三、出版者应避免的侵权行为

1．修改失当

著作权法第三十三条规定：“图书出版者经作者许可，可以对作品修改、删节。报社、期刊社可以对作品作文字性修改、删节。对内容的修改，应当经作者许可。”

在医学著作出版过程中，一般作者提供的稿件都要经过出版者的修改加工。出版者对作品修改是法律赋予的责任，修改的目的是使作品内容更符合社会与读者的需要。如果出版者不认真审读、修改作品，是对作者与社会不负责任的表现。即使出版《毛泽东选集》《邓小平文选》这类领导人的作品，国家也专门成立一个组织，来负责修改整理。所以，出版者有义务修改作品。

但是，著作权法规定，著作权人对作品享有发表权、署名权、修改权、保护作品完整权等。著作权法第十条中“修改权，即修改或者授予他人修改作品的权利”规定了修改权是作者的。从法律条文即可以看出，出版者的修改权处于从属地位，要经过作者授权，即“经作者许可”。一般在出版过程中，为了简化手续，出版者对全部书稿进行审读、修改，需要大的删节交作者完成，小的修改出版者自已完成。如果出版者的修改意见得不到作者的认同，出版者有权决定不予出版，但没有权利把自己的意见强加于作者。

如果出版者没有将修改稿交给作者审读，一旦著作出版后发现出版者修改的错误，出版者要负责任。即使没有错误，编辑修改得很好，删去一段文字，结构更合理了，如果作者不认同，出版者仍然负有侵犯作者修改权与保护作品完整权的责任。无论作者的水平高低，都对作品享有修改权与保护作品完整权。无论出版者的水平高低，对作品修改都要经过作者许可。所以，为了避免纠纷，每部著作定稿出版前要经作者签字后印刷。

2. 签订无效合同

合同的主体不合法、内容不合法、显失公平、有欺诈行为等合同为无效合同。如果签订了无效合同而作品得以出版，出版者不经意就违法了。

（1）合同主体资格不合法：一般情况下，合同签订人出版者是其法人代表，作者是主编所代表的著作权人，一旦主编不能代表著作权人，签订的出版合同就是无效合同。

以下情况主编与出版社签订的合同为无效合同：①主编不是著作权人，如职务作品（当然，单位若委托主编行使著作权，职务作品的主编与出版社签订的出版合同即为有效合同）。如果主编是著作权人，主编委托他人代理签订合同，代理人没有主编的委托书，代理人签订的合同也是无效合同；②主编将著作权转让或赠予他人，著作权人是合法获得著作权的公民或单位。尤其是目前的图书工作室或文化公司甚多，有些书商从作者手中合法地得到书稿，与作者签订合同，再与出版者签订出版合同，作品署名主编，但主编不拥有作品的其他著作权。因此，出版者商谈或签订合同时一定要了解作品的真正的著作权人是谁，不能简单地认为主编就是著作权人而与主编签订合同。

（2）合同条件显失公平：在使用国家标准格式合同的情况下，合同内容违法的情况一般没有，但目前在作者包销一部分图书的情况下，有些合同显失公平。例如，销售折扣极高或极低就可以认为是显失公平。因为即使是包销图书，也应该享受批发价格。为什么折扣会失常呢？新书常规的批发价格一般为 65% 左右，为什么批发给作者的折扣要更低或更高呢？这类合同如果严格追究起来，可能会被认定为显失公平的无效合同。到底什么情况属于显失公平，目前尚缺乏法定标准，但出版者要加以注意。

3．抄袭他人的版式

近年来出版社对图书的版式越来越重视，引进了专门的版式设计人员。图书的版式是美术编辑创作的成果，增加了图书的整体美，对促进图书的销售起到了不可低估的作用，理应受到保护。著作权法第三十五条规定："出版者有权许可或者禁止他人使用其出版的图书、期刊的版式设计。"这是著作权法保护著作权邻接权的内容。因此，出版者也要注意，随意使用他人的版式也是违反著作权法的侵权行为。

第八章　医学图书中的数字出版

第一节　概　　述

《中华人民共和国国民经济和社会发展第十四个五年规划和2035年远景目标纲要》指出："实施文化产业数字化战略，加快发展新型文化企业、文化业态、文化消费模式，壮大数字创意、网络视听、数字出版、数字娱乐、线上演播等产业。"出版业是文化产业的重要组成部分，近年来，新一代信息技术在出版领域的广泛应用，为出版业带来了深刻变革：催生新的出版业态和生态，推动数字出版内容与服务创新升级，促进出版业迈入高质量发展阶段。

近十年来，出版业发展整体向好，产业规模日益增长，出版结构布局日趋合理，营业收入呈现持续增长态势。目前，各出版企业积极推动出版物与新技术的融合应用，不断探索适应数字时代的新型产品和服务，电子书、有声书、数据库、数字期刊、AR/VR内容等众多数字融合产品和数字化出版物在市场上凸显影响力。

数字化转型是出版业实现高质量发展的必由之路。基于出版业转型发展的迫切需求和必要性，结合国内外出版企业在长期发展过程中积累的实践经验，政府、行业和企业应尽快出台相关政策或采取更多有效措施，加速推进出版业数字化转型，推动出版业高质量发展。

第二节　二维码在医学著作中的应用

随着信息科技的发展，条形码的发展已由一维码向二维码的方向发展。在传统意义上，这是一项重大的突破。在图书上印刷二维码，来展示图书配套的电子资源，具有扩大图书的使用功能，降低图书生产成本，利用新媒体进行营销推广，对读者的阅读行为进行跟踪统计等优势。在临床医学著作的编写、出版中，二维码的应用更加独具优势。

一、二维码简介

二维码（two-dimensional code）是用某种特定的几何图形按一定规律在平面（二维方向上）分布的黑白相间的图形来记录数据符号信息的。在代码编制上，它巧妙地利用构成计算机内部逻辑基础的“0”“1”比特流的概念，使用若干个与二进制相对应的几何形体来表示文字数值信息，通过图像输入设备或光电扫描设备自动识读以实现信息自动处理。二维码具有信息容量大，编码范围广，保密、防伪性能好，译码可靠性高，修正错误能力强，容易制作且成本很低，条码符号的形状可变等特性。

二维码生成并不是一件复杂的事，甚至每个人都可以通过网页二维码生成器自行设计二维码内容，包括视频、音频、动画和信息链接等。二维码生成步骤及方法：①整理要生成二维码进行传播的资料信息；②打开文本编辑器；③选择生成二维码类型；④将整理好的电子文本内容复制、粘贴到二维码软件的文本编辑器中；⑤点击生成按钮，便生成所需要的二维码。

二、二维码在出版领域的应用

在出版领域，中国轻工业出版社 2010 年出版的《骑车游北京》最早在书中大量印制二维码。该书通过使用二维码技术将网络中大量的视频、音频、地图、导游文字与图书内容中介绍的经典旅游路线链接起来，让纸质图书的内容更加丰富，同时也可以更好地宣传图书，让读者更好地了解图书产品。作为记录信息的新一代条码技术，二维码开辟了提供多样而丰富信息的捷径。

人民卫生出版社 2015 年首次尝试在《腹腔镜胃癌根治性淋巴结清扫技术》（第 2 版）一书中使用二维码，技术人员首先在主编的指导下预先对经典完整的手术视频进行碎片化处理，然后将手术的操作视频片段预先存储到服务器，把生成的二维码地址插入图书正文需要的位置，以便读者在阅读图书的同时可以通过移动终端扫码观看视频。该书的出版首次实现了医学纸质参考书的富媒体化。科学技术文献出版社 2016 年也在出版的《初中级养老护理员实务必读》一书中，将“带鼻饲管老年人的进食照料”等 31 项护理操作技术视频生成二维码，读者可以对照操作步骤扫描二维码观看视频，十分方便，也便于记忆。

三、二维码在医学著作中应用的注意事项

1. 二维码不能替代图书的文字内容

虽然二维码技术应用于传统纸书越来越普遍，但二维码只是对纸书的有益补充，在某种意义上是对传统纸书的一种“隐性扩版”，并不能减少纸书的编辑、出版环节，更不能代替纸书。如《初中级养老护理员实务必读》一书中，将护理操作技术视频生成二维码，便于读者观看和记忆，但具体操作步骤的文字叙述并不能少，否则，就失去了图书的学习功能，读者也会因为没有文字介绍而影响学习和理解。

2. 使用二维码要规范

二维码生成和编辑、印刷都是很简单的事，也许正因为简单，有的作者和出版社在图书中使用二维码不够规范，对视频、音频和动画内容没有列入图书编辑的环节进行严格的审核，特别是有的图书使用了大量社会免费网站上传的视频，一段时间后，因容量太大被网站删除或关闭，造成读者买了书扫描二维码看不到视频，这种情况应视为严重的出版事故。因此，在医学著作中应用二维码时，作者和出版社都应该严格把关，不仅在内容上，还要在视频资料的链接上，保证在一定的年限内链接稳定，不能出现链接失效的情况。

3. 避免二维码链接资料的侵权

责任编辑应提醒作者著作权问题。二维码的内容一般是由作者提供的，其中有一些原创内容，如果公开虽然可以方便读者使用，但也可以使一些人用很低的价格甚至免费得到这样的资源。责任编辑应提醒作者注意保护自己和相关人员的著作权，重要技术关键点、数据、图纸等放在二维码上要慎重，防止发生不必要的法律纠纷和泄露商业秘密。此外，还应该注意二维码链接的内容不可出现侵害版权、肖像权、商标的内容；不可有涉及政治、宗教、反动、淫秽或侵害国家主权的内容；二维码所负载的音视频内容，不可有夸大或是不正确的讲解或演示等。

4. 防止二维码在医学著作中的乱用

二维码在医学著作中的作用毋庸置疑，但绝不是越多越好，不管是作者，还是出版社，在医学著作中使用二维码时都应持谨慎、认真的态度，作者和

出版社都不能把与图书内容关系不大的二维码随意加在书中，以保证医学著作的严肃性。

第三节　AIGC 时代医学图书的编写

人工智能生成内容（artificial intelligence generated content，AIGC）是人工智能领域中的一个重要分支。AIGC 即 AI 生成内容技术，包括 AI 人工智能 +GC 通用计算技术两大基础模块，是继专业生产内容（PGC）、用户生产内容（UGC）后产生的新型内容生产方式，是一种基于人工智能自动化生成语言文本、视觉图像、音频视频等多模块的技术。

一、AIGC 的概念

AIGC 指利用人工智能技术生成内容的新型生产方式，是相对专业生成内容（professional generated content，PGC）、用户生成内容（user generated content，UGC）而提出的概念，如 AI 作曲、AI 绘画、AI 写作等都属于 AIGC 的分支。AIGC 使用的技术主要包括机器学习、自然语言处理等，通过学习大量已有的文本、音频、图像等数据集，进而生成新的内容，其所生成的内容与人类创作的内容极为相似。AIGC 伴随计算机技术和人工智能技术的发展而不断发展完善。

二、AIGC 发展历程

早在 1957 年，莱杰伦 · 希勒和伦纳德 · 艾萨克森就通过将计算机程序中的控制变量换成音符，完成了历史上首支由计算机创作的音乐作品——Illiac Suite。但早期的 AIGC 只能依照指定的模板或规则进行简单的内容制作与输出，并不具备学习能力，也不能理解数据，无法灵活地生成内容。

2006 年，杰弗里 · 辛顿提出深度信念网络概念，深度学习算法取得突破，加上此时计算机设备算力提升，互联网数据膨胀提供海量训练数据，因此人工智能发展取得显著进步。但此时的 AIGC 仍受限于算法技术，创作能力有限且效果不佳，未能获得广泛应用。

2007 年，世界上首本完全由人工智能创作的小说 *The Road* 问世，但其整体可读性不强，存在拼写错误、辞藻空洞、缺乏逻辑等缺点。

自2012年起，深度学习时代到来，卷积神经网络、变分自编码器、生成式对抗网络、强化学习、流模型、扩散模型等深度学习算法的出现和应用，使得人工智能的学习能力和生成能力迅速提升。

2016年后，深度残差网络和Transformer大模型等深度神经网络的结构升级，使得模型参数量从数万升级到数千亿，深度学习网络层数从几层发展到成百上千层，模型规模的量变引起能力上的质变，高质量的文本、优美灵动的曲调、超高清晰度的图片和视频等内容的智能生成成为现实。

2022年被称为AIGC技术发展元年，2022年11月，OpenAI推出了基于Transformer大模型的人工智能聊天机器人程序ChatGPT（Chat Generative Pre-trained Transformer，即生成型预训练变换模型）。它是一个专注于对话生成的大型语言模型，能够与人即时对话，并自动生成流畅、连贯的自然语言文本。ChatGPT一经上线便引起大量关注，开放试用的短短几天就吸引了100万互联网用户，推出两个月后其月活跃用户数过亿。从回答简单问题到写诗、写故事、写程序，从语言翻译到文本归纳总结，从行业分析到撰写商业计划书，不论是用中文、英文还是用其他语言表达，ChatGPT几乎无所不能。ChatGPT再度引燃了人们对AIGC的关注热情，其出现以来相关讨论层出不穷。从简单到复杂、从量变到质变，虽然现今的AIGC离理想中的通用人工智能还有一定差距，但是无疑已经迈出重要一步。

三、AIGC在图书出版中的应用探讨

与人工智能相比，AIGC在数据挖掘、机器学习、自然语言处理等技术的基础上，更注重应用场景的特定性，能通过针对特定领域的深入学习和优化，实现更高效、更准确的数据分析、决策支持和智能服务。

1. 在图书选题策划中的应用

在图书选题策划环节，AIGC技术可以帮助出版社和编辑有针对性地对市场需求进行分析和预测，以更好地把握市场趋势和读者阅读需求，为图书选题策划提供参考。

（1）编辑可通过AIGC技术分析社交媒体、搜索引擎、图书评论、图书销售数据等大数据，快速发现当前热门的图书话题，获取有关某一类图书的需求量、市场容量、竞争情况等信息，并自动生成文本、图表等可视化内容以供参考。

（2）出版社可以利用 AIGC 技术分析和预测读者的特征和偏好，包括年龄、性别、教育水平、兴趣爱好等，自动生成读者画像，从而确定图书的目标读者。

（3）出版社和编辑可以通过自然语言处理技术，对历史图书的内容进行分析和比较，挖掘出与当前市场需求相符的主题和话题。

（4）出版社可以利用 AIGC 技术比较同类图书的市场表现和销售情况，如销售额、评价指数等，生成同类图书的优缺点分析报告，以便更好地制订图书营销策略。

（5）AIGC 可以通过对大量的文本数据进行学习和分析，自动生成潜在的主题和创意，作者和编辑可据此拓展思路，增强图书选题的创意性和多样性。

2. 在图书组稿和内容创作中的应用

在图书组稿环节，出版社和编辑可以利用 AIGC 技术来寻找合适的作者，如分析读者的购买历史和购买偏好，利用推荐算法为其推荐适合的作者；通过联网直接搜索潜在作者的背景信息，包括教育背景、工作经历、专业领域等，自动生成其背景调查报告；挖掘社交媒体、博客、网站等平台上的信息，分析潜在作者的知名度、影响力和粉丝数量等，以评估作者的潜在市场价值；分析潜在作者的写作风格、主题偏好、写作文笔等，以了解作者的文学风格和写作特点；等等。AIGC 可通过自然语言生成模型对大量文本进行学习和分析，自动生成图书内容的各个组成部分，包括章节、段落、句子等，或者为图书的内容创作提供灵感和素材。通过 AIGC 的自动化生成，图书的内容创作可以更加高效，从而缩减图书出版周期，降低出版成本。同时，AIGC 也可以在一定程度上增强图书内容的创新性和个性化，使读者更容易接受。此外，AIGC 还可以在图书创作过程中提供实时的语言纠错和写作风格建议，帮助作者减少写作错误和提高文本质量。

3. 在图书编辑加工和审校中的应用

编辑加工和审校是图书出版过程中的重要环节，需要耗费大量的时间和人力。一些自动化工具，如黑马校对软件、方正智能辅助审校系统等已经应用于字词、标点、敏感词、知识、格式、逻辑等方面的辅助审校，在一定程度上提高了图书编辑加工和审校的工作效率和编校质量。AIGC 的发展大大提高了人工智能的语义分析和上下文联系能力，知识库构建更完善，能够与互联网实时连接的 AIGC 将能够做到智能判断各类知识点的正误或存疑情况，其将在深层语法、语义逻辑等方面为编校人员提供更有益的参考。另外，AIGC 能有效识别符号公式和插图表格等，以及有效处理大小写、正斜体、角标等格式规范问题，这可帮助编辑高效完成理工科类专业书籍或中小学理科教辅图书的编校加工。

4. 在图书美术设计中的应用

图书的美术设计是吸引读者注意的重要因素之一，AI 绘图工具比 ChatGPT 更早引起大众关注，目前已有不少此类 AIGC 工具。例如，谷歌的 AutoDraw 可以根据用户的手绘图形自动识别并替换成更美观的图形。另外，还有 Midjourney、Stable Diffusion、DALL-E2、NovelAI 等工具，能够根据用户的简单文字描述自动生成或真实或具有想象力的图片。此外，AIGC 可通过对大量已出版的图书封面和插图进行学习和分析，自动识别各种元素之间的关系，如颜色、形状、文字、图片等，进而分析市场需求和读者偏好，生成更具吸引力的图书封面和插图。

5. 在图书营销中的应用

AIGC 技术的使用可以进一步实现营销的精确性。首先，AIGC 技术是基于对用户阅读历史、兴趣和行为模式的大数据分析，不断改进数据库。围绕用户喜好，数字出版可以更准确地推荐符合用户偏好的数字出版物，提高用户体验、参与度和读者满意度，增强出版物的推广效果，促进销售和订阅。其次，通过人工智能对大量出版数据的分析，AIGC 技术可以利用这些数据为编辑提供洞察和见解，帮助出版商了解读者需求和市场趋势，更好地做出相应的营销战略决策。

6. 数字出版物的保存与更新

AIGC 技术可以利用云存储服务和数据库管理系统存储数字出版物。这种方法可以提供可扩展的存储容量、强大的数据冗余和备份机制，以及灵活的访问控制，以确保数字出版物的安全性和可靠性。为了保护数字出版物的版权，AIGC 技术可以使用数字水印技术在数字出版物中嵌入唯一的标识信息，从而提供版权保护并防止非法传播，保护出版物的数据安全。在更新出版物内容方面，AIGC 技术可以定期自动扫描数字出版物的来源数据和相关信息，如作者、标题、摘要等。当发布新版本或修订版本时，AIGC 可以自动更新这些信息，并将以前的版本替换或添加数字出版物的最新版本。

四、AIGC 应用于图书出版可能涉及的问题

AIGC 应用于图书出版可能涉及的问题主要有隐私保护、知识产权保护、算法歧视、信息准确度以及透明度。

第一，出版社应用 AIGC 需要访问和处理大量的用户数据和个人信息，这就涉及隐私保护的问题，如果未经充分授权和明确告知，用户的个人数据和隐私信息则可能被泄露或滥用。

第二，AIGC 应用于图书出版可能会涉及知识产权的保护问题，如在数据挖掘阶段存在合理使用风险，在内容生成阶段存在可版权性和版权归属风险，在内容生成后的使用阶段存在流转风险与侵权风险。

第三，由于 AIGC 的学习和决策是基于数据的，如果数据本身存在偏差，算法也可能出现歧视，如出现价格歧视、性别歧视等，从而影响信息推荐和决策结果。

第四，AIGC 的训练数据库过于庞大，且多来自互联网，其中存在许多错误信息，因此其所生成的内容并不能保证准确无误，如果公众长期使用 AIGC 来获取信息而不加以仔细甄别，就容易导致错误信息传播更泛滥。

第五，由于算法透明度较低，其运行规律和因果逻辑难以解释，一旦出错则难以纠偏除误，且训练数据库过于庞大、参数过于复杂，也难以审核其训练原材料的公允性等因素，因此出版社应用 AIGC 进行的分析、决策可能不够客观和公正。

五、AIGC 技术带来的潜在伦理问题

AIGC 技术的应用中出现的伦理问题是研究中的重要话题之一。

1. 传播伦理——AIGC 的著作权归属与责任风险问题

随着人工智能的快速发展，一些法律专家和学者开始提出对 AI 自动生成的作品进行版权保护的讨论。目前，AI 已经能够创作出完整的内容生成作品，这一类 AIGC 作品的出圈，改变了传统的内容生产方式与规律，对原有的著作权制度产生了一定程度的冲击。

对于 AIGC 生成物版权归属的探讨，我们首先应明确这一生成物是否可以被称为“作品”，是否能够受法律保护与享有法律效益。根据著作权的一般原则，只要创作物符合创造性、原创性原则与其他作品产生差异化内容，

并具有自然人的创作因素（在自然人的参与下，符合人的意志，触动人的情感，并具有社会价值）的要求都可被视为作品并享有著作权保护。第一，在人工智能生成内容时，AI 可以通过学习总结规律生成新的内容，展现出一定程度的创造力。尽管这些内容是通过算法和模型生成的，但其结果可能是独特且具有创意的。第二，AIGC 通常是基于大量的输入数据进行训练，并在此基础上生成新的作品。即使人工智能从已有作品中学习，它也可以生成与之前作品不同的新作品，具备了原创性的特征。就人工智能发展的现有水平来看，尽管人工智能是通过算法和模型生成作品，但这些算法和模型往往是由人类设计、配置和训练的，人类在创作过程中起到了重要的角色。因此，人工智能生成的作品可以视为人类与机器的合作成果。

人工智能生成物的侵权问题随之带来了维权问题。AIGC 技术的快速发展远远超过了现存法律与法规的制定和适应能力。目前对于这一技术的法律保护尚不完善，相关法律框架和规范性文件还在不断探索和完善中，缺乏统一和明确的法律准则。侵权维权需要确凿的证据来证明侵权行为，而人工智能生成内容的过程往往是复杂且不完全可追溯的，证据收集和界定可能存在困难。另一方面，AIGC 创作物的快速复制和传播给维权工作带来了新的挑战。数字技术的加成使得复制和修改创作物变得轻而易举，这增加了寻找证据、追踪侵权行为的难度。由于互联网的跨国性质，不同国家和地区有不同的法律体系和司法程序，使得侵权维权变得更加复杂。

2. 文化伦理——生成内容的低质化与创意性

AIGC 技术可以从大规模的文本数据中学习，并生成出版物相关的内容。然而，这些数据的来源和可信性可能存在问题，导致生成的内容可能受到不可靠、偏见或错误信息的影响。AIGC 在理解和解释复杂的语义结构和上下文时可能存在困难，同时它无法理解和评估真实世界的信息，在处理复杂或歧义的问题时容易产生错误、误导或模棱两可的内容。这就使得出版物的品质和真实性难以保证。尽管人工智能能够模仿人类生成大量内容，但受制于技术限制，AIGC 生成的内容大多具有同质化与低创性，很难创造出真正的原创性内容。

3. 技术伦理——算法黑箱与算法歧视

算法黑箱是指那些在运行过程中难以理解和解释其内部运作原理的算法系统。这类算法通常由复杂的模型组成，如人工智能的深度学习神经网络，其内含的大规模训练数据和参数量与高度抽象的、难以理解的学习特征使得模型的决策过程变得更为复杂，而这一过程难以被人类完全理解和解释。算法歧视是指在算法设计或使用过程中，对某个特定群体或个体造成不公平待遇的情况。在 AIGC 开发过程中，缺乏来自不同文化、种族、性别、地理位置等多样性的参与可能导致模型无法充分理解和反映各种群体的需求和观点。在数据获取来源上，AIGC 训练数据往往来自互联网上的大规模数据集，这些数据集可能包含大量存在偏见和歧视的信息。如果模型在训练过程中未能正确处理这些信息，将影响其生成内容的中立性和公正性。在内容生成时，AIGC 可能会倾向于垂直生成符合主流文化、社会标准或特定群体喜好的内容，而忽略其他文化、种族、性别等群体的需求和多样性。这种偏好暗含对一些群体的歧视或排斥。

4. 行业伦理——价值选择与价值判断

自 AIGC 技术在各行各业广泛应用，人类越来越多地接触由智能机器人创作的内容，这一现状使出版人员陷入被边缘化的困境中。AIGC 的出现打破了原有出版物的生产规则，这是人类的工作被大规模替代的开始。使用 AIGC 技术可以减少对人工的需求，从而降低人力成本，出版公司可能更倾向于采用 AIGC 技术，以降低成本并提高效率。这可能导致一些传统上由人类完成的任务的职位变得不再那么稳定，打破了出版行业人才就业的生态平衡，造成严重的就业问题。

AIGC技术生成的内容可能导致人们失去创作和表达的自主性和控制权。由于机器生成的内容可以大规模且快速地产生，人的主体地位降低了。人工智能的大量应用，使得人们对于机器生成内容的接受度下降，同时也减弱了人类创作者在社会关系中的重要地位。尽管 AIGC 技术在数字出版领域有广泛应用，但人类编辑和专业人士的角色仍然至关重要。他们负责内容策划、编辑调整、人工校对等工作，保证出版物的质量和权威性。AIGC 技术应该被视为辅助工具，而非取代人类的创造力和专业知识。

更重要的是，对于人工智能技术的过度使用与依赖很可能导致人们失去独立思考、创造和创新的能力。如果人们过于依赖机器生成的内容，而不再努力提升自己的技能，就丧失了解决问题和应对挑战的能力，逐渐被机器所代替。出版行业是知识传播的引领者，不仅要充分彰显人文情怀，还要提高对社会价值的影响，对时代的发展有引领作用。

六、AIGC 在数字出版领域的规划路径

在数字出版领域，AIGC 的应用离不开专业人员的审核、校验与把关，在关键性问题上依然是使用者在做分析决策，而 AIGC 仅仅是协助的角色，由此可见人工智能和人类之间的合作模式将成为未来出版行业的一种趋势。因此，有效构建人机协同智能创作模式是出版领域创新发展的主流，能够更好地发挥人类与人工智能各自的优势。

1．环境规范

就AIGC的精准规划来说,环境规范是一个以国家为主导,涵盖行业组织、媒体、消费者大众与人工智能多主体的多元共同治理体系。首先，构建新的人机协同创作模式，国家通过政策支持、教育培训、研究合作、数据共享、法律法规和市场推广等多种手段,促进人机协同智能创作模式的发展和应用,推动艺术与科技的融合，促进创新创造，提升国家在智能创作领域的竞争力和影响力。

出版行业要建立人机协同创作的良好生态系统，促进作者、编辑、设计师与技术团队之间的紧密合作和协同创作。搭建创作平台和交流平台，提供资源共享和沟通互动的机会。同时出版行业应加强对原创作品的保护，行业共同制定相关政策和技术措施，防止未经授权的复制或盗用，确保这一模式的合法合规运行。

2．主体规范

在构建人机协同模式中重新定义人的地位至关重要。重视人类的独特性和创造力，强调人类的情感与共情能力，在智慧创作过程中赋予人更重要的角色，才能确保技术的发展符合人类利益和社会福祉。在这个人工智能越来越发达的时代，人就越要发挥自身的不可替代性，并适应新时代不断产生新定位。虽然 AIGC 技术可以自动生成内容，但结合人类的判断和优化能力，可以得到更好的产出。人类仍具有其独特的价值和作用。随着读者需求的变化和多样化，人类可以通过提供更个性化、深度和专业的内容来满足这一需求，这是机器人所不能做到的。构建人机平衡的道德伦理是实现人机协同智能创作模式可持续发展的重要前提。

3．实践规范

在技术的发展下实践规范要求我们不断建立健全数字化出版全产业链，

创新出版行业新的商业模式。AIGC 运行各个环节的负责人和开发者应提供对人机协同系统的透明度，让用户了解系统的工作原理、数据来源和生成过程。同时，明确责任界定，确保开发者对系统及其产生的内容负有相应责任。出版机构建立相应的学术问责，要求作者对 AIGC 负责，能够使人机协同模式得到更好的监督与管理，保护用户的权益并能促进社会的可持续发展。

4. 人才队伍建设

新的创作模式需要建设一支具备综合能力、创新思维和实践经验的人才队伍，推动人机协同智能创作模式的健康发展，为数字时代的创作和表达提供有力支持。相关机构可以设置相关专业或培训课程，培养人才的技术能力、创作能力和领域专业知识。同时，鼓励人文学科和科技领域的交叉学习和合作，促进多学科融合。人机协同智能创作涉及技术和艺术的结合。培养人才需要注重技术能力的提升，包括人工智能算法、数据分析、编程等方面的知识和技能。同时，也需要培养艺术素养和审美能力，使人才能够在创作中发挥创造性和表达能力。

第四节　医学数字出版中的 VR 应用

VR 技术很好地满足了医学数字出版对内容展现的直观、逼真程度的需要。鉴于 VR 技术所特有的沉浸性、交互性、情境性，其已成为医学出版行业关注的热点。引入 VR 技术，可以帮助用户节省场地、设备等硬件条件的投入，规避现实操作可能出现的意外风险，打破时空限制，实现不限时间不限地区的协作。

一、医学数字出版中的 VR 应用方向

在医学数字出版中，引入 VR 技术可以尝试的方向有很多。总体来看适合引入 VR 技术的主要产品方向可以有以下几类。

1. 医学知识的直观呈现

医学知识所涉及的内容，多数处于人体内部无法直观查看。而外在的致病因素，例如病原体、寄生虫等仅凭描述很难形成直观的认识。通过数字技术，逼真呈现医学专业知识是数字出版的主要任务。VR 技术的应用，可以让这些知识的呈现更加直观立体。如果结合 AR 技术，还可以与纸质出版实

现互联互通，在实现纸质出版物价值增值的同时，也让读者获得直观感受体验的途径更加便捷。

2．辅助再现医疗场景

医疗行为的实施离不开实际的医疗场景，特定的医疗场景也对医疗的过程存在一定的影响，一些特殊的医疗行为甚至与医疗场景密不可分。例如公共卫生和医疗救援，经常会面临各种不同的意外情况。通过 VR 技术，辅助再现各种医疗场景，结合场景的应用和处置，可以在医疗人员培养过程中发挥良好的作用。

3．辅助完成实操训练

借助 VR 的交互性特点，通过建立器械、人体、空间等的模型，建立这些模型的交互动作，结合一定的 VR 工具，实现与这些模型的交互。这种虚拟的实操训练，与传统的讲解操作过程或者观看操作视频相比，可以更好地帮助用户建立对这些实操的直观认识。如果在实操训练中加入考核或者模拟游戏，将会更有效地帮助完成训练过程，了解训练效果。

二、VR 产品策划面临的问题与应对

尽管潜在的产品研发方向有很多，产品可能带来的新体验和新功能优势也很明显，但是 VR 产品的研发和推广速度并不尽如人意。产品研发需要大量的资金投入，产品采购过程用户关注的也并不仅仅是新技术本身。

1．VR 设备

VR 产品必然有对 VR 硬件的需求，而 VR 硬件的实用性和普及率并不高。小型的纸质 VR 图书往往依靠附赠简易的 VR 眼镜来解决这样的问题。而大型软件型的 VR 产品，产品功能发展对硬件的依赖就更为明显。目前，VR 硬件生产商正在不断拓展硬件的更新，也许不久的将来，硬件将不再是 VR 产品发展的制约因素。当前阶段产品的研发显然还受制于硬件的发展速度。如果希望不依赖于硬件，那么研发依靠智能手机的 AR 产品而不是依赖 VR 硬件的 VR 产品，也许会是一种比较好的选择。

2. 用户需求

VR 产品一经推出，往往很容易抓住用户的眼球。新技术带来的全新体验有时也确实会成为促成购买的主要因素。但是在与产品目标用户深入沟通后会发现,用户真正关心的仍然是这种新科技到底能给他们带来什么实用的功能。

因此，产品的生命力仍然在于它能真正满足用户的实际需要，解决用户某一方面的实际问题。这一点并不会由于新科技的应用而发生改变。如果这一点没有做好，那么新科技的引入也只不过是一种不实用的噱头。

3．研发投入

与传统出版不同，VR 产品的研发过程需要大量资金的投入。这对于原本就背负艰难压力的数字出版而言会更举步维艰。同时，传统出版单位往往决策周期长，对新技术的敏感度不足，不利于 VR 产品的研发响应。未来的产品研发可探索更多合作模式的可能性，例如项目合作、股份合作等。

4．产品发展

合作模式解决了产品前期投入的问题，但是又会带来一个新的问题，就是在合作过程中如何把握产品方向的正确性和延续性。产品方向的正确性不仅包括产品内容质量的准确性，也包括与用户需求的吻合度。产品的延续性一般只在提供持续服务的产品中涉及，就是如何保持产品的迭代发展，在迭代的过程中始终面向既定的用户群体，不断满足既定用户群体的深入需要。

总之，由于 VR 技术应用于出版时间还不长，VR 技术还需要不断完善和发展。

下篇
实战篇

第九章　临床医学图书总论

第一节　临床医学著作范畴及读者

中华人民共和国学科分类与代码国家标准（GB/T13745–2009），将医学分为以下 6 个一级学科：基础医学、临床医学、预防医学与卫生学、军事医学与特种医学、药学、中医学与中药学。一级学科下的二级学科共 77 个，包括基础医学 17 个、临床医学 20 个、预防医学与卫生学 23 个、军事医学与特种医学 3 个、药学 9 个、中医学与中药学 5 个。二级学科以下的三级学科数量更多，仅临床医学的三级学科就有 71 个。可见，医学科学是个庞大的有机整体。所有在这个庞大体系内的研究成果所形成的著作，都可称为医学著作或医学图书。鉴于本书讨论的范畴所限，只能涉及临床医学和中医学与中药学中的中医学和中西医结合医学，在这个领域内的医学著作，可统称为临床医学著作或临床医学图书，包括医学科普图书，因为医学科学普及在学科分类上可分在预防医学的二级学科健康教育学内，但图书内容实质上还是临床医学内容的大众化，因此，将医学科普图书归为临床医学图书的大范畴，似无不妥。

临床医学是医学六大分类中最大量和最复杂的学科，也是从业人员最多的学科，据国家统计局《2023 年国民经济和社会发展统计公报》显示，截至 2023 年底，全国共有卫生技术人员 1247 万人，其中执业医师和执业助理医师 478 万人，执业护士 563 万人，二者相加 1041 万人，占全部卫生技术人员的 83% 以上。也就是说，在整个医学领域，83% 以上的医药卫生工作者在从事临床医学工作，即 83% 以上的卫生技术人员可能是临床医学图书的作者和读者，还可以说，83% 以上的医学图书是临床医学图书。

根据读者对象和临床医学图书自身的特点，可以将其分为著作类、教材类、病例类、中医类、护理类、健康科普类六个主要类别，本书将在第十章至第十五章分别介绍各类图书的特点和编写注意事项等。

第二节　临床医学著作评价

临床医学著作和论文、专利、研究报告等一样，是临床科研成果的一种表现形式。我国从1996年开始，将科技著作纳入国家科学技术进步奖序列，包括科技专著、科技教材和科普图书三类，临床医学著作无疑属于科技专著一类。临床医学著作不仅是临床医学发展的风向标，也是临床科研统计和科研奖励、科研项目结题、职称评聘、科研考核等工作的重要依据。因此，研讨临床医学著作的评价方法，明确评价标准，对于临床医学著作的健康发展，具有很重要的意义。

《国家科技进步奖科技著作评审工作暂行规定》（国科发奖字［1997］162号），是由国家科技奖励工作办公室起草的法规性文件，也可以说是评价科技著作的一个基础性文件。该《规定》共12条，主要内容包括科技著作的奖励目的、范围、对象、标准、推荐条件等，为杰出科技图书评奖和评价建立了基本规范。

《国家科技进步奖科技著作评审工作暂行规定》出台后，各省、自治区、直辖市以及国家各部委相继出台了相应的科技著作评审规定，总的原则和标准与国家规定相同。为便于临床医学著作的作者了解和学习，特将《国家科技进步奖科技著作评审工作暂行规定》附于本节之后。

有关临床医学著作的评价，近年有学者提出借鉴期刊文献引证率的概念，“图书的引证率”是以接受图书中思想的人数及次数作为“图书的社会效益”的间接量化，“图书的社会效益”与“图书的引证率”成正比例关系。因此，反映学术著作在科学研究中的学术影响的最佳体现，应该是在学者的研究中得到了参考引用。引文分析无疑也是评价我国医学著作学术影响的一种便捷、有效的方法。而在技术层面上，数据库的发展和完善对大批量数据处理能力的提高，使统计学术图书的被引用次数成为可能。

图书的被引用次数能反映图书质量、学术价值和社会效益，用引文分析法进行学术著作的定量评价，可以帮助科研人员确定某段时间内某领域高水平的图书，使其快速、准确地选择学术价值高的出版物，获取该领域的权威知识和信息指导自己的科研活动，达到事半功倍的效果。

同时，图书的被引用次数还可以使国家科技图书奖的评选逐步从定性走向定量。图书评奖活动是当前我国图书评价的一个重要构成部分。全国优秀科技图书评选、国家图书奖等的评选流程通常为基层申报，各地、各部门推荐，逐级审核，专家评审、社会公示、最终审定。评选过程中，虽然也都十分强调将社会效益与经济效益的结合作为重要条件和标准去衡量一本书的优劣，但这种定性评价难免具有主观随意性和不确定性。

在学术著作的评选中，根据被引用次数选出同一学科内最有影响力的学术著作，再结合前述的专家评议、读者评议等，将使科技图书奖的评选更加客观、科学和公正，使图书获奖能真正合理、科学、切实反映图书的价值。其中学术著作的被引用次数应占较大权重。

国家科技进步奖科技著作评审工作暂行规定

（国科发奖字［1997］162号）

第一条　为加速科学技术的传播，促进科技成果转化，培养科技人才，提高科技水平和全民族的科学文化素质，奖励在优秀科技著作的编著出版中，进行创造性劳动并作出突出贡献的人员和单位，制定本规定。

第二条　将优秀科技著作（科技专著、科技教材、科普图书）纳入国家科技进步奖的评奖范围。

第三条　本规定奖励的范围是：自然科学领域内个人或集体编著的公开出版、发行的优秀科技著作。

科技著作包括：

1．科技专著类；2．科技教材类；3．科普图书类。

第四条　凡推荐国家奖励的科技著作应是获得省、部级科技奖励二等奖以上（含二等奖）的科技著作。

第五条　凡推荐国家奖励的科技著作应公开出版发行两年以上（含两年）。科技教材须经过两届以上（含两届）的学生使用。

第六条　科技著作在内容上必须有创新，有特色，文字准确，语言顺畅，插图正确，图文配合恰当，符合国家有关标准及规范化要求。

第七条　科技著作在出版过程和图书成品质量方面（选题内容、编校、装帧设计、印刷、出版格式等）均应达到国家《图书质量管理规定》（试行）

规定的良好要求。

第八条　科技专著、科技教材和科普图书应分别具备以下评奖条件：

（一）科技专著类（包括学术专著、基础论著、技术著作和工具书）

1. 学术专著是指作者总结自己在某一学科领域内科学研究的成果、撰写成的理论著作。

学术专著应对学科的发展，或对国家建设有重大贡献和推动作用，并得到国内外公认。

2. 基础论著是指作者汇集国内外某一学科领域的新成就，经过分析整理撰写成的系统性的基础理论著作。

基础论著应有创见，有新体系、新观点或新方法，受到国内外公认和高度评价。

3. 技术理论著作是指作者总结生产实践中的技术经验，撰写的具有较强的创新性和理论性，以及实用价值较高的技术理论著作。

技术理论著作应具备下列条件之一：

（1）阐述的新技术或新方法在实际应用中取得突出的成效，对国民经济发展有重大推动作用；

（2）结合国家重点建设项目，进行大量深入调查，收集丰富资料数据，总结为理论，对国家决策有重要意义。

4. 工具书　是指可供寻检、查阅的科技工具书，包括百科全书和手册。

工具书应覆盖内容齐全完备；资料详实，释义、数据准确；采用新内容、新术语、新规范；词条精选，图表简明，文字精练；便于检索查阅，并具备下列条件：

（1）在某一行业或领域内，具有权威性；

（2）在科技资料积累上有很高的学术价值和使用价值。

（二）科技教材类（指大专院校使用的科技类教材）

科技教材类是指通过收集、整理国内外已有的科学成就和资料或根据本人、单位科学研究成果，按照教学规律，加以总结使之系统化，形成的教学材料。科技类教材应具备下列条件：

1. 总结和反映编著者长期积累的丰富经验，教学适用性强，为多所学校选用，教学效果显著，在人才的培养上发挥了重要作用。

2. 在内容和体系上有新的突破，经过教学实践证明有明显效果。

（三）科普图书类

科普图书是指传播科学知识、科学方法、科学思想和科学精神的科学普及读物科普图书应具备下列条件：

1. 科学性强，内容真实、成熟、准确，阐述清晰，具有全面的、发展的观点，并具有相对的先进性。

2. 思想性强，符合我国的宣传出版方针，有助于提高人民的科学文化素质和思想道德素质。

3. 可读性强，说理通俗易懂，文笔生动流畅。

4. 普及面广，有相当大的发行量，受到社会广大读者的欢迎和好评。

第九条　科技著作奖励等级标准如下：

一等奖应达到国际上同类著作的先进水平，编辑出版质量应达到国家规定图书质量标准的优质品。对推动科技进步、培养人才或提高全民的科学素质作用重大，并取得特别重大的社会、经济效益。

二等奖应接近国际上同类著作的先进水平，编辑出版质量应接近国家规定图书质量标准的优质品。对推动科技进步、培养人才或提高全民的科学素质作用很大，并取得重大的社会、经济效益。

三等奖应是国内同类著作的领先水平，编辑出版质量应达到国家图书质量标准的良好品。对科技进步、培养人才或提高全民的科学素质作用明显，并取得比较重大的社会、经济效益。

第十条　科技著作主要完成人和主要完成单位应是直接对优秀科技著作的形成和出版作出创造性贡献的人员和单位。具备下列条件之一，可作为科技著作的主要完成人（推荐和授奖时均应注明作者或编辑）和主要完成单位：

1. 科技著作的作者：指个人或编著集体。

2. 科技著作的编辑：指策划编辑和责任编辑编辑应策划选题内容，或对该著作的整体结构提出重大的合理的改进意见，或在创作思路上给作者以重大的启发，并在科技著作中署名。

3. 科技著作的主要完成单位：指科技著作作者所在单位、参加编著的单位及相应的科技著作出版社。

第十一条　推荐科技著作应提供的有关证明材料：

1. 专家评价意见（由推荐部门提供，包括对著作内容、质量方面的评价，专家人数不得少于 5 名）。

2．公开引用或应用证明：指国内外重要书籍、报刊中引用、评价该著作的材料复印件及教学单位的应用证明材料，一般不得少于3篇（件）。

3．发行量、再版次数及译成其他语种的证明：指提供最新版本的科技著作样书。

4．图书成品质量证明：由新闻出版机构的图书管理部门出具证明。

第十二条　下列图书暂不列入科技著作的评奖范围：

（1）国内外学术会议论文集、学位论文集、各类汇编；（2）社会科学范畴的图书；（3）年鉴；（4）以外国语言文字撰写的科技著作；（5）属于自学考试、成人教育、西授、夜大等方面的教材；（6）译著；（7）科技期刊；（8）音像、电子出版物。

第十章　医学著作类图书的编写

第一节　临床医学著作及其特点

一、临床医学著作

著作(writing,works)原指写作的体例,意为作者自己写出来的读物,与“编述”“编纂”相对应。现代多作名词，是指作者将自己有创新性的研究成果用文字记录下来的图书。英文 Writing, 意为作者自己书写出来的著作或作品,含义较为专指和贴切。

临床医学著作，顾名思义，就是主要由临床医学专家撰写的、主要供临床专业人员阅读参考的有创新性的研究成果。临床医学在某种意义上是一种经验医学，任何一名医生要想成为一名优秀的临床医生，不仅要在学习阶段打好坚实的医学基础，更重要的是在以后的临床实践中不断地汲取前人（走在自己前面的人）的临床经验，并不断地总结自己的临床经验。而要汲取前人的临床经验，一个重要的方法就是阅读临床医学著作。因此可以说，临床医学著作是一个医生发展甚或是整个临床医学发展的重要的发动机。

二、临床医学著作和临床医学专著的区别

临床医学著作和临床医学专著，是否有区别？区别又在哪里？

关于学术著作和学术专著,国家科学技术学术著作出版基金委员会在《国家科学技术学术著作出版基金项目资助申请指南（2023 年度）》中，对学术著作的范围有如下限定。“①学术专著：作者在某一学科领域内从事多年系统深入的研究,撰写的在理论上具有创新或实验上有重大发现的学术著作;②基础理论著作: 作者在某一学科领域基础理论方面从事多年深入探索研究，借鉴国内外已有资料和前人成果，经过分析论证，撰写的具有理论创新的，

对科学发展或培养科技人才有重要作用的系统性理论著作；③应用技术著作：作者把已有科学理论应用于生产实践的先进技术和经验，撰写的能促进产业进步并给社会带来较大经济效益的著作。……暂不属于资助范围：①译著、论文集、再版著作（同一作者撰写的学术著作，从正式出版之日起 5 年内再次申请相同或相近内容学术著作视为再版学术著作，超过 5 年且增加了最新研究成果内容的相同或相近题目学术著作视为新书）；②科普读物；③教科书、工具书。”可见，这里将学术著作视为学术专著的上位概念；学术著作除了理论性著作外，还包括应用性著作。

专著（monograph）则是对某一学科或领域或某一专题进行较为集中、系统、全面、深入论述的著作。一般是对特定问题有独到见解，且大多“自成体系”。英文 monograph，意为专题论著，主要是指图书，当然也可指文章或论文，尤指学术性的论著。在一定的语境中，判断其是专题著作，还是专题论文是不困难的。

因此，临床医学著作和临床医学专著，既有区别又有联系，前者是上位概念，后者是下位概念，前者包括后者，后者是前者的组成部分。《临床小儿耳鼻喉疾病诊疗学》（刘大波主编，北京：科学技术文献出版社，2017 年 5 月第一版）是一部临床医学著作；而《非小细胞肺癌全程管理》（黄艳，解宝泉主编，北京：科学技术文献出版社，2018 年 5 月），则是一部临床医学专著。

第二节　临床医学著作编写的基本原则

撰写临床医学著作的作者，往往都有撰写医学论文的经历，撰写医学论文的过程又为撰写临床医学著作打下良好的基础。撰写临床医学著作与撰写医学论文有一些相似之处，但是临床医学著作少则十几万、几十万字，多则上百万乃至几百万字，而医学论文一般仅几千字，至多上万字。两者相比，不仅在写作的字数上有差距，而且在写作的基本要求和方法上都有所不同。

一、科学性

科学性对任何一本自然科学著作而言，都是至关重要的，对医学著作尤为重要。医学著作的写作、编辑、出版以揭示人类疾病的发生、发展及预防的规律与本质为目的，同时也展示了医务工作者在诊治疾病过程中所获得的经验，为读者提供具有参考价值的实验数据、病例、治疗方案、预防措施等资料。科学性是临床医学著作写作所必备的先决条件，也是最起码的要求。因此，作者在写作过程中对所提供的资料要有科学的态度，既不能夸大，也不能缩小，更不能无中生有。要用科学的方法进行实验，要用科学的思维进行总结。作者对提供的数据要做到百分之百的准确，对病案分析要做到言符其实，对论点的逻辑推理要做到恰如其分，只有这样才能为读者提供较好的作品。

二、创新性

创新性是反映医学著作的特色，决定医学著作水准的重要方面。“创新”是指在理论上要有新的发展，在方法上要有新的改进，在技术上要有新的提高，在思维方面要有新的突破，在寻找规律方面要有新的发现，在书稿的选题上要有新的创意。作者即使是在论述同一个问题，也应当是多角度、不重复，要有开垦“处女地”的精神与追求。临床医学著作的新意决定了医学著作的水准与质量，但是决不是哗众取宠、脱离实际地杜撰式创新，作者在撰写临床医学著作的过程中尤应注意这一点。

三、实用性

实用性是指临床医学著作所反映的内容直接用于指导医疗实践，或指导医学实验，或指导患者康复，或预防某些疾病。这类医学著作有明确的读者群体，根据不同的读者对象，解决不同的实际问题。实用性强的医学著作，对专业工作者，有助于开展工作；对非专业读者，有助于增长实用的医疗知识。由于我国尚处于发展中国家的地位，许多方面还处于落后状态，迫切需要解决医疗、康复、预防等方面的实际问题。因此，实用性强的医学著作是深受读者欢迎的。作者在编写临床医学著作时，应充分注意书稿的实用性，以便争取更广泛的读者群。

四、可读性

著名科学家卢嘉锡曾经说过：“表达很重要，一个只会创造不会表达的人，不能算是一个真正合格的科学工作者。”这里所说的表达就是指写作。

科技研究成果，系统的科技知识，学术思想等，均需通过写作的表达形式，流传于世。作者在编写临床医学著作时，要求概念准确、文理通畅、图文并茂、富有文采，达到医学与文学、医学与美学的完美结合。可读性强的医学著作，才不失为一本好书，才能赢得更多的读者。

五、统一性

医学著作中的医学名词、药名、病名、术语、缩略词等，由于历史的原因，同一个名词可以有各种不同的命名方式，有的根据结构命名，有的根据功能命名，有的根据习惯命名，有的根据化学结构式命名，有的根据商品、商标命名，有的用发现者的人名命名等。例如，肌原细胞，又称成肌细胞、生肌细胞。这些不同的表达形式指的则是同一个细胞。这不利于读者阅读，尤其是不利于初学者阅读。同一名词的不同表达方式，易产生概念上的混淆，使读者费时猜测。因此，作者在临床医学著作的编写过程中，应使用经全国自然科学名词审定委员会公布的各科名词。作者对全书各种医学名词、病名、药名等进行统一，同一个名词不能在同一本书中出现几种不同的表达形式，以免读者误解。

六、规范化

临床医学著作中，经常会用到计量单位、数字、表格、插图、统计符号、标点符号、日期、地名、人名、拼音字母的拼写、参考文献等。这些内容均有相应的国家标准。作者在撰稿之前，先搞清楚这些国家标准的内容实质，在撰稿时遵循国家标准的要求进行写作，保证临床医学著作的写作规范。

七、全面性

临床医学著作在创作过程中，明显地区别于医学论文的写作。撰写医学论文主要是从“点”着手，阐明某一事实。在表达形式上可以只及一“点”，不及其余，不要求全面、周到。这主要是受到期刊论文字数的约束，同时，一般一个题目只需要说清楚一个事实即可。著作则不然，既要有一定的深度，还要有一定的广度。临床医学著作在论述某个问题或某些问题时，要求全面、周到，从多角度进行分析、阐述，不能蜻蜓点水般的一带而过，让读者对书中所表达的内容有不深、不透的感觉。临床医学著作表述的完整、全面的程度，也是作者专业水准与写作水准的体现。

八、系统性

系统性是指相同或相类的事物（内容）按一定的秩序和内部联系组合而成的整体。系统性是相对全面性而言的。在描述某一事物过程中，只注意到全面、周到，不注意到系统性，就会给人以凌乱、大杂烩之感觉。因此，作者在编写临床医学著作时，有必要将所集的全面而又完整的资料进行系统化筛选，行文应努力做到结构严谨、层次分明、条理清楚，不仅能让专业人员看懂，还能让非专业人员或其他专业的人员看明白，充分体现医学著作的学术价值，发挥其作用。

第三节　临床医学著作编写的要点

一、关于作者

临床医学著作的作者可以是一个人，也可以是几个人，但更多的是由多数人组成一个编委会。一个人或几个人完成的著作，多是“著”或“编著”，由编委会完成的著作，其责任者是主编，主编人数超过 3 人的，其前三人为著作的责任者。

临床医学著作的“编著”或“主编”的著作，其内容是相近的，即著作内容和结构并非完全为作者首创，是参考、融合了相关医学文献，并结合作者的理论和实践经验编著而成的，即著作中的有关内容是“编”来的。一般一人或几人完成的著作可署“编著”，超过 5 人的一般都成立该著作的编委会，可设主编、副主编和编委，还可设学术秘书。临床医学著作多属此类。

临床医学著作中“著”则不同，其著作的基本内容和结构应该完全是作者的独创或首创，其参考的医学文献仅限于借鉴或引用了他人的学术观点或概念，并加以注明，没有或极少有“编”的成分。如《母胎医学　杨慧霞 2018 观点》（杨慧霞著，科学技术文献出版社，2018 年 5 月第 1 版）就是一本由北京大学妇产科学系主任杨慧霞教授独著的一本临床医学专著。

二、篇章结构

目前，临床医学著作的大结构上多数采用篇、章、节，其中章、节是每部著作所必须有的，篇则根据图书容量，一般容量较大、章节较多的可设篇，容量不大，章节也不复杂的，可以不设篇。其节内小结构多数采用五级标题，即一、（一）、1、（1）、①，其中前四级标题为独立成行标题，第五级标题不独立成行，随内文编排。临床医学著作的目录一般只收入大结构中的篇、章、节，而节内的五级标题小结构都不收入目录（个别除外）。

临床医学著作的篇章结构是一部著作的整体架构，特别是大型的临床医学著作，在动工编写前都要设计并做出完整的规划，进入写作阶段后，一般不做大的修改或调整。特别是由数人或数十人集体编写的临床医学著作，不但要事先设计并规划好篇章结构，还要由主编写出样稿，供参编者写作时参考，以避免后期统稿时，个别章节与图书的整体结构脱节，或风格迥异。

临床医学著作的文前结构中一般包括书名、作者署名或编委会名单、作者或主编简介、题词、序、前言、目录等，其中除了作者或主编简介和题词、序可有可无外，其他都是必须有的。若有题词和序，则应该在作者撰写的前言中做出说明，以便读者了解。另外，作者署名或编委会名单中，是否标明作者所在单位或职务、职称，一般由作者决定，但即使在扉页或编委会名单页不标明作者单位及职务、职称，在前言或后记里，也应至少标明作者所在单位，以便读者增加对该著作作者及研究内容的了解。

三、参考文献

参考文献是临床医学著作的重要组成部分，不可或缺。有作者归纳了参考文献对于学术研究及成果的十大功能：①提示研究起点；②知识承续功能；③鸣谢归誉功能；④学术评价功能；⑤预测分析功能；⑥文献检索功能；⑦学术论证功能；⑧著作权保护；⑨学术规范功能；⑩节约篇幅版面。

目前使用的参考文献著录规则为《信息与文献　参考文献著录规则》（GB/T7714–2015），由国家质量监督检验检疫总局和国家标准化管理委员会于 2015 年 5 月 15 日发布，并从 2015 年 12 月 1 日起实施，新标准代替 GB/T7714–2005《文后参考文献著录规则》。因此，在编写临床医学著作著录参考文献时，严格按照新的国标要求进行著录。

常用的各种类型参考文献的新著录方法及示例列举如下：

1. 期刊文献

主要责任者. 题名［J］. 期刊名，年，卷（期）：起止页码. DOI.

例：崔红晶，何欣，周涛，等. 酿酒酵母 PMT1 与 PMT2 双基因过表达菌株构建及其复制寿命研究［J］. 牡丹江医学院学报，2017，38（1）：19-22. DOI：10. 13799/j. cnki. mdjyxyxb. 2017. 01. 006.

2. 普通图书

主要责任者. 书名［M］. 出版地：出版者，出版年：起止页码.

例：南登昆，黄晓琳. 实用康复医学［M］. 北京：人民卫生出版社，2010：79-80.

3. 报纸文献

主要责任者. 题名［N］. 报纸名，出版日期（版面数）.

例：谢希德. 创造学习的思路［N］. 人民日报，1998-12-25（10）.

4. 学位论文

主要责任者. 题名［D］. 大学所在城市：大学名称，出版年.

例：孙慧敏. 丰富环境对慢性脑低灌注大鼠认知功能损害的影响［D］. 武汉：武汉大学，2010.

5. 论文集、会议录

主要责任者. 题名［C］. 出版地：出版者，出版年.

例：宋晓舒，程东明. 传统图书馆和数字图书馆［C］. 北京：科学技术文献出版社，2002.

6. 报告

主要责任者. 题名［R］. 出版地：出版者，出版年.

例：WorldHealthOrganization. Factorsregulatingtheimmuneresponse：R eportof WHO ScientificGroup［R］. Geneva：WHO，1970.

7. 标准文献

主要责任者. 标准名称：标准号［S］. 出版地：出版者，出版年：起止页码.

例：全国信息与文献标准化技术委员会. 文献著录：第 4 部分非书资料：GB/T3972. 4-2009［S］. 北京：中国标准出版社，2010：3.

8. 电子资源（不包括电子专著、电子连续出版物、电子学位论文、电

子专利）

主要责任者. 题名［EB/OL］. 出版地：出版者，出版年：引文页码［引用日期］. 获取和访问路径 .

例：萧钰. 出版业信息化迈入快车道［EB/OL］.（2001-12-19）［2002-04-15］. http：www. creader. com/news. 20011219/200112190019. html.

注：文献作者小于 3 个，全部著录；大于 3 个，著录时保留前 3 个，其余用“等”（外文用“et al”）代替。外国作者采用姓在前、名取首字母置后的方式著录。

四、关于编委会

临床医学著作的编委会有两重含义，一是本书的组织结构，二是本书的功能意义。一部临床医学著作的编委会自组成至结束，至少应召开 4 次会议。

第一次：在著作开始编写前，宣布编委会成立，通过编写提纲，分配写作任务，明确编写规范。

第二次：在著作编写过程中，主要汇集编写过程中的问题，提出解决方案。

第三次：在编写工作基本完成后，也称定稿会，进一步解决编写过程中的遗留问题，必要时可交叉审定已完成的书稿，最后由主编统稿、定稿。

第四次：图书出版后，也称总结会，全面总结本次著作编写过程和经验，表扬先进，为今后的临床研究和成果总结提供借鉴。

第十一章　医学教材类图书的编写

一、医学教材

医学教材，也称医学教科书，是根据医学教学大纲以及社会对医学的实际需求程度而编写的医学教学用书。教材也是联系教师与学生学习活动的纽带，它既是教学的中介和评价教学质量高低的重要指标，又是培养高水平医学人才的重要工具。广义的医学教材还包括讲义、讲授提纲、参考书目、教学辅导材料等。

目前医学院校使用的教科书大概分作以下五大类：

1．规划教材

规划教材也叫统编教材。我国医学院校规划教材多由人民卫生出版社组织编写并出版，一般5年左右修订再版一次，当前我国医药院校大多使用的是这类教材。

2．自编教材

自编教材是一个学校或专家个人独自编写的教学用书。这类教材多为根据本校本专业的实际情况编写的，具有明显的针对性，与学生的亲和力也更好，老师讲授应用自如，很受师生欢迎。

3．协编教材

一般为几所院校联合编写的教材，一般也具有一定的地方特色，同时又能充分发挥多院校的人才和知识的优势，编写出适合各院校学生特点、内容丰富实用的教学用书。

4．引进教材

我国医学教材的整体水平与西方发达国家还有差距，引进优秀的国外医学原版教材，可以对我国医学教育的国际化发展起到全面的促进作用。北京大学医学出版社引进的《格氏解剖学：教学版》，它既保留了《格氏解剖学》的权威性，又专门针对教学进行了重新编排，从内容和结构上就可以清晰地看出目前国外医学教育的鲜明特点。

5．双语教材

2001 年教育部出台的《关于加强高等学校本科教学工作提高教学质量的若干意见》中提出：“重点高校三年内开出 5% ~ 10% 的双语课程；在信息科学、生命科学等发展迅速、国际通用性和可比性强的学科和专业直接使用高质量的原版教材。”因此，主干课程选用英文原版教材，已逐渐成为重点医学院校医学教材建设的发展方向。北京大学出版社近年出版了一批供本科生使用的医学双语教材，如《医学遗传学》（Nussbaum 等原著，张咸宁，刘雯，吴白燕主编，2016 年第 8 版），既是一本引进版教材，又是一本双语教材，为我国高等医学院校教材建设做出积极有益的探索。

二、医学教材的特点

1．准确性

医学教材不同于医学论文，也不同于医学著作，因为后者更强调的是研究性和创新性，其读者都是有一定或相当实际工作经验的医务人员，对图书内容具有相当的辨别能力。而教材的读者对象一般多是医学基础知识薄弱的医学生，教材的作用就是向他们传授医学知识，如果内容不准确，或有歧义，就会造成他们记忆错误，或认知上的混乱。因此，准确性是医学教材的第一属性。

2．适用性

教材不同于一般著作的一个重要标志是教材的内容必须充分考虑教学的适用性。一部好的教材，既要符合本课程教学大纲的基本要求，又要贯彻“少而精”的原则，实现“熟悉基本理论，理解基本知识，掌握基本技能”的教学目标。

3．实用性

教材的内容来自实践，在教学过程中，它又指导学生用于实践，使他们学有实效，为日后胜任见习、实习和毕业后的实际工作打好基础。比如，临床各科的教材应有充分的典型病例作为理论内容的支撑和补充，也便于吸引学生的注意力和学习兴趣，而这方面是目前临床专科教材的一个缺欠。在这方面，北京医科大学出版社出版的《眼科学》教材做了大胆和有益的尝试。该教材以问题为引导，以病例为切入点，以讨论题和思考题为中心，激发学生思考和探求的兴趣与热情，培养学生的临床思维能力，学习如何解决临床中的实际问题，受到读者的普遍欢迎。

4．经典性与先进性

所谓经典，凡写进教材的必须是经长期实践证明，而且是人们公认的最基本、最重要的有指导作用的知识。它一般不容置疑，有高度的权威性。这点与专著不同，教材属三次文献，它重视“三基”教学，而专著一般带有一次文献的属性，是教材的基础，它具有新的学术内容或最新的科技信息。同时，教材要反映出现代科学文化的先进水平，这是指教材的先进性，教材要先进，不能一成不变地使用旧版本，应该定时在原有教材的基础上，或纠正前说，或补充最新科学知识。这就要求教材缩短再版周期，加快内容更新，不断跟上科技进展的步伐。

5．通俗性

医学教材不但在理论上要有深度，内容上要有广度，而且在表述上应力求通俗，就是深入浅出，删繁就简，突出重点，增加可读性。同时，还要注意，医学教材的语言要做到用词准确，不生歧义，语义周严，无懈可击，避免出现错别字和语法、逻辑上的错误。医学教材中有大量的插图和照片，这是直观教学的手段，其采用的图画、照片必须清晰、典型，并与正文密切配合，便于学生理解教学内容。

三、医学教材的编写注意事项

1．符合教学大纲要求

编写医学教材，首先要符合本课程教学大纲的基本要求，因为教学大纲是开展教学的依据。它不仅规定了学习本门课程所必须掌握的“三基”内容，同时还对这些基本内容提出了广度和深度的要求，教学大纲体现培养专业人才的质量规格，反映教学上的质量要求，衡量一本教材质量高低的一条重要标准就是看它是否符合教学大纲的要求。特别是自编或协编教材，更要注意深入研读教学大纲，保证所编教材符合教学大纲的要求。

2．医学教材编写和出版的“准入”

“准入”是一个门槛，是最低标准，我们的社会到处存在“准入”。各个行业的“准入”保证了其运行的规范和质量。医学教材也应该这样，在编写和出版两个环节设立“准入”标准。因为医学教材的使用对象是医学生，是未来的医务工作者，教材中任何的错误和纰漏都会影响学生思维的正确性，继而在将来救死扶伤的工作中产生非常不良的后果。因此，医学教材的编写首先必须有一支优秀的作者队伍，不仅要有丰富的理论和实践经验，还要有相当的医学教材编写经验以及很好的语言、文字能力；医学教材的编辑也要有相当的医学背景和丰富的教材编辑经验。这样才能保证所编教材满足教学需要，实现教学大纲的培养目标。

3．医学教材创新和更新

医学教材不仅是医学知识的载体，同时更要成为着力培养具有创新思维和实践能力的医学人才的指南，帮助学生树立终身学习观念的“引路人”。因此，医学教材的创新和更新便成为当代医学教材的重要任务。首先，在内容方面要新，除保证基本知识、基本理论的系统性和完整性外，应介绍新的知识点、学科发展，紧跟学科发展的步伐；其次，在结构体系方面应着眼于培养学生的思维方法、学习能力和实践操作能力。编写的教材要给学生留下问题，留下思维空间，让学生有独立思考、独立解决问题的机会；再次，在形式方面应丰富多彩，迎合青年人的学习特点。书本仍然是教材的主要载体，但可以改变以往流水账的编写方式。采用图文并茂、表格穿插等生动活泼的编写形式。特别是可以使用二维码链接的方式，将一些临床实际操作，通过纸质教材上的二维码与视频教材链接起来，学生可以借此在学习书本知识的同时，随时调看相应的视频资料，从而在大脑中建立起立体的知识结构和体系，这对于培养学生的知识体系和丰富教学内容，都大有裨益。

4．立体化教材开发

关于立体化教材，国内外有多种说法，有的叫“立体化教材”，有的叫“一体化教材”，有的叫“多元化教材”，其目的是一样的，就是通过提供多种教学资源，最大限度地满足教师教学需要和学生学习需要，满足教育市场需求，提高教学、学习质量，促进教学改革。它能最大限度地满足教师教学需要和学生学习需要，通常包括以教科书为中心的多种资源，包括教材、教辅、配套数字产品及服务网站整合一体的“立体化”教材知识服务体系。北京大学医学出版社在2015年开发了微信公众号书网互动的功能，并在“全国高等医学院校护理学本科规划教材（共22册）”上使用了该技术，获得了作者和读者的一致好评。

第十二章　医学病例类图书的编写

一、病例类图书

病例类图书是临床医学图书的一个类别，即将一定数量的临床典型病例按一定的规范汇编而成的临床医学图书。随着医学出版的发展，读者对病例图书的需求也越来越大。医学病例类图书以其内容包罗万象、生动详实、图文并茂、脉络清晰而满足了读者的需求。

在我国，病例类图书的出版和推广也得到了高度重视。近几年，众多的学术机构积极推动医学教育和继续医学教育的发展，鼓励医务人员参与病例报告的撰写和交流。此外，我国医学界还积极参与国际学术交流，引进国外先进的病例报告理念和经验，为国内病例类图书的编写和出版提供了有力支持。

病例类图书在临床医学中具有重要地位，既是医学发展的见证，也为医务工作者提供了宝贵的实践经验和学术资源。随着医学研究的深入和技术的不断创新，病例类图书将不断丰富和发展，为全球医务工作者提供更为优质的医学教育资源，更加广泛、便捷地传播中国医生的治疗方案和经验。同时，病例报告也将继续发挥其在医学发展中的重要作用，推动医学科学不断向前迈进。

临床病例报告的历史，实际上反映了医学发展的历程，记录了人们与疾病斗争的脚步，也反映了医学科学探索的历程。在实践临床工作中，观察者发现不同于以往的特殊临床现象，仔细记录并报道这些现象，被同行参考、充实补充、完善，最终揭示了一个完整的临床疾病。这种例子不胜枚举。帕金森病的发现和进步就是从病例报告开始的。1817 年，英国医师 James Parkinson 以一篇名为 Essay on the shaking palsy 的病例报告，描述他观察到的以震颤、僵直、行动迟缓、肌肉僵直、四肢颤抖等和步态失调伴姿势不稳的病例，称之为“震颤麻痹”。后来，认识到患者没有真正麻痹（瘫痪），

1892年Charcot将其命名为帕金森病。随后，探索帕金森病的发病机制和治疗的脚步一步步向前推进；1960年Enhringer等从患者脑部解剖发现基底核的多巴胺浓度减少。1982年美国加州暴发吸食海洛因后帕金森病流行，2年后Ballard等研究发现混杂在海洛因中的1-甲基-4-苯基-1，2，3，6-四氢吡啶（MPTP）选择性使中脑合成多巴胺的黑质细胞中毒、死亡，导致了多巴胺合成减少，基底核浓度减少并产生帕金森病。1990年Lindvall等将胚胎脑黑质细胞植入帕金森病患者脑内，5个月后黑质细胞生产多巴胺，能让患者自由行动。时至今日，多巴胺的补充治疗仍为帕金森病患者治疗的金标准。其他，如艾滋病、军团病等都曾是通过病例报告首次被发现的。

二、临床病例图书的分类

1. 低年资医师用病例图书

低年资医师包括实习医师和低年资住院医师，这部分读者数量最大，求知欲强，但因为他们刚步入临床阶段，缺乏临床实践经验，所以在接触纷繁复杂的患者病情时常常感到无从下手。他们需要临床思维的训练和对常见病种诊疗技术的掌握。针对这一类读者，病例类图书应注重全面准确地采集病史和体格检查、选择适当的辅助检查以及阐述常见疾病的一般表现和罕见表现、需要鉴别的疾病和误诊误治的教训。这类图书与医学教材的不同点在于可规范读者的临床训练以及使他们开阔眼界，避免可能出现的错误。

2. 高年资医师用病例图书

高年资医师一般具有主治医师以上职称，这部分读者具备一定的临床经验，需要知识面的进一步拓宽和深入。在病例的选择上，他们更期望有高水平、高难度的疑难病例。如北京大学医学出版社2005年、2009年、2018年、2022年分别出版了4辑《皮肤科疑难病例精粹》，该书体例新颖，在揭示最终诊断的手段上采用了层层递进的方法：临床照片、简要的临床病史、体格检查、皮肤检查、提问（请读者思考该病例可能是什么病）、可能的诊断（提出2～5个可能的疾病）、关键的辅助检查、最终诊断、小结，这样的写作方式给读者提供了思考空间，并为读者提供了一定的临床诊断思路。

3. 名医名院病例图书

著名临床医学专家具有深厚的医学基础和丰富的临床经验以及广泛的社会知名度，而著名的大医院又具有完整的学科配置，先进的诊疗技术，患有疑难病及罕少见病的患者多辗转于多家医院，最终到了更为权威的医院，才获得最终诊断和有效治疗。与基层医院比较而言，名医名院在病例收集、对疾病的认识、对病例的分析上，都有其得天独厚的条件。名医名院病例图书在病例选取上可以紧紧围绕疑难病例、罕少见病例和典型病例上下功夫，作者对每一个病例进行详尽的阐述，抽丝剥茧，引导及规范读者的诊疗思维，读者学以致用并切实提高自己的临床诊疗水平。近几年由中国医学著作网策划出版的《中国临床案例・病例精解系列丛书》围绕临床各专业，全国百强医院的学科带头人出版近百种精品病例精解图书，围绕权威性、广泛性、实用性要求，使得名医名院病例图书成为相关专业领域的品牌书、工具书、案头书。

下面简要介绍几本代表性病例图书。

《中国临床案例・重症医学病例精解》（上海科学技术文献出版社，2022 年出版发行），该书第一主编为陈德昌教授，陈德昌教授现任上海交通大学医学院附属瑞金医院重症医学科主任。教育部“长江学者奖励计划”获得者，中华医学会理事，中华医学会重症医学分会主任委员，中华医学会细菌感染与耐药防治分会常务委员，中国医师协会体外生命支持专业委员会副主任委员，中国医师协会重症医学医师分会常务委员。本书选取的病例内容翔实、讲解深入浅出、突出临床实践、重视临床思路。编者力求还原每个患者诊疗过程中遇到的主要临床问题和解决问题的思路和方法，更重要的是展示了每个病例诊疗过程中大量典型病例图片，图文并茂，让一个个病例鲜活地跃然纸上。另外，编者结合国内外最新文献，对病例中涉及相关知识点做了细致阐释，增加了本书的先进性和科学性。总而言之，本书对重症疑难患者的诊疗提供了非常有价值的思路和参考。

《中国临床案例・瑞金医院血液科疑难病例讨论集》（上海科学技术文献出版社，2021 年出版发行），该书的牵头人为我国著名的血液学专家，国际肿瘤诱导分化治疗权威，中国工程院院士和法国科学院外籍院士王振义教授。本书病例汇报精炼，诊治重点突出，发现问题，解决问题；病例讨论、分析客观全面，文献资料简短新颖。另外，参与本书的编委团队均来自临床一线，既有全面的专业知识和较高的学历水平，又有着丰富的临床经验，力求每个病例让读者有所收获。

《翁心华疑难感染病和发热病例精选与临床思维》（上海科学技术出版

社，2013—2017年已出版5辑），领衔主编为中华医学会内科学会副主任委员、中华医学会传染病与寄生虫病学会主任委员、复旦大学附属华山医院博士研究生导师翁心华教授。数十年来，复旦大学附属华山医院感染科在诊治经典传染病及感染病的医疗中具有学科特色和优势，收治了大量疑难和发热待查病例，其中不少病例是经典和疑难病例。本书精选较为精彩的确诊案例，对诊治过程加以描述，附上医师经验体会和诊疗思路，配以翁心华教授等具有丰富临床经验医师的实践心得，并结合国内外参考文献对病例点评，临床医生可以从这些揭开谜底获得确诊的疑难杂症分析过程中获得独特感悟，从而提高疑难感染病诊治水平。

名医名院病例图书一般既适合基层医院医师及中青年医师，也适合高年资医师阅读，高年资住院医师和主治医生在通过病例类图书的不断学习后，往往能够在临床上独当一面。

4. 病例图书译著

临床病例报告一直是国际医学界非常重视的研究方法和论文体裁，对于临床医生而言，具有特殊的价值。北京大学医学出版社曾引进出版了“美国住院医师必读系列教材”，包括《内科住院医师病例分析与讨论》《外科住院医师病例分析与讨论》《妇产科住院医师病例分析与讨论》，还引进出版了“临床医学病例精粹系列译丛”，包括《高血压病例精粹》《急诊医学病例精粹》等多种，“放射学家掌中宝系列译丛”，包括《产科百例疾病影像诊断精粹》《儿科神经百例疾病影像诊断精粹》等多种。这些病例图书译著，对于国内同行借鉴国际先进临床病例研究经验和写作方法，提高我国医学界的临床诊治水平，具有重要的意义。

5. 附互联网技术的病例分析类图书

医学教育与多媒体特别是互联网技术密切相关。多媒体与互联网技术除了提供直观的影像资料外，还可以提供外文翻译、信息检索和统计分析。使读者能充分利用现有资源，有如身临其境地参与诊疗过程，并能进行资料的分析、归类和整合，了解国际最新进展，从而充分发挥读者的主观能动性。目前国内一些重点医学图书出版社正在积极探讨附互联网和多媒体技术的病例分析类图书的开发出版。

6. 误诊误治类病例图书

误诊误治类病例图书在病例类图书中占比不多，笔者查阅了北京大学医学出版社目前在售的80种病例类图书和中国医学著作网近年组织编写出版的百余种病例类图书，没有一种为误诊误治类病例图书。搜索当当网、京东网图书板块也只有7种在售误诊病例类图书：《肿瘤疑难病诊疗图谱——误诊典型病例分析》（吴敬亮著，广东科技出版社，2007）、《神经系统少见疑难误诊病例分析》（张广智，邹玉安著，化学工业出版社，2015）、《超声误诊漏诊病例分析》（黄品同等主编，人民军医出版社，2009）、《妇产科误诊病例分析与临床思维》（乐杰等主编，人民军医出版社，2011）、《影像误诊病例分析》（赵斌等主译，山东科学技术出版社，2013）、《骨伤科误诊误治案例分析与对策》（李无阴，人民卫生出版社，2015）、《误诊误治176例超声诊断分析》（富京山、富玮主编，人民军医出版社，2023）。由此可见，误诊误治类病例图书可谓凤毛麟角。然而，临床误诊误治类病例图书是否不重要呢？2018年初，在一个学术年会上南方医科大学深圳医院儿童耳鼻咽喉科主任、睡眠医学中心主任、南方医科大学博士生导师刘大波教授讲到病例问题，他认为："总结临床上的典型病例、疑难和罕见病例成功的诊断和治疗经验，其意义不言而喻；然而，总结临床上的误诊误治病例，意义同样重要，在某种程度上，后者比前者更加重要。"因为临床医学上的任何进步，都是从正反两方面的经验中获得的。从出版社经济学角度看，正因为罕见，着力开发一下误诊误治类病例图书，相信会有很好的社会效益和经济效益。

7．护士用病例图书

护士用病例图书目前在整个病例类图书中尚是个短板，目前已经出版的品种和数量都不多。近年已经出版的有《小儿外科临床护理病例精解》（张凤云等主编，人民卫生出版社，2022）、《腹膜透析临床护理病例解析》（曹艳佩等主编，上海科学技术出版社，2022）、《精神科护理教学案例分析》（许冬梅等主编，中国医药科技出版社，2022）、《麻醉护理危重及特殊病例荟萃》（邓曼丽等主编，科学出版社，2020）、《神经内科危重病例护理分析》（刘芳等主编，科学技术文献出版社，2010）、《NICU血管内治疗术后监护与管理病例荟萃》（刘丽萍主编，科学出版社，2018）、《临床护理病例分析教程》（刘贵琪主编，郑州大学出版社，2014）、《临床护理学情境教学病例》（徐锦江等主编，辽宁科学技术出版社，2014）等。不过随着护理专业的发展，护理类病例图书的出版也在不断进步。

8. 中医临证医案

中医临证医案即相当于西医的临床病例。医案，又称诊籍、脉案、方案、病案，是中医临床医师实施辨证论治过程的文字记录，是保存、查核、考评乃至研究具体诊疗活动的档案资料。特别是名老中医医案的整理和挖掘研究，对于传承其有效的临床疾病的诊疗经验方意义重大。正如清末民初著名思想家、学者章太炎先生所言“医之成绩，医案最著”，高度评价了医案在中医领域中的重要地位。为此，科学技术文献出版社和中国医学著作网近年合作出版了一批名老中医临证医案图书，如《李佃贵脾胃病临证医案精选》（2016）、《董燕平临床经验荟萃》（2017）、《李淑荣名老中医经验荟萃》（2017）、《史志刚临证精华》（2018）、《刘玉洁临证医案精选》（2018）、《高社光——血栓病医案精粹》（2018）等。当然，人民卫生出版社、中国中医药出版社以及全国省级科技类出版社，都在出版中医临证医案图书。这些名老中医的经典医案，多由所在单位的国家或省名老中医学术经验传承工作室协助整理，经名老中医亲自审定，系统总结了名老中医的学术理论、学术思想、临床经验、经典医案等，为中医临证医案类图书的出版积累了宝贵的经验。目前，国家及社会各界对中医药越来越重视，中医临证医案类图书的出版不仅对中医药行业发展，也将对健康中国建设起到积极的促进作用。

三、CARE 信息清单——2016：病例报告写作须知

临床病例报告在国内医学界并没有引起人们的高度重视，一些临床医学期刊也缺少严格的要求，一般只强调“病例报告的主要内容分为两部分，即病例简介和讨论”。这与国际上对病例报告的研究和写作存在较大的差距。相较于长篇的临床论著，病例报告的写作似乎显得较为简单，但事实上，要写出一篇高质量的病例报告并不容易。针对病例报告的规范写作和发表，部分国际医学小组制定了具有针对性的病例报告写作指南，而由 CARE 小组制定的 CARE 指南就是其中之一。

“CARE”是一个英文缩略语，由“case（案例）”的前 2 个字母以及“report（报告）”的前 2 个字母所组成。因此，顾名思义，CARE 小组就是因“病例报告”而生。

2016 年 1 月，CARE 小组发布了 2016 CARE 信息清单更新版，见表 12–1。

表12-1 CARE信息清单——2016：病例报告写作须知

清单	项目	清单项目描述
文题	1	词语“病例报告”应与本报告中最受关注的内容同时列于文题中
关键词	2	4 ~ 7 个关键词——包括关键词“病例报告”
摘要	3a	背景：本病例报告为已有的医学文献增添了什么新内容
	3b	病例小结：主诉、诊断、干预、结局
	3c	结论：从本病例中主要“获取”了什么经验
引言	4	当前的医疗标准以及本病例的贡献——列出参考文献（1 ~ 2 段文字）
时间表	5	将本病例报告中的信息按时间轴列成表或图
患者信息	6a	对病例的人口统计学信息以及其他患者和当事人的信息予以隐私保护
	6b	主诉——促使患者本次就诊的主要症状
	6c	相关既往史，包括既往的干预措施和结局
体格检查	7	相关的体检发现
诊断评估	8a	评估内容，包括调查、实验室检查影像学检查等
	8b	诊断推理，包括考虑到的其他诊断以及存在的困难
	8c	考虑提供与评估、诊断和干预相关的图或表
	8d	提供预后特征（如适用）
干预	9a	干预类型，例如推荐的生活方式、治疗、药物疗法、手术等
	9b	干预管理，例如剂量、强度、持续时间
	9c	记录干预的变化，以及相应的解释说明
	9d	其他同时实施的干预
随访和结局	10a	临床医师的评估（如合适的话，增加患者或当事人对结局的评价）
	10b	重要的随访诊断评估结果
	10c	对干预依从性和耐受性进行评估，包括不良反应
讨论	11a	对作者在处理本病例时的优势和局限性进行讨论
	11b	详细指出如何将本病例报告告知临床实践或临床实践指南（clinical practice guideline，CPG）
	11c	基于本病例报告，如何提出一个可检验的假设
	11d	结论及其理论依据
患者观点	12	患者或当事人对此次医疗过程的评价（如适用）
知情同意书	13	绝大多数期刊要求提供病例报告中的患者的知情同意书

续表

清单	项目	清单项目描述
其他信息	14	致谢部分；竞争性利益；如有需要，提供伦理审查委员会的证明

注：2016 CARE 信息清单更新版（英文版）请浏览 http://www.care-statement.org/downloads/CA REchecklist-Eng-20160131.pdf

从表列出的撰写一篇病例报告所要涵盖的各个项目来看，在写作病例报告时，必须明确以下几个要点。首先，在一份病例报告中，对于患者诊疗经过的描述，强调遵循时间轴进行，必须标出每一步诊疗操作的具体时间点，可以采用图表形式进行清晰展示；其次，要求作者在描述患者的诊疗经过时，同时说明采取每一步诊疗操作的理由及其结果；第三，要求作者明确指出，与既往文献资料报道的病例相比，本次报道的病例有何特殊性或创新点，能够为临床实践带来哪些新的启发，以及今后如何应用于临床实践、促进临床实践水平的提升；最后，在整个诊疗过程中，应充分保护患者及其相关人员的隐私，尊重他们的知情权，要符合医学伦理学原则。

国际一些著名医学期刊也对病例报告的写作提出了要求，如专门发表病例报告的英国医学杂志出版集团在线医学杂志《*BMJ Case Reports*》对所发表的病例报告的写作提出具体如下要求。①文题：*BMJ Case Reports* 不强制要求作者在文题中加入“病例报告”这个词；②简短的小结：最多 150 个英文单词的简短小结，描述病例的临床表现和结局，强调可供学习的关键点；③背景：说明为什么作者认为这个病例很重要，其有趣点在哪里？④病例介绍：描述临床表现、相关病史以及为何相关，对临床发现进行解读，说明这些发现是如何影响临床决策的；⑤检查指标：列出所有与疾病背景相关的检查，对影响处理决策的检查进行讨论，选择合适的图片或视频来阐述观点（注意保护患者隐私）；⑥鉴别诊断：说明最终的诊断是如何推导出来的，以及之后的处理结果和治疗决策是什么？⑦治疗：包括药物和非药物治疗；⑧结局和随访：给出明确的随访数据，对死亡患者必须予以说明；⑨讨论：强调对已发表的相似的病例报告以及相关指南进行小结，强调本病例的价值及有趣点，阐述相关的病理机制，指出经验教训和易犯的错误；⑩学习要点/重要信息：列出 3 ~ 5 个观点，即针对该病例的学习要点；⑪参考文献：仅纳入相关文献；⑫必要时，可以提供患者对诊疗体验的评价。

当写完一篇病例报告准备发表时，研究者应对病例报告进行初次评估，以确保病例报告的研究质量，见表 12–2。

表12–2　病例报告质量评估清单

基本框架	详细内容	满足	不满足	部分满足
题目	是否恰当，可以体现病例报告?			
摘要	与题目是否相匹配?			
	是否为结构式摘要?			
前言	是否清楚地陈述了一个特殊的临床问题?			
	开展研究的理由是否充分、合理?			
	是否明确地阐述了一个研究目标或研究假设?			
病例描述	是否恰当地描写了患者特征?			
	是否恰当地描述了最初的临床情景?			
	临床情景是否支持采取的干预措施?			
	是否对其他干预措施进行了讨论?			
	是否有恰当的理由排除其他干预措施?			
	是否对干预措施的技术与临床操作进行了恰当描述?			
	是否对临床结局进行详细描述?			
	是否清晰地报告了治疗产生的影响?			
	有无报告随访结局?			
	图片是否充分、恰当地描述了起初的临床情景?			
	图片是否充分、恰当地描述了治疗的技术过程?			
	图片是否充分、恰当地描述了最后的临床情景?			
讨论	是否从研究设计角度讨论方法学的局限性?			
	是否对潜在的临床结局的变异进行讨论?			
	是否在文献中找到支持干预措施的证据?			
	是否对限制干预措施得以合理实施的因素进行讨论?			
结论	结论是否清晰、有无偏倚?			
	研究结论是否基于研究结果的临床意义形成的?			
	作者是否明确地表述治疗是成功的?			

四、临床病例图书的编写体例

病例类图书在编写体例上与期刊的病例报告有一定的区别。病例类图书的病例体例具有灵活性、规范性与统一性的特点。

1. 灵活性　病例图书的编写体例允许作者在病例展示上具有一定的自由度，以充分展示病例的独特性和临床医生的诊疗思路。每个病例可以包括病例摘要、病史、临床表现、诊断、治疗过程、结果和点评等部分，根据需要可以适当增加或删减内容。

2. 规范性　病例图书的编写体例应遵循临床诊疗规范和学术要求。在病例描述中，应确保病例信息的准确性、真实性和可靠性，遵循医学伦理原则，保护患者隐私。同时，书中涉及的诊断和治疗方法应具备科学依据，具有可重复性和可行性。

3. 统一性　为了保证病例图书的整体质量和风格，编委会应对病例的编写体例进行统一规范。具体包括如下。

（1）病例编号和命名规则：病例编号应具有唯一性，方便读者检索。病例名称应简洁明了，体现病例特点。

（2）病例格式：统一病例的开头、正文和结尾格式，规范病例中的字体、字号、行间距等。

（3）病例结构：每个病例应包含基本信息（如患者性别、年龄、发病部位等）、病史、临床表现、诊断、治疗过程、随访和点评或者经验总结等部分，确保病例内容的完整性和连续性。

（4）病例描述：用词准确，语言简练，条理清晰，逻辑严密。涉及专业术语时，应尽量使用规范术语，并注明解释。

（5）插图和表格：病例中可适当使用插图（图片要求是原图）、表格（三线表格）等形式，以直观地展示病例特点、诊断方法和治疗过程。插图应清晰，表格应简洁明了，注明来源。

总之，临床病例图书的编写体例应在保证灵活性、规范性和统一性的基础上，充分展示病例的临床特点、诊疗思路和成果。这有助于提高病例图书的权威性、实用性和可读性，使其成为临床医生和研究者的宝贵参考资料。

病例图书参考体例模板

体例结构可以主要包括下列五个部分内容。

一、病历摘要

1. 基本信息：主诉、现病史、既往史、个人史、家族史等

2. 体格检查

3. 辅助检查：包括实验室检查、影像学检查，尤其是超声检查等

4. 初步诊断

二、诊治经过

具体阐述诊断、治疗过程，多学科综合治疗协作组 MDT 会诊、治疗方案及措施、随访等。

三、疾病介绍

本部分内容为该疾病相关的知识延展，可从以下角度进行撰写，不要求涵盖下面所有内容，但内容需有针对性，包含新知识、新进展、新技术、新观点等。

概述、流行病学、遗传学、病因及发病机制、临床特点 / 临床表现、疾病类型 / 临床分型、疾病分级、辅助检查、诊断依据 / 诊断标准 / 诊断、鉴别诊断、量表评估、治疗、预后。

四、病例点评

五、参考文献

病例20　顽固性血精

一、病历摘要

（一）基本信息

患者：男性，26岁。

主诉：反复精液带血及大便后尿道口血性分泌物1年余。

现病史：患者于1年前无明显诱因出现精液带血，多为暗红色，间歇性发作。患者每周排精1～2次，无自主遗精。大便后亦间歇出现尿道口血性分泌物，黏性。患者无发热，无尿频、尿痛及血尿，无腹痛、腹泻。曾于外院就诊，诊断为"精囊炎"予以左氧氟沙星等药物治疗，效果不明显，本次来我院就诊，MR提示右侧精囊积血伴结石，结石大小约0.8cm×1.0cm。考虑到保守治疗无法根本解决血精问题故收治入院。

既往史：否认食物、药物过敏史，否认高血压、糖尿病等慢性疾病史，自述性功能正常。幼时曾行右侧腹股沟疝修补术以及阑尾切除术。

个人及婚育史：已婚已育，否认抽烟、喝酒史。

家族史：否认家族遗传性疾病史，父母健在，身体健康。

（二）体格检查

身高173cm，体重66kg。腹平软，无明显压痛，双侧肾区对称，无隆起，无压痛及叩击痛，两侧输尿管走行区无明显压痛。耻骨上区未触及充溢膀胱，无明显压痛。阴毛男性分布，阴茎发育好。双侧睾丸对称，各约20ml，质地正常，无明显触痛。双侧附睾及输精管正常，未及明显结节。直肠指检前列腺无明显增大，质地正常，未及明显质硬结节，指套无染血。

（三）辅助检查

MR：右侧精囊积血伴结石。

（四）诊断

血精，精囊结石，精囊炎。

（五）诊疗经过

该患者收治入院后，完善各类知情同意后行精道镜检查。麻醉成功后取截石位，常规消毒铺单，自尿道外口插入7.5F输尿管镜，膀胱容量正常，尿色清，双侧输尿管开口呈裂隙状，膀胱内未见肿块，缓慢退镜至精阜处，见精阜隆起，前列腺小囊开口清晰，呈裂隙状，前列腺小囊开口两侧未见明显射精管开口。直肠指检行精囊按摩，按摩右侧精囊时可见血性液体从前列腺小囊开口溢出。导丝引导下输尿管镜进入前列腺小囊，小囊内可见少量血块，小囊内右后侧可见右侧射精管异位开口。导丝引导下输尿管镜经右侧射精管进入右侧精囊，见精囊黏膜充血，精囊内液浑浊，注水冲洗后见一枚直径 0.8cm × 0.5cm 浅黄色结石，边缘不规则。直视下用钬激光抵住结石自边缘逐渐碎石，将视野内结石逐渐击为直径 0.1 ~ 0.2cm 碎块，套石篮将碎石套出。查无活动性出血，将 0.5g 左氧氟沙星稀释液 50ml 对右侧精囊进行灌洗后退镜，留置尿管，结束手术。

（六）随访

嘱患者出院后继续口服左氧氟沙星 2 周，每日 0.5g。该患者术后 2 周时来我院随访，自诉无特殊不适，诉尚未有性生活或主动排精行为，但大便时仍有淡血性液体自尿道口溢出。嘱患者可以进行性生活及主动排精，2 ~ 3 天一次。术后 2 个月时再次来门诊随访，诉早期性生活时射精仍有带血，但近期已消失，大便时尿道口溢血情况亦不复存在。

二、病例分析

该患者为年轻男性，性生活较为规律，可排除行为因素所致，如过度手淫或纵欲、剧烈性活动、长时间禁欲等。临床出现血精及便后尿道口血性分泌物时间较长，曾应用抗感染药物治疗效果欠佳，可判断感染因素并非主要原因。此外，该患者亦无全身性因素及创伤，因此梗阻性因素和精道新生物需要重点考虑。临床上，盆腔增强 MRI 能够较好地评估精道梗阻及新生物的性质，因此选择了 MRI 进行辅助诊断，明确了“右侧精囊积血伴结石”，为进一步治疗方案的制订提供了正确的方向。对于该名患者来说，由于精道结石的存在，保守治疗几乎已无彻底治愈可能，因此选择精道内镜技术进行治疗。通过精道内镜技术不仅可以对射精管、精囊、输精管壶腹部及其周围结构进行直接观察，而且可以及时进行相应治疗，包括冲洗、切开、烧灼、止血、活检、引流、清除结石、解除梗阻等操作。本患者应用该技术解除了结石梗阻、冲洗了精囊内的积血，最终治愈了血精以及便后尿道溢血的临床症状。

三、疾病介绍

血精是指在精液中出现肉眼可见的血液，是泌尿男科一种常见症状，血精最常见于 40 岁以下男性，如果没有相关危险性因素和伴随症状，一般多由良性疾病或某些诱发因素所致[1]。是一种无痛性自限性病症，如果患者年龄超过 40 岁，具有危险因素和伴随症状，发生持续或反复性血精则应进行深入评估和规范治疗。临床上少数患者血精可反复发作或持续存在超过 3 个月以上，甚至达数年，成为顽固性血精，往往给患者

107

造成较大的心理压力，引起焦虑和恐慌[2]。

在临床上，男性生殖系、下尿路及全身性疾病均可能诱发血精。诱发血精的行为因素有：过度手淫或纵欲、性交中断、长时间禁欲、剧烈性活动等。引起血精最常见的病因是精囊和前列腺的炎症及微生物感染，其他病因包括先天性或继发性精道远端区域结构异常、后尿道良性新生物及前列腺睾丸肿瘤，创伤或医源性损伤，全身性疾病如高血压、恶性淋巴瘤及出血性疾病等，长期使用抗凝药物亦可诱发血精[3]。

血精的治疗决策取决于病变的性质。经检查未发现明显病变者，可行一般的抗炎对症治疗及随访观察。对有明显病因者，要根据病因、病灶部位及病变性质采取相应的治疗。血精的保守治疗适用于由非梗阻、非肿瘤因素引起的血精，常采取的保守治疗方法包括一般性治疗、抗生素治疗和其他药物治疗。而精道内镜技术对梗阻或肿瘤因素所导致的血精的诊断和治疗提供了较好的选择[4]。

四、病例点评

该患者血精病因诊断明确，选择精道内镜技术作为治疗方式也是非常正确的。精道内镜技术不仅作为一种病因学诊断技术，更作为一种治疗性技术，可及时对所发现的病变进行处理，其病变发现率明显优于现有的影像学技术，而且使既往一些难以诊治的疾病得到了确切可靠的治疗，因而精道内镜技术已经成为临床上针对顽固性血精等疾病的重要治疗技术。可通过精道内镜技术进行的各类操作，包括：进镜前的后尿道观察、进镜后的精道内观察、梗阻及狭窄的处理、结石及钙化灶的处理、各类囊肿的处理、后尿道血管瘤的处理等，可根据每个患者的具体病情，采用不同的个性化方式进行处理。

参考文献

[1] 李彦锋，李铮，夏术阶．射精管梗阻与精道内镜技术专家共识 [M]. 北京：中国医药科技出版社，2017.

[2]Mulhall JP，Albertsen PC.Hemospermia：diagnosis and management[J].Urology，1995，46（4）：463–467.

[3]Kumar P，Kapoor S，Nargund V.Haematospermia，a systemic review[J].Ann R Coll Surg Engl，2006，88（4）：339–342.

[4]Han CH，Liang Q，Dong BZ，et al.Transutricular seminal vesiculoscopy in the diagnosis and treatment of the seminal vesicle disease[J].Cell Biochem Biophys，2013，66（3）：851–853.

注：此病例摘自上海科学技术文献出版社出版发行的《中国临床案例·泌尿外科病例精解》一书，共有【病历摘要】、【病例分析】、【疾病介绍】、【病例点评】、【参考文献】五个部分组成。当然，不同专业的病例图书也可根据出版社及编委会成员建议和专业特点适当调整。

五、临床病例图书的编写注意事项

1. 法无定法，因病而宜

CARE 小组发布的 2016 CARE 信息清单为临床病例报告提供了规范和写作指南，但是否所有的病例报告都要严格按照其写作呢？也不一定。由于病例报告有典型病例、疑难和罕见病例、误诊误治病例、护理病例、临证医案等多种，每种病例报告又各有其特点，另外，病例报告的作者层次也不一致，因此，在遵循 2016 CARE 信息清单的基础上，根据各个病例的实际情况撰写病例报告，才是实事求是的态度。

2. 病例类图书的构成

病例类图书在构成上一般分为两类，一类是纯病例图书，即书中全部是病例内容，如《中国呼吸内镜介入治疗典型病例（第一卷）》（王洪武主编，科学技术文献出版社，2018）；另一类是混合式病例类图书，即书中既有常规的诊疗内容，又有专门的病例篇章，如《弥散性血管内凝血——诊治重点与典型病例》（邱方等主编，科学技术文献出版社，2017）。一般而言，单纯病例图书的病例内容往往较深，或为疑难、罕见病例，更适合高年资医师阅读参考；而混合式病例类图书中的病例一般为临床典型病例，更适合低年资医师学习。一本病例类图书选择哪个构成模式，要根据病例内容以及策划时所确定的读者对象而定。

3. 病例类图书的书名

据观察，单纯性病例类图书的书名最后一般都有“精粹”“荟萃”“讨论”“分析”“精解”“精讲”“精选”等用词，而混合式病例类图书的书名最后一般没有这些用词，直接以典型病例结束，但在书名的前面往往有“某某病诊治重点”等字样，这也是两种不同类型的病例类图书各自书名的一个特点，也代表了两种不同类型的病例类图书内容上的区别。

4. 病例类图书的作者

病例类图书的作者是来自一家医院好，还是来自多家医院佳？这可能不宜一概而论。《北京大学第一医院大内科复杂病例巡诊精粹》（丁文惠等主编，北京大学医学出版社，2015）、《白文俊教授团队男科疾病病例精解》（白文俊主编，科学技术文献出版社，2018），这类病例类图书的作者显然都来自一家医院。而北京大学医学出版社的《皮肤科疑难病例精粹》，第一辑于2005年出版，有5家著名医院参与，2009年该书出版了第二辑，参与的医院扩大到了10多家著名医院。2018年由中国医学著作网策划、科学技术文献出版社出版的《中国呼吸内镜介入治疗典型病例（第一卷）》（王洪武主编），参与医院更多至全国数十家，基本代表了中国呼吸内镜介入治疗的国内最高水平。

5．“我院”“本院”“我科”要慎用

因为病例报告一般都是作者个人的亲身体验，文章中难免出现“我院”“本院”“我科”这样的用词，这在一篇病例报告类论文中，一般是没有问题的，但若出现在病例类图书中，则可能就出现问题。因为一本病例类图书往往汇集了数十个或数百个病例，这些病例也往往不是一个医院或一个科室发生的，如出现“我院”“本院”“我科”这样的用词，往往令读者不知是哪个医院或哪个科室，除非这本书的作者来自一个医院，可用“我院”“本院”，或来自一个医院的同一科室，可用“我科”，否则，应使用医院或科室全称，以方便读者了解病例的发生地和医疗机构。

第十三章　医学科普类图书的编写

第一节　医学科普的重大意义

2017年1月9日，2016年度国家科学技术奖励大会在北京人民大会堂召开，揭晓了2016年度国家最高科学技术奖、国家自然科学奖、国家技术发明奖、国家科技进步奖和中华人民共和国国际科学技术合作奖的评选结果。其中，教育部推荐的《躲不开的食品添加剂——院士、教授告诉你食品添加剂背后的那些事》，上海市推荐的《了解青光眼　战胜青光眼》，中国科协推荐的《全面健康十万个为什么丛书》三部图书获得国家科学技术进步奖二等奖，与屠呦呦等科学家的科研项目共同出现在国家科技奖励名单，引起社会各界的广泛关注与热议。

医学科普项目、科普图书获得国家科学技术奖透露了什么信息，对出版特别是医学科普图书的出版有哪些启示，带来哪些思考呢？

随着人民生活水平的提升，医学科普图书市场快速发展，品种数、产值等指标向好，但前些年风靡市场的"洪昭光热"，既有专业保证又有足够市场号召力的图书并不多见，即便是上述几个科普项目相关的图书，公众中的知晓度不高、市场也不够普及。在此背景下，国家科学技术进步奖二等奖授予科普项目、图书具有划时代的意义，将引起科普从业者、医学界、出版业从业者等高度重视，并重新审视医学科普出版的价值与意义。

作为医学专业科普，涉及广大群众健康观念、知识更新、科学防病、合理用药与就医等切身利益，应该强调其科学性强、普及性广、操作指导性高等特性。做好的科学家、医生不易，做好的科普作家、学者更难，要鼓励更多的医生在当前的医疗环境下，在繁重的医学研究、临床实践工作的同时，努力做好医学科普工作。国家科学技术进步奖二等奖授予科普项目、图书，也让广大医护工作者、出版工作者，看到了医学科普创作和出版繁荣发展的曙光，相信今后省部级、市厅级以及各单位的科研奖项也将出现医学科普项目，优秀医学科普图书也应纳入医护人员评审、晋升的重要条件，这样的话，广大医护工作者从事医学科普创作的热情将得到极大的调动，必将出现更多的洪昭光式的优秀的医学专家、医学科普作家和传播者。

第二节　“洪昭光热”与医学科普

洪昭光（1939—2023），首都医科大学附属北京安贞医院教授、主任医师，1961 年上海第一医学院毕业，1961—1981 年于北京朝阳医院任心内科医师，1981—1983 年于美国西北大学师从 J．Stamler 进行国际性流行病学研究。1983 年起于北京安贞医院心血管病流行预防研究室及干部保健科任研究员及主任医师。

洪昭光教授是我国著名心血管病专家，中国首席健康教育专家。《相约健康社区行巡讲精粹》丛书获国家科技进步二等奖、“中国多省市心血管病人群监测研究”获卫生部科技进步二等奖，获联合国国际科学与和平周和平使者称号。著有《登上健康快车》《健康快乐一百岁》《不生病的生活方式》《我的健康我做主》等 10 余本健康教育图书及科普文章千余篇。曾任中国老年保健协会副会长兼心血管专业委员会主任委员、中国健康管理联合会副会长、中华糖尿病协会副会长等社会职务。

2001 年，“洪昭光热”开始在北京出现。2002 年，没有谁像洪昭光那样得到媒体的宠爱。报纸、杂志、电视、广播、网络、出版社，大家一齐把目光对准洪昭光。2002 年 9 月 19 日，上海市有关部门举办的“相约健康——科普教育系列展”上，竟然出现了洪昭光教授的健康格言被“一人抄写、众人传抄”的火爆场面。新华社 2002 年 8 月 23 日在一份电文中估计洪昭光健康讲座内容被传抄、复印及通过邮件传递的多达数百万份。《登上健康快车》的小册子以手抄本、复印件等多种形式广为流传，并于 2002 年 8 月由北京出版社出版，上市首日，就销售逾万册。在王府井书店举行的首发式暨作者签名售书活动当天，售书 1 998 册，创近 10 年单日图书销售之最。首印 5 万册，5 天内全部售罄，20 天内连续重印五次，印数达到 38 万册，四个月销量达到 43 万册，创造了销售奇迹。

“洪昭光热”的出现，起码有两点值得医学科普工作者和出版人做深入的思考。

其一，大众对健康科普图书的需求究竟如何？“洪昭光热”已经直接回答了这个问题。追求健康是人类永恒的主题，特别是人们生活水平得到普遍提高并进入老龄化社会之后，健康更是全民更加重视的课题。洪昭光教授的健康格言被“一人抄写、众人传抄”的火爆场面，一本定价仅 12.00 元的《登上健康快车——洪昭光等讲课经典健康行动》（关春芳主编，北京出版社，2002）不到一个月 5 次重印，销售达 38 万册，足见人们对健康科普图书的热切需求。据开卷数据统计表明，2005—2012 年生活类图书的码洋比重占全部图书市场的 5.68% ~ 8.10%，而大众健康类图书的码洋占生活类图书市场的码洋比重达到 40% ~ 50%。2012 年前，智能手机未普及，才出现养生保健图书热，后来张悟本事件后，国家对出版社养生保健类图书出版资质进行了限制，加上智能手机的普及，养生保健类图书又开始下滑，这几年随着疫情、国家中医药传承政策，养生保健类图书回暖。其二，大众究竟需要什么样的健康科普图书？也可从“洪昭光热”中找到答案。一般的健康科普图书往往沿袭医学教科书或专业著作的模式，按照病因、病理、临床表现、诊断治疗加护理等，基本成了医学教科书或专业著作的简读本，老百姓看不懂，医护人员没看头，使众多的健康科普图书落入盲点。洪昭光教授的讲座和科普图书，通过合理膳食“一、二、三、四、五”、心理平衡的“养心八珍汤”“一个中心，两个基点，三大作风，四项原则”等个性化语言；“直截了当地告诉大家———油不能超过两勺！并告诉大家这勺有多大”的个性化指导；“人生从六十才刚刚开始”等个性化理念，已成为“健康快车”系列图书个性化的突出标志。可以说，在一定程度上“洪昭光热”的出现为医学科普扫除了盲点，即医学科普图书，其观点必须是专家的（权威性），其语言必须是大众的（通俗性），“两性”结合才可能创造出优秀的健康科普作品。

第三节　医学科普图书的类别

医学科普图书既是医学图书的一大类别，也是生活类图书的一大类别，初步归纳，可大致分出以下十个小的类别。

一、就医指南类

顾名思义，就是为患者提供就医服务的指导性科普图书。如由中国医学著作网策划、组织编写，科学技术文献出版社出版的就医指南类医学科普图书，2014年以来已陆续出版了宫颈癌、结核病、耳聋、老年痴呆症、甲状腺疾病、骨质疏松症、妇科常见病及多发病、妇科肿瘤等多种。科学出版社2017年出版了“口腔疾病就医指南丛书”，包括牙病、唇腭裂与面裂、口腔颌面部肿瘤、牙和颌面畸形等分册。还有一些地区或著名医院的就医图书，如测绘出版社2012年推出了的“首都就医指南丛书”，陆续出版了眼科、糖尿病内分泌科、风湿免疫科、心血管病科、耳鼻咽喉头颈科等分册。中国协和医科大学出版社2007年出版了《中国医学科学院肿瘤医院就医指南》，上海交通大学出版社出版了《上海交通大学附属第六人民医院就医指南2010、2013版》，中国大百科全书出版社则从2004年起，陆续出版了分省、自治区、直辖市的就医指南丛书，如《河北就医指南》《辽宁就医指南》等。

二、疾病防治类

这类医学科普类图书出版品种和数量最多，如由中国工程院院士、中华医学会科学普及分会主任委员、武警总医院院长郑静晨教授担任总主编的《人生必须知道的健康知识科普系列丛书》（中国科学技术出版社，2012）分为12个类别，49个分册，系统介绍了医学救援、内科、外科、妇科、儿科、五官科等学科的常见病、多发病、意外伤害、诊疗手段等医学常识，全面介绍了知病治病、自救互救、保健养生、康复理疗、防灾避险的知识和方法，该书被中国科协纳入全民科学素质行动计划纲要书系和社区科普书系，获得2014年度全国优秀科普作品奖。河北医科大学李恩教授主编的《教您远离疾病　享受健康人生》（科学技术文献出版社，2018）出版前即预订6000册。另外，中国医学著作网策划，中国人口与健康出版社出版的《常见多发病那点事系列丛书》广受关注，其中《前列腺那点事》《丁丁那点事》等图书得到患者与家属好评。值得说明的是由上海申康医院发展中心组织，邀请了上海众多医学专家编写的《申康科普随身学》系列图书，为促进百姓身心健康，助力健康中国建设作出了贡献。

三、临床检验类

随着医学技术的发展，临床检验的项目越来越多，面对诸多的临床经验报告（化验单），患者往往一头雾水，粗略搜索就不下几十种之多。如《专家教你读懂化验单》（陈建魁等主编，化学工业出版社，2016）、《临床检验报告解读》（石同才主编，科学出版社，2017）、《一分钟看懂化验单》（叶芳主编，山西科学技术出版社，2017）、《自己看化验单》（张义主编，山东科学技术出版社，2008）等。这类医学科普图书，为经常就医的患者及其家属通过化验单来了解病情的变化，提供了极大的帮助。

四、家庭护理类

俗话说“三分治疗，七分护理”，但由于护理学科发展长期滞后，也很大影响了护理科普图书的创作和出版，目前面世的护理类科普图书主要是家庭护理图书，如《家庭护理宝典》（张晓静编著，化学工业出版社，2011）、《膀胱癌患者护理与家庭照顾》（寿建忠主编，中国协和医科大学出版社，2016）、《老年痴呆早期防治与家庭护理》（许毅等主编，金盾出版社，2012）等。近年来以医院推广为中心的整体护理模式，护士的工作增加了健康教育项目，于是就出现了一批护理健康教育类图书，如《骨科常见病的护理与健康教育》（杨小芳等主编，中山大学出版社，2013）、《肿瘤疾病护理健康教育》（孙丽等主编，湖北科学技术出版社，2017）、《同仁眼科疾病护理健康教育指南》（刘淑贤等主编，人民卫生出版社，2011）等，但这类图书的一个普遍问题是读者的界限不清，既可以作为护士向患者及其家属进行健康教育的工作用书，也可以是病人接受健康教育的知识读物，如《同仁眼科疾病护理健康教育指南》目录中，“健康教育的应用程序”“护士在健康教育中的地位与角色作用”显然是护士应该掌握的，而“就诊注意事项”“如何办理入院手续”则是患者及其家属应该知道的。因此，这类护理图书有进一步厘清读者对象的必要。

五、中医中药类

中医中药是我国的国粹，这类医学科普图书也种类繁多，很受读者欢迎，有疾病防治的，也有养生保健的，还有食补药膳的，以及介绍中医文化的，如《体质的中医学解读：个体化养生与疾病治疗》（宋红普等主编，上海科学技术出版社，2015）、《中医治未病解读》（王琦主编，中国中医药出版社，2007）、《中医药知识普及读本》（曹东义，中国中医药出版社，2007）、《中医药膳食疗》（范文昌等主编，化学工业出版社，2017）、《走近中医——对生命和疾病的全新探讨》（唐云，广西师范大学出版社，2004）、《图解刮痧疗法》（李戈主编，化学工业出版社，2017）、《对症拔罐祛百病》（范斌主编，军事医学科学出版社，2015）、《一两味中药祛顽疾》（刘有缘编著，山西科学技术出版社，2016）等。这类图书一般内容比较浅，主要面向普通百姓。现在业余学习中医的人越来越多，特别是老年人，他们退休后参加各种学习班或老年大学，很多人选择中医课程，以了解更多的保健养生知识。因此，中医药医学科普图书的开发潜力依然很大。

六、合理用药类

合理用药包括两个方面，一是指临床合理用药，即医生在治疗时要合理用药，包括处方药和非处方药；二是指家庭合理用药，只包括非处方药（over the counter drug，OTC）。1999 年我国正式出台了《处方药与非处方药分类管理办法（试行）》，群众自行购买、使用非处方药增多，家庭合理用药科普图书也开始大量出现，如《药用对了才治病：家庭合理用药问答》（张淑芳主编，人民卫生出版，2014）、《家庭合理用药 460 问》（倪青主编，中国医药科技出版社，2013）、《药学科普知识读本　合理用药》（上海市医学会临床药学专科分会编著，上海科学技术出版社，2017）、《心血管病患者合理用药须知》（胡春颖等主编，科学出版社，2017）。有关临床合理用药的图书，属于专业图书的并不适合大众阅读，如《新编心血管临床合理用药》（谢惠民等主编，中国协和医科大学出版社，2010）、《临床合理用药技术》（杨文豪主编，化学工业出版社，2013），这类图书一般通过书名或内容提要，可以和家庭合理用药图书相区别。

七、优生优育母婴保健类

这类图书对于准备生孩子的父母，特别是对已怀身孕的母亲，是十分需要和受欢迎的，特别是国家陆续放开二胎、三胎生育后，对于一些大龄孕妇，了解和掌握更多的优生优育和母婴保健常识尤为重要。因此，这类图书始终具有不错的市场表现。如《健康宝宝养成记：优生优育知识问答》（李进华等主编，科学技术文献出版社，2017）、《优生·优孕·优育大百科》（张卫社主编，湖南科学技术出版社，2017）、《母婴保健指导》（俞芸等主编，复旦大学出版社，2012）、《母婴保健护理手册》（蔡红编著，上海科学技术出版社，2005）等。

八、运动健身类

生命在于运动，运动健身活动也日益受到广大群众的重视，相关的医学科普图书也日渐增多并受到欢迎，如《运动健身一点通》（王硕等主编，中国中医药出版社，2011）、《中老年人运动健身读本》（江苏省卫生和计划生育委员会编著，江苏凤凰科学技术出版社，2015）、《科学运动健身》（马振国著，大连出版社，2010）、《"全民健身路径"锻炼指南》（国家体育总局编，人民体育出版社，2011）等。

九、环境保护类

随着社会的发展，环境保护越来越受到重视，环境与健康或疾病的关系已成为医学研究的重要课题，相关的医学科普图书也越来越多地进入人们的视野，如《环境与健康知识问答》（环境保护部科技标准司主编，中国环境出版社，2001）、《室内环境与健康手册》（北京劳动保护科学研究所编，中国劳动社会保障出版社，2016）、《环境卫生与呼吸系统疾病》（魏立平等主编，人民卫生出版社，2014）、《雾霾下的食疗防治手册》（胡维勤主编，黑龙江科学技术出版社，2010）。

十、引进翻译类

近年来，版权贸易已成为出版界的热门话题，相比较而言，医学科普类图书并没有像医学专著那样出现引进出版的热潮，但也出现了一批广受读者欢迎的引进版医学科普图书，如河南科学技术出版社 2013 年引进翻译出版的日文版"常见病彻底图解丛书"就有《心脏病》《抑郁症》《认知障碍、阿尔茨海默病》《眩晕、耳鸣》《腰痛、膝痛》《眼病》《肾病》《脑梗死》等多个分册；人民卫生出版社 2014 年引进翻译出版了英文版《默克家庭医学手册》；安徽科学技术出版社 2014 年引进翻译出版了英文版《哈佛家庭医学全书》；北京科学技术出版社2012年引进翻译出版了英文版《施瓦辛格健身全书》等。这些引进版的医学科普图书，不但满足了国内读者的需要，也为我国的医护界和出版界提供了创作和出版医学科普图书的有益借鉴。

第四节　医学科普图书创作的几个问题

一、医学科普创作人才的发现和培养

优秀的医学科普作者难觅，是科普创作和出版界的普遍共识。究其原因，一是一流的学者、专家没有时间或有的不愿意从事科普图书创作；二是一般的科研人员缺乏积极性，原因是按规定个人的科普创作不能算科研成果，对个人的职称、成果评定等没有帮助，而实际上科普图书比专著还难写；三是有些专家对于创作科普图书也存在“眼高手低”的情况。可以说，优秀的医学科普作者难以产生，关键在于创作和激励机制没有或不够健全。2017年国家科学技术进步奖二等奖授予3个科普项目，为突破科普创作人才的“瓶颈”，建立完善的科普创作人才的激励机制树立了一个典范。

激励机制是发现和培养更多的科普创作人才的有效措施，但仅此还不够，科普创作实际上并不比科研和论文写作轻松，也不能企望所有的临床专家都成为医学科普作家。据观察，有以下两种人更有可能成为优秀的医学科普作家。

一种是具有人文情怀和科普创作能力的医学专家，如王陇德院士、胡大一教授等医学专家。这类作者的优势就是有深厚的医学基础知识和丰富的临床经验，所创作的医学科普图书，从内容的科学性方面，一般没有问题，关键是提高其作品的艺术性和可读性。很多医学专家的写作能力是很强的，只要善于发现，加强培养和引导，很快就有可能成为优秀的医学科普作家。

另一种是具有一定的医学专业知识又对科普创作有浓厚兴趣的其他专业人士，如编辑、记者等。“洪昭光热”中不到一个月销售38万册的《登上健康快车：讲课经典·健康行动》的主编，并不是洪昭光教授，而是时任北京晚报健康周刊部主任的主任记者关春芳，正是在她的积极策划下，《登上健康快车：讲课经典·健康行动》一书在短期内风靡全国，并推动“健康快

车”项目成为 WHO 在中国健康促进项目的子项目。

二、选题面要窄，开掘度要深

医学科普图书选题的优劣是成功的关键，大概浏览一下市场上的这类图书，一个突出的感觉是，面面俱到的大部头不少，小而优的精品图书不多。如疾病防治类医学科普图书，读者不太可能每人买一本“疾病防治大全”，多半是患了某种疾病，才可能买一本或几本相关的医学科普图书，从而做好自我防治和护理。因此，这类图书的选题应着重以下 2 点。

1. 选题面要窄

单病种的预防、护理类的图书就是很好的窄面医学科普图书选题，可以是某一疾病的预防或护理，还可以是针对某一疾病的更加细分的图书选题。譬如，食管癌作为一个单病，可以考虑“食管癌的防治和护理”这样较大的单病种选题，也可以考虑“食管癌的早期预防”“食管癌就医指南”“食管癌的家庭护理”“食管癌患者的饮食攻略”等较小的选题，后者可能更适合患者或家属阅读、参考。

2. 开掘度要深

不少人认为科普图书内容越浅越好，深了读者看不懂。其实，科普图书读者能否看得懂，并不在内容，而在语言。内容丰富和语言通俗的科普图书，才是读者所欢迎的。特别是疾病防治类科普图书，要尽可能地把疾病的来龙去脉、前因后果等用通俗易懂的语言讲清楚，以便让读者能够建立起一个相对完整的疾病防治知识体系，这样医学科普图书才能起到其应有的作用。另外，随着全民阅读能力和水平的提高，每个人或其身边都不乏大学生、研究生等，内容丰富的医学科普图书，在内容理解上应该没有问题，关键要语言通俗易懂。

三、体例要有特点，语言要通俗易懂

体例一般指图书的编写格式，目前医学著作类图书多采用教科书式体例，即将全书内容分做篇、章、节及“一、”“（一）”“1.”“（1）”“①”等各类标题。医学科普类图书一般不采用教科书式体例，而多采用“问题式”或“问答式”体例，即将全书分成若干“部分”或“章”，其下列出若干“问题”或“问答”，“问题”或“问答”下直接回答问题，或在回答问题时仅分成一两个层次。这样，图书的体例较为简单，便于读者阅读和理解。当然，也有较大部头的医学科普图书，采用教科书式体例，如人民卫生出版社引进翻译出版的《默克家庭医学手册》，采用的就是教科书式体例。

医学科普图书的语言也是图书是否受读者欢迎的一个关键，一般要把握好“两性”：一是通俗性，就是把老百姓不好理解的医学专业知识用通俗易懂的语言表达出来，做到深入浅出；二是趣味性，注重趣味才能引人入胜。好玩，是人的天性，如果一部作品让人读起来感觉索然无味，那就是败笔之作。洪昭光教授的书为什么能那么热销？他的讲座为什么能那样深入人心？原因是作为一个真正的科普大家，他的语言活泼诙谐，邻里间拉家常似的话语，再配上好记的顺口溜，具有非常好的亲和力及感染力。听得懂才能记得住，通俗有趣的语言，再加上举例子、打比方等写作技巧，医学科普图书就能赢得广大读者。

四、利用好插图、漫画等表达元素

插图和漫画是医学科普图书必不可少的重要元素，一本医学科普图书若没有一定量的插图和漫画做搭配，就会显得平平淡淡，索然无味。插图和漫画既是医学科普图书内容的组成部分，也是其独特的艺术表现形式。2013 年，人民卫生出版社《一分钟医学速记：协和医学博士的漫画笔记》的出版让医学出版界耳目一新。这本书以漫画为主导，对医学知识点进行解析，让读者们在欢乐中记住了一些平时看起来非常枯燥而又难以记忆的知识点，兼具趣味性和实用性。书中的漫画吸引了刚入门的医学生和对医学感兴趣的大众读者，市场反响非常热烈，作者舒畅也因为这本书一炮而红，受到社会各界广泛关注。2015 年，人民卫生出版社又推出了《漫画脑卒中》。该书采用暖萌的卡通漫画风格，系统地介绍了脑卒中的发病机制和防治办法，将知识点从科普角度做了形象的比喻，既有科普的医学图示，又有一个个暖心的漫画小故事。这本书出版后立刻占据了当当医学图书新书榜榜首，并长达数周。东方出版社《崔玉涛图解家庭育儿》系列图书图文并茂，用生动的漫画为家长们详细解读育儿知识，获得广泛好评，成为育儿科普类的超级畅销书。

五、选好医学科普图书的书名和题目

书名对任何图书都是十分重要的，它既是图书主题的高度概括，又是一本书的门面要点，具有画龙点睛的关键作用。特别是医学科普图书，由于读者对象不是医学工作者，要使书名一目了然又印象深刻，但书名又要体现出医学的特点和适应的读者群，因此，医学科普图书的书名起码应该做到——明确、具体、贴切，不能哗众取宠，也不能平淡刻板。如人民卫生出版社的《节日中的健康话题》《藏医养生图说》《望舌识病图谱》等医学科普图书的书名，都很有特色。为了便于读者更快地了解图书内容，很多医学科普图书除了主书名外，还有副书名，如《登上健康快车——讲课经典·健康行动》（关春芳主编，北京出版社，2002），主书名是“登上健康快车”，副书名是“讲课经典·健康行动”，出版者为了增加图书的权威性，还在书名下增加了“洪昭光、胡大一、向红丁亲自审定的权威读本”以及三位专家的头像和简介。

由于医学科普类图书一般多采用“问题式”或“问答式”的体例，因此，这些“问题”或“问答”的题目也要精心选择，既要通俗易懂，又要有明确的针对性，使读者通过每一个“问题”或“问答”，都能解决一个健康问题，或学到一个促进健康的方法。

六、把好医学科普图书的质量关

医学科普类图书的读者是广大的人民群众，要想让他们从医学科普书中获取积极健康的知识和信息，严把质量关尤为重要。为此，医学科普图书编写时，需要注意以下几个方面。

1. 确保内容科学无误

这包括内容正确、取材可靠、数据准确、引文准确和用词准确。因普通读者对医学内容缺少鉴别能力，医学科普类图书中任何错误的表述或数据，都可能造成对读者的误导，因此，书稿中所论述的医学科学知识、技术和方法要准确无误，严禁伪科学甚至反科学的内容在书里出现。在编写书稿时一定要注意此类问题，一旦发现，要坚决删除或改正。

2. 审慎对待敏感问题

医学科普图书在介绍不同民族的文化习俗时，有时会涉及少数民族的生活方式、风俗习惯和宗教信仰，对于这类问题一定要持审慎的态度，有依据地修改。此外，涉及对外政策的内容，如国名、国界、国际事件等也要认真审核，不得有任何差错。

3．力求内容通俗实用，具有可操作性

医学科普图书的最大特点是：一般群众可以看得懂、学得会、用得上。因此，即使是著名的医学专家、学者，在编写医学科普图书时也要在语言的通俗性和趣味性方面下一番工夫。此外，医学科普图书不应只是一般的知识普及、简单的原理介绍，而应该将所普及的东西讲得具体详尽，对技术方法及具体操作表述完整准确，便于读者学习、掌握和应用。有些书稿经常是道理讲得多而实际操作讲得少，比如讲“吸二手烟对人体健康有害”，但“如何避免”却只字未提。诸如此类的问题，作者应注意补充相关内容。

4．编排形式有创意

医学科普图书要想吸引读者，除了内容好外，其编排形式和版式设计也要有所创新。比如，医学专业书经常使用的篇章节编排体例，一般不适用科普图书。取而代之的可以利用数字，符号，字体、字号变化，小贴士，专家点评等多种形式，丰富科普书的编排，并搭配适当的插图、漫画等，使医学科普图书形式活泼，赏心悦目，具有艺术感。在搭配插图、漫画时，一定要注意图的质量，质量不好的图宁缺毋滥，图的内涵及图文要吻合。

5．语言表述简明流畅

对于医学科普图书，语句通顺，文字简练，表述清晰，可以让人阅读起来富有乐趣，容易记忆。编写书稿特别是定稿前，要注意对拗口生硬、解释不清楚或不通顺的语句进行修改、润色，以便于读者阅读。同时，要注意消灭书稿中的错别字，还要注意书中标点符号的正确、规范使用。

第十四章　中医药类图书的编写

第一节　中医药类学术图书的出版策划

作为中医药编辑出版人员，如何判断作品的原创属性，出版真正有学术价值，产生良好双效益的学术出版物，将是专业出版的重中之重。以下将从四个方面对中医药原创性图书选题策划编辑管理进行分析。

一、原创性学术图书的认定标准

原创性图书首先应能够反映本学科重大科研成果或阶段性成果，注重理论与实践、当前与长远、高新技术与中医药理论的结合，致力于培育新的学科生长点，尤其是填补中医药理论研究与应用技术领域的空白，观点具有独立性或排他性，内容具有自主知识产权；其次应用新观点、新方法、新认识，提出的问题具有开拓性和启迪性，能够反映本学科学术水平和发展动向，代表本学科发展前沿；同时，在中医药医疗、教学、科研、生产等方面具有实用价值和指导意见，并已产生较大的社会效益和经济效益；此外，原创性学术图书的认定还应包括图书依托的项目情况、获奖情况、版权输出情况、内容被引用情况等。

二、选题：从源头把握学术专著的原创性

1．培养原创性思维

培养编辑的原创性思维能够锻炼编辑的学术判断力，从而对原创性学术著作的原创价值进行比较和评估。中医药是具有自主知识产权、原创特征明显的宝贵资源，这就要求编辑对中医药学及相关学科的知识理论结构、前沿交叉学科有一个清晰的认识，寻找可能出现原创性作品的突破点；同时，对各细分领域已经在研的主要课题和已出版图书的原创性特征进行分析，主要

考虑：①课题的创新性；②课题是否反映本学科重大科研成果或阶段性成果；③立论是否新颖，或者内容是否体现新观点、新技术或新方法；④是否引领本学科学术发展动向等。

2．占领学术制高点

毫无疑问，为了使原创性选题策划能够引领学科发展，编辑必须与作者经常沟通，经常参加各种专业而权威的社群、微信群、沙龙、学术会议，掌握中医药各学科发展最前沿的理论和技术方法。

3．紧跟时代步伐

正如同大部分出版物一样，打造中医药原创性学术专著也要紧跟时代步伐。我们都知道，大多数科研项目周期较长，学术成果的创新性会由于时间的推移而降低。图书出版物由于是对科研成果的积累和总结，本来就滞后于学术研究，由此可见，在学术研究项目启动时就应做好学术出版的准备工作，包括资料搜集、数据处理、文献整理等基础性工作；同时，在研究中也要不断积累素材，最大限度地减少项目完成与图书出版的时间差，确保图书的新颖性，否则一旦有相关的图书先行面世，该作品的原创性将会大大降低。

三、组稿：学术专著实现原创性的关键环节

1．选好作者有讲究

由于中医药是一门经验医学，名家大家的学术经验最好本人亲自整理为宜，或者口述请专人整理，或者后人专门整理，如果请学生或者助手代为编写，也就无法反映出名家大家原汁原味的学术思想，甚至还会误导读者，无法保证作品的原创性，学术价值也大打折扣。所以，原创性图书比其他类图书更需要作者亲力亲为。要撰写中医药原创性图书，必须依靠作者本人的学术思想和经验积累。

2．术业应有专攻

中医药学科博大精深，细分领域众多，原创性图书集中体现了某一领域的学术创新，故而在选择主编方面，专业务必要对口。虽然大多数专业出版单位对于作者资质的审核比较严格，但是，严格并不等于专业对口，大凡有名的专家教授，其在某一学术领域必有所长，我们不能迷信权威。比如，同为中药学教授，A 可能擅长药剂学，B 可能擅长药理学，那么，在写《血管生成研究方法学》等这样的专著时，一定要请 B 参与组稿。

3．语言尽量通俗

很多作者认为：科技类原创图书无法做到语言通俗，语言通俗了，学术性、严谨性就没有了。其实不然，作者和出版单位的立场是一致的，出版学术专著的目的是使之广为流传，不断实现其传播价值和转化效应。例如英国物理学家斯蒂芬·威廉·霍金的《时间简史》，就从专业角度讲述了宇宙的起源和命运，解释了黑洞和大爆炸等天文物理学理论，但是语言通俗易懂，普通读者也能明白。

四、严格的质量管理：为原创性图书出版保驾护航

1．符合学术著作出版规范和相关规定

为了鼓励、规范和促进学术出版，原国家新闻出版总署于 2012 年颁布了《关于进一步加强学术著作出版规范的通知》，从学术出版的目的和意义，图书正文、引文、辅文的要求等方面进行了规范；在 2015 年 11 月中央财经领导小组第十一次会议上，习近平总书记提出了“供给侧结构性改革”概念，学术出版供给侧改革必须坚持注重原创，从选题源头进行优化、精简、精准，为读者提供高质量的优秀读物，把内容建设放在第一位，把质量放在第一位，把出好书放在第一位。围绕出版精品力作、攀登出版高峰，国家新闻出版署将进一步加大出版物质量管理工作，为此，原创性学术专著必须按照学术著作出版的规范和相关规定进行管理。

2．规避著作权问题

不同于一般的学术著作，原创性学术著作尤应注意著作权法规定的相关规定。经常看到有一些书稿，内容具有创新价值，然而从参考文献的引用上，发现了不少问题。比如，某些章节引用文献多达数百条，试问这部分的内容，有多少原创成分？而且很容易产生著作权纠纷。作者应冷静地分析各部分的内容，要有自己原创的、独立的观点和视角，或者拓宽写作思路，或者另辟蹊径，或者改变形式，从而从根源上避免侵权嫌疑。

3．建立相应的保障体系

（1）遴选评价机制：正是由于中医药的特殊性，中医药原创类图书出版比较火爆，各个出版单位都标明自己是原创图书，然而终归缺少第三方的客观公正评价。为此，有的部门实施了“中医药原创精品图书出版工程”，面向全国各高校、科研院所、医疗机构征集中医药原创类图书，经过主编以

及申报单位的初步遴选上报了102种，请相关领域的权威专家进行了评比，最终确定了20种纳入该项工程。并对所有入选品种匹配相应经费，用于编辑出版和各种项目的申报和奖项评定。

（2）沟通联系机制：原创性图书创作难度较大，对作者和编辑提出了较高的要求。编辑对于作者的指导应发挥重要作用，为此应充分利用现代化的媒体手段。在编写每一部原创性图书时，都可建立一个微信群，大家在群里积极探讨编写内容、分享编写经验、共享重要文件和资料等，有问必答；同时，为了解决具体问题，统一编写风格，每部图书的编委会按照进度表，定期召开主编会、编写会和审定稿会，及时解决编写中遇到的各种问题，编读渠道畅通高效，有力地保证了编写质量。

（3）质量控制体系：从选题论证开始，将原创性作为衡量中医药学术专著的重要指标，并给予较大权重，这些都从源头上保证原创图书的编写出版质量。人民卫生出版社在国家新闻出版署有关质量管理规定的基础上，结合多年医药卫生图书编辑出版工作的实际，积极创新和完善出版物质量管理，形成了出版物质量管理要求和控制的顶层设计框架——“九三一”质量控制体系。对于原创性图书的选题策划和管理要求做到：选题的“三次策划”“三级论证”，编写团队的“三级遴选”，主编会、编写会、定稿会的三次会议等。

（4）图书审读体系：原创性图书在三审三校的基础上，需要做到精审精校。即除了对书稿的标题层次、体例规范、名词术语等进行审读外，重点对作品的立意、新颖性、特色等进行审核，确保全书重点突出，从而反映出作者独特的学术观点和创新价值。

第二节　名老中医临证医案类图书的编写

一、中医药医案类图书编辑的意义

中医临证医案即相当于西医的临床病例。医案，又称诊籍、脉案、方案、病案，是中医临床医师实施辨证论治过程的文字记录，是保存、查核、考评乃至研究具体诊疗活动的档案资料。特别是名老中医医案的整理和挖掘研究，对于传承其有效的临床疾病的诊疗经验方意义重大。正如清末民初著名思想家、学者章太炎先生所言“医之成绩，医案最著”，高度评价了医案在中医领域中的重要地位。这些名老中医的经典医案，多由所在单位的国家或省名老中医学术经验传承工作室协助整理，经名老中医亲自审定，系统总结了名老中医的学术理论、学术思想、临床经验、经典医案等，为中医临证医案类图书的出版积累了宝贵的经验。

医案、医话类图书作为中医药类学术图书的重要组成部分，历来受到中医药名家和出版界的重视。早在20世纪五六十年代，《蒲辅周医案》等一批著名中医的医案著作都经由周恩来总理亲自过问，由人民卫生出版社出版。2010年始，国家中医药管理局开展了全国名老中医药专家传承工作室建设项目和全国基层名老中医药专家传承工作室建设项目，历时十几年，取得了巨大成就，也出版了一大批名老中医临证医案著作，如中国中医药出版社出版了“名老中医经验辑要”系列图书，化学工业出版社出版的“名老中医临证备忘录”系列图书，学苑出版社出版的“全国名老中医药专家临证验案精华丛书”系列图书。可以说，医案、医话类图书的大量出版有力配合了国家名老中医传承工作室项目的健康开展，为繁荣和发展我国独具特色的中医药事业作出了有益的贡献。

二、名老中医临证医案类图书的编写

（一）临证医案的撰写原则

1．科学性原则

坚持以中医药基本理论为主导，从需求分析到软件形成，从采集、编撰到后续挖掘，所有资源和软件支撑的研究结果必须体现三个“真是”：真是中医的；真是中医临证的；真是名老中医临证的。排除一切干扰、混淆、阉割、掩盖名老中医临证特点的设计思路与方法。

2．创新性原则

名老中医的每个医案要有各自的特色和借鉴意义，有自己的创新亮点。这就要求编写者博览群书，研究其他名老中医的经典医案和写作特点，并设计出不同他人的自己的临证医案，特别是具有地方特色的诊疗方法，这对读者的学习和借鉴会有很大的帮助。

3．个性化原则

中医医案的个性化是每例医案具有自身学术价值存在的立足点。因此，不能强求整齐划一。尤其是内容不能强求各医案的一致，在治疗方法、临床路径、临床用药、临证心得等方面，不可强求过分统一，一定要有各自不同的学术观点，甚至是允许相左方向的学术观点存在或有违常规的观点存在，只有这样，才能促进学术争鸣和学科进展。

4．规范化原则

中医医案的规范化应该是中医临证医案的最基础的重要原则，尤其是在医案的体例和格式方面应该严格遵守规范化。尤其要注意：①医案的基本要点要全面；②医案的基本构成要素要完整，严防中医医案病历化或异化为西医医案（病历）。

（二）临证医案的撰写要求

1．临证医案的构成

（1）病证名：以中医病证名称为主，以《中医临床诊疗术语》（朱文峰，王永炎，唐由之，等。中医临床诊疗术语[M]．北京：中国标准出版社，2004．）为标准，个别无法找到合适中医病证名称者，以主要症状为名。有西医明确诊断者，西医病名附后。

（2）病证概述：主诊者对本病证的独特认识、基本方（有相对固定的处方或协定处方者）及其加减。

（3）临床资料：包括患者的一般情况（性别、年龄、婚姻状况、职业、居处环境），一诊、复诊（含二诊、三诊等）的主诉，就诊时间，主要症状，体征，中西医诊断结果，主诊者的治则治法、处方，及使用注意、煎服方法、特殊医嘱等。

（4）按语（医案分析）：重点分析立法处方的思想和用药的独到之处，如药味加减的变化、剂量的变化，或煎煮法的变化及加用别的方法的特别用意。

2．临证医案的信息要点

为了能够全面、准确、详细地了解医案发生当时患者及主诊者的诊治信息，通常在医案编写时，一般要注意采集患者以下的信息要点和主诊信息要点。

（1）性别：男女性别不同，其个体差异不同，因此用药不同、组方配伍不同。

（2）年龄：年龄关系到后人对处方用药的理解，相对而言，年老、年少者因其气已衰或气未盛而用药宜轻。

（3）婚姻状况：特别是独身、离异与鳏居的患者。

（4）职业：特别要考虑采矿、地质、建筑、装饰、演艺、计算机、海洋作业等职业是否与致病因素相关。

（5）居处环境：特别考虑移居、驻地的气候和环境与籍贯、民族、生活习惯的关系。

（6）发病时令：与疾病的发生、转归、预后密切相关。

（7）主诉及舌脉：主要症状及持续时间、病程，舌、脉情况。

（8）诊断、治疗情况：初诊、复诊的中医诊断、治疗情况、疾病变化和转归情况。附加西医诊疗信息，如果患者病症的变化是由服用西药或使用现代疗法（如放疗、化疗等）引起的，更要明确记录。

（9）诊断、立法和处方：中医诊断的病证名，西医诊断；中医治疗法则的确立和处方的组成。

（10）其他：使用注意、煎服方法、饮食起居的医嘱（有特别之处，则详细记录。属常规使用者，从略）。

（11）师承特点：是体现师承的关键所在，但必须与本案相关。

（12）经典诠释：是本案中必须联系、融入的经典原文。

（13）思辨要点：主诊者见病、识病、断病、治病的思路及其思辨的重点，是按语构成的要素，要与医案整体信息一致，而又具有特点，这是全案精华所在。

（三）临证医案的撰写内容

临证医案的撰写分为标题、提要、案体、按语 4 个部分。

1．标题

以中医病证名称为标题。

2．提要

提要简单介绍本病的发生、发展的一般情况、治疗效果，重点介绍主诊者对本病的认识、基本学术观点，主诊者的治疗特色和主诊者所用的代表方剂（有协定处方者列出）。主要包括：患者姓名（姓＋某某），性别，年龄，职业，籍贯；主诉，脉象、舌象、实验室检查结果；诊断，主要治疗措施、疗效等；本案临证思辨特点等。简而言之，提要即本案的导读，要求简明扼要，重点是概括出诊断、治疗（主方）、疗效和临证思辨特点，要对读者有吸引力，但无描述，无引文，必须特点突出，简明扼要，一针见血，不展开阐释。

3．案体

案体是陈述性的，应注重层次清晰、内容具体、叙述简洁、数据可靠。包括诊断、立法和处方。诊断以中医诊断为主，附列西医诊断，突出辨证论治的思辨过程及其特点；立法中要突出主诊者的治则治法特点和治疗重点；处方要采用规范的药物名称和计量单位，即尽量使用药典、教材使用的药名，尽量避免使用别名或民间习用的药名，处方剂量要清楚，特殊用法需要详细说明，有特殊医嘱者要一一列出。换而言之，案体是主诊者临证经验的提炼与升华，不仅要求资料翔实，而且要求具有中医药文化的品位（特色特点），有理、有法、有方、有药、有依据、有引文、有文采，但又必须做到要言不烦。撰写者必须精雕细刻，力争做到字字珠玑，给人启迪。初诊要求四诊资料齐全、辨证论治明确、理法方药严谨；复诊要求描述病情变化的实况，阐明临证思辨的方法，理清治疗方案调整的关键。

4．按语

按语是医案撰写中最重要、最精彩的部分，也是最难写的部分，要熟练、准确地把握对疾病的辨证论治，方解特别要对所选用药物的功能和彼此配伍的功能分析精准。要求与初诊、复诊所述紧密吻合，必须切中肯綮。如如何取舍四诊资料（舍脉从证、舍证从脉等），如何切入辨证纲领，如何把握病机，如何确定治则治法，如何组方用药等，应将处方用药和患者病证、病机、发病有机结合起来，分析主诊者综合运用理、法、方、药的特点，要侧重病因病机分析、方解、病情演变分析、调整方案分析、疗效分析，突出特点、重点即可，关键是归结本案临证思辨特点，如实体现主诊者的临证经验和独家心法，提示后人可思、可学之处，给读者临证以启迪。

三、有关医案书写的几个问题

中医之有医案，发源很早，前汉时代名医淳于意（仓公）就开始有了诊籍——也就是最早的医案记载，在《史记·扁鹊仓公列传》里，留下了仓公的诊籍二十五则。后世历代名医，大多数都把他们的临床经验写成了医案，一直流传到现在。

古代的医案内容是较简单的，其后不断发展，日趋完善。明代韩懋（著《韩氏医通》）和明末清初喻嘉言（著《医门法律》等），他们对医案的书写方法作了非常细致的讨论，认为在医案中不仅要记录病情、病机、立法和处方，而且对患者的姓名、年龄、住址、职业以及家族中有何疾病，过去曾患何病等，也要问清楚写详细。这样从列举项目上来比较，和现代病历的内容几乎没有多大的区别。不过他们这个倡议并没有被人重视，就是他们自己也做得不够。

历代医案的内容除了详略之别外，在书写的形式方面，随着时代的发展，还有些不同的演变。大概在清代以前，多数医案是一病治疗之后总结式的记录，目的是留作自己参考，或传之子孙，或教育门人。清代以后，则大多数是诊治当时写出来的，一方面交给患者，一方面由门人记录下来。内容除了病情及诊断治法的意见外，还要加上对患者的嘱咐，如护理方面的注意事项、本病的预后等。每诊察一次换一次方，就必须在处方前面写上一篇医案。这种医案，仍旧具有它的优点，不仅没有失去总结式医案的特点，相反更为细致，书写技巧较前更高，文字形式较前更趋美化。这个促进发展的因素，可能和业务竞争有关。清代医案的书写技巧，总的说来是胜于前代的，是我们今天写医案的典范。当然，我们书写的目的和它并不相同，我们的目的是为了充分反映辨证论治的精神，以利于总结经验和临床教学。

（1）总结式的医案：如金元四大家以至清初的喻嘉言，大多是用这种方式来写的。喻嘉言的《寓意草》，更是其中较著名的一种。它的写法以下面一个例子可见一斑。

喻嘉言徐国祯案："徐国祯伤寒六七日，身热目赤，索水到前，复置不饮，异常大躁，将门牖洞启，身卧地上，辗转不快，更求入井。一医汹汹急以承气与服，余诊其脉洪大无伦，重按无力，谓曰：此用人参附子干姜之证，奈何认为下诊耶？医曰：身热目赤，有余之邪，躁急若此，再以人参附子干姜服之，逾垣上屋矣。余曰：阳欲暴脱，外显假热，内有其寒，以姜、附投之，尚恐不胜回阳之任，况敢纯阴之药，重劫其阳乎。现其得水不欲咽，情已大露，岂水尚不欲咽，而反可咽大芒硝乎。天气燠蒸，必有大雨。此证顷刻一身大汗，不可救矣。且既认大热为阳证，则下之，必成结胸，更可虑也。惟用姜、附，可谓补中有发，并可以散邪退热。吾在此久坐，如有差错，吾任其咎。于是以附子、干姜各五钱，人参三钱，甘草二钱煎成冷服。服后寒战，戛齿有声，以重绵和头覆之，缩手不肯与诊，阳微之状始著。再与前药一剂，微汗热退而安。"

从这个医案中，我们可以看出它的优点是对一个病的治疗全程，概念明确，说理透彻，文字写得生动。但是不足的是不够细致，立法方药也太简略。还必须指出，这类医案中对前医的治疗，每每加以讽刺攻击词句，今天我们写医案，是不宜采用这种方式的。

（2）交代式的医案：如清代叶天士的《临证指南医案》，是最早较典型的一种。到了晚清乃至近百年间，这种写法最多，如张韦青、王旭高、王九峰、丁甘仁、王仲奇等的医案，都是较著名的。

古人医案的写法，虽然有这些演变，但主要内容大致相同，在一个医案中都包括了病情、病机、立法和处方四个方面，但和一般病历有不同之处，一般病历是分项填写的，而医案是将这些项目联系在一起写的，每个项目之前或之后加以申述理由，经过这些申述文字的联系，因而把这些项目形成了一个整体。所以在医案中，不仅可以看到这个患者的一般病情，同时可以看到这些病情发生的机制；不仅可以看到这些病机诊断的结果，而且可以看到诊断和立法的关系。由于这个特点，古人的医案写法形成了多样化，而不是像现代病历表格式那样机械。归纳一下，古人医案的写法主要有如下几种方式。

1. 先病情后病机立法式

这种方式是较普遍的一种，优点是条理井然，是我们今天写医案比较容易学习的一种形式。如上海中医学院（今上海中医药大学）编写的《实习医案选辑》中所载的医案，大部分是属于这种形式的。举例如下。

（1）丁仲安医案：壮热10日，初起咳呛胸痛，痰黏不爽。神昏不醒，已10余日，项强气粗，痰声辘辘，脉弦滑数，舌干绛而裂。此系风湿邪热犯肺，失于清泄，加之年高体弱，阴津劫烁，逆传心包，扰乱神明，症势危重。法宜大剂豁痰开窍，清热生津（方略）。

（2）俞国芳医案：久咳不止，痰中带血，乍有乍无，谷食不多，神疲乏力，脉弦滑，舌光滑。肺阴不足，清肃失司，血络破损，血从上逆。拟滋养肺气，摄血归经（方略）。

2. 先病机后病情立法式

这种方式在古今医案中也是不少见的，但书写难度较大，举例如下。

（1）丁甘仁医案：伤寒两感，挟滞交阻，太阳少阴同病。恶寒发热，头痛无汗，胸闷、腹痛拒按，泛恶不能饮食，腰酸骨楚，苔白腻，脉象沉细而迟。病因经后房劳而得，下焦有蓄瘀也。虑其传经增剧，拟麻黄附子细辛汤加味。温经达邪，祛瘀导滞。

（2）上海龚国梁医案：木火刑金，金属肺，肺络暗损，血从外溢。咳呛咯血颇多，神志模糊，舌红苔黄，脉形弦数。虚体防其喘脱，拟平肝清肺。

3. 病情病机立法夹叙式

这是医案中较难写的一种形式，必须具有较高的理论基础，丰富的临床经验和精湛的文字水平方能写好。近代如丁甘仁、王仲奇等名医，都是善用这种方式来书写的。举例如下。

（1）丁甘仁医案：肺虚则咳嗽寒热，脾虚则纳少便溏，心虚则脉细神疲，肾虚则遗泄，肝虚则头眩。五虚俱见，非易图功，惟宜培土生金，益肾养肝。苟能泄泻止，谷食增，寒热除，咳嗽减，则虚者可治。

（2）王仲奇医案：吴姓，男，胃脘右肋下痛，益肝脉贯膈布胁肋，两胁皆属于肝，肝体实居右，不过气运升降行诸左耳。若大便秘结，嗳腐吞酸，无非肝气倒行逆施，迫令胃气不得下行。痛本不通之意，至于腰痛，非胃肾相关之故耶。今病逾半载，谷食全不能进，而菜肉又禁不予食，胃气残极矣。又以胃气为本，中焦之精液气血渐涸，肌肉筋骨，何以赖以养，稍进饮食，胸脘即胀闷欠适，是中焦之腐熟水谷呆钝。大便秘，小溲少，应出不出，甚则呕酸，则应纳而反出矣。腹虽绷，按之则软而不坚，定非有形之积滞，了无疑义。诊脉百至虽有弦象，幸不刚动。舌光无苔，胃气消乏，大抵如此。久病色夺，亦属寻常。惟肌肉消瘦大甚，形羸不能服药，扁仓以难耳。

医案的书写方式，除了以上 3 种主要的以外，还有先谈治疗立法，以后再谈病情病机的。也有只谈病机病情而立法缺少，似乎立法已包括在方药之中而不写出。甚至还有些残缺不全的医案，如只有病情和方药，或只有病机和方药等。这些方法都不符合我们的要求，姑置勿论。

至于如何才能写好一个医案，应该注意如下 4 个方面。①叙述病情要简洁：医案中叙述的病情，不等于一般病历中的病史记录，医案中的病情是病机和立法的指征，因此它必须经过精炼加工，一般情况与辨证无关的可以不记，而只是将其中主要的加以精炼的叙述。古人在这一方面是很讲究的，如清代马之仪下痢一案：下利呃逆，两足彻冷，两脉虚微，此火衰于下，土衰于中，因之升降失常，而输泄无度。饮食所生之津液，不能四布，而反下泄矣。当大剂温补，以恢复元气，拟桂附理中汤。本案中叙述病情只有三句话，并非本病症状只有三个，而是医者根据临床经验之推断本病病机，抓住了其中的主要矛盾是“火衰于中，土衰于下”的特征，同时又是“大剂温补”的临床依据。如此取舍十分恰当，确可仿效。②病机立法要准确：中医诊断，重病机而不重病名，柯韵伯曾有“不在病名上寻枝节”之语。当然，在今天来说，我们并不是在临床上要废除病名，但从辨证论治角度来看，病名确是次要的问题。因为中医的立法处方，主要是依据病机而不是依据病名来决定的。同一病名有多种不同的病机，因而也就有多种不同治法。在临床上对病机的诊断能准确，立法才能恰到好处，这也就是中医辨证论治的精神。例如，证属气虚，绝不能诊断为阳虚，虽然“气即阳也”，而在临床上，气和阳有深浅之分，立法处方更不能丝毫含混。助气药多属甘温，如党参、黄芪。温阳药多属辛温，如附子、肉桂。应该服参、芪的，就不能用桂、附，若误服之，反能伤气。应该服附、桂的，也不能仅用参、芪。若仅用参、芪，则回不了阳也救不了逆。③申述理由要精辟：中医医案中的病情、病机和立法，必须紧密联系，同时所处的方药，更必须和立法符合，这四者之间是不允许有矛盾存在的。这种联系现在一般把它称为“四对头”，正确的医案是不允许“四不对头”的。但从表面上看，这并不能算是中医的特点，因为西医写病历虽然没有“四对头”的说法，而这种精神仍然是一样的。如把一个疟疾患者诊断成肺炎，把治疗肺炎的药物开给了疟疾患者，也是犯错误的，但西医的病原检查根据比较明确。诊断及治疗意见不需要在病历上加以理由的申述。而中医却不然，由于中医是病机诊断，情况比较复杂，一种病情有多种病机的见解存在，立法更是千变万化。因此，必须加以理论根据的理由申述。这种在医案中申述理由正是中医的一个特殊风格，这种申述文字必须简单而明确，假如拖泥带水，就不像医案了。前面举的一些医案就是很好的例子，这里就不再重复了。④医案文字要精炼：书写医案的文字是具有较特殊风格的，总的来说，以简洁流利为上，切忌笼统烦琐。因此，写医案的文字大多数都是采用了文言文，而用语体文的亦日益增加，虽然如此，但也不必在文字上大做工夫，过分追求文采和辞藻之华丽，切防华而不实，浮而无物，更应杜绝在书写医案时做文字游戏。如清代医案中，有些文字写得很美，甚至还用四夫韵文来写医案，薛生白的虚损一案，就是一个例子：“骨小肉脆，定非松柏之姿，脉数经停，已现虚劳之候。先在既弱而水亏，壮火复炽而金燥。岁气一周，一损岂容再损。秋风乍鹜，已伤难免重伤。证具如前，药惟补北。不敢说梦，聊以解嘲。”像这种写法，美虽美，但一般不易让人看懂。

趋于追求文字色彩和语句情趣，必然会导致辨证的笼统而损疗效。这是“华而不实”的写法，不可学习。

第三节　中医古籍类图书的编写

一、校勘规范

（一）范围

本规范规定了中医古籍整理中校勘的基本术语、一般程序、内容与方法、出校原则，以及校勘记和点校说明的撰写要求等。

本规范适用于中医古籍校勘问题的处理。

（二）专业用语与释义

下列专业用语与释义适用于本规范。

（1）版本：是指古籍经过传写或印刷而形成的各种不同的本子。

（2）底本：是指古籍整理过程中，作为工作基础的版本。如影印古籍时，选定用于影印的本子，即为影印所用底本。校勘古籍时，选定一个本子作为校勘基础，再用多种方法对其进行校勘，此本即为校勘所用底本。标点古籍时，选定一个本子予以句读，此本即为标点所用底本。注释、今译、索引，也要选定一个本子作为注释、今译或索引的底本。除影印外，其他各种整理方法所用的底本或根据底本复制的本子，通常亦可叫作“工作本”。

（3）主校本：又称“通校本”，是指校勘时作为主要依据的版本，即全书从头到尾都要与底本核校一遍的版本。

（4）参校本：是指校勘时用来在疑似之处加以参考的版本，不必通校全书。

（5）善本：是指文物价值、艺术价值与学术价值等较高，刻印或抄写较好的本子。善本的确定一般应依据以下三条标准：一是从文物性或艺术性的角度看，抄写、版印年代较早及工艺精良或经名家收藏的版本；二是从流传刊布的角度看，存世较少的版本；三是从学术研究的角度看，内容完整，错讹较少的版本。

（6）祖本：是指同一种书有多种本子存世，其中最先问世的本子。

（7）足本：是指内容完整的版本。

（8）稿本：是指著者亲自书写或组织誊录的著作原件。

（9）写本：是指缮写而成的书籍。一般指宋代以前的手写文献。亦指宋代及以后由中央政府组织编纂缮写或名家缮写的文献，以及用特殊材料（如泥金、朱墨等）缮写的文献。

（10）抄本：是指依据某一底本手工抄录而成的书籍。

（11）刻本：即雕版印本，指雕刻木版，制成反字印版，再敷墨覆纸刷印而成的书籍。

（12）活字本：是活字印本的简称。将木、泥、铜等中国传统活字制成印版，再敷墨覆纸印成的书籍。

（13）影印本：是指使用照相技术复制某一既存版本的图像，再将此图像制成印版印刷而成的书籍。

（14）石印本：是指使用特殊制剂和技术在石质平面上制成印版，再利用机械印刷而成的书籍。

（15）铅印本：是指使用铅活字制成印版，再利用机械印刷而成的书籍。

（16）校勘：是指利用古籍的不同版本和其他相关资料，通过对比分析、考证推理，指出和纠正古籍在流传过程中发生的各种字、句、篇、章等方面的不同和错误。

（17）对校：是指以同一古籍的其他版本与底本相互对照进行校勘。

（18）本校：是指以同一古籍目录和正文标题、正文前后文句、正文和注文之间相互对照进行校勘。

（19）他校：是指以不同古籍中的相关、相似内容与底本对照进行校勘。

（20）理校：是指根据文理、医理推测底本中的正误。

（21）误文：古又称“讹文”，是指古籍在流传过程中出现的错字，简称“误”。

（22）脱文：古又称“夺文”“阙文”，是指古籍在流传过程中比原文脱落、遗漏的文字、文句、章节等，简称“脱”。

（23）衍文：古又称“剩文”，是指古籍在流传过程中比原文多出的文字、文句、章节等，简称“衍”。

（24）倒错：是指古籍在流传过程中相邻的字、句位置次序发生颠倒错乱，简称“倒”。

（25）错简：是指古籍在流传过程中文句、章节位置次序发生颠倒错乱。

（26）繁简字：是指繁体字与简体字，即读音相同、意义相同，只是笔画多少不同的字。

（27）古今字：是指记录同一个词较古时的用字和对应的较后的用字，多数情况下今字是以古字为声符、加上一表义偏旁而成。古字又称“初文”，今字又称“后起字”“后起形声字”。

（28）异体字：是指读音、意义相同，只是形体不同的字。也就是一字多形。

（29）通假字：又称“通借字”，是指甲乙两个字的形体和意义本不相同，但由于二字读音相同或相近，当用甲字而借用了乙字。当用的甲字称“本字”，借用的乙字称“通假字”。

（30）避讳字：是指为了避讳君主或尊长的名字而代以改字、空字和缺笔的用字形式。改字即将原字改用与之意义相同或相近的字。空字即空其字不写，或用空围符号、“某”“讳”代替。缺笔即在原字的基础上缺漏笔画，多为末一二笔。

（31）异文：是指古籍的某一字、句在各种版本之间，或同书前后文之间，或相关文献之间的差异。包括三类：误、脱、衍、倒等错误性异文，繁简字、古今字、异体字、通假字、避讳字等非错误性异文，难以判定是非的异文。

（32）校勘记：是指对所校古籍中的异文进行标注、纠正、说明等的文字。

（33）点校说明：是指对所校古籍校勘总体情况的文字说明。校、注兼有时，也称“校注说明”。

（三）一般程序

1．收集资料

广泛收集所校之书的不同版本和其他相关的校勘资料。

2．选定版本

通过分析版本源流，比较版本优劣，选定底本、主校本、参校本。

（1）选底本

1）首选祖本，其次选早期版本。

2）首选足本。

3）首选经前人精校过的本子。

（2）选校本：校本（包括主校本、参校本）的选择以时间早、版本系统不同、内容完整为标准。一部古籍有各种不同的版本，选择校本要首选靠近源头、分属不同版本系统、内容完整的版本。

3．拟订体例

对校勘过程中一些共性的问题加以统一和规范，使校勘整理后的古籍在体例上保持前后一致。

4．校勘异文

设计校勘表或以其他形式，运用对校的方法，校出并标识底本与校本之间的全部异文。

在校出和标识异文的基础上，分析异文，确定异文的性质，在此基础上审定正误、决定取舍，并撰写校勘记。

（四）校勘内容

误、脱、衍、倒等错误性异文；繁简字、古今字、异体字、通假字、避讳字等非错误性异文；难以判定是非的异文。

（五）校勘方法

（1）对校法：是用同一古籍的其他版本与底本相互对照进行校勘的方法。是校勘最基本、最常用、最重要的方法。

（2）本校法：是以同一古籍目录和正文标题、正文前后文句、正文和注文之间相互对照进行校勘的方法。如有其他校本，本校法是校勘的一种辅助方法；如无底本以外的其他版本，本校法是一种重要的校勘方法。

（3）他校法：是指以不同古籍中的相关、相似内容与底本对照进行校勘的方法。是古籍校勘中的一种辅助方法。

（4）理校法：是指根据文理、医理推测底本正误的方法。是古籍校勘中的一种辅助方法。

（5）综合校法：是指综合运用对校法、本校法、他校法、理校法对古籍进行校勘的方法。校勘过程中可根据具体情况不同程度地运用综合校法。

（六）出校原则

（1）有校必记。除体例中明确规定径改者，凡改动底本上的任何一个字，一律出校勘记（简称“出校”）。同一个字多次改动者，于首见处出校，注明“下同”，余者不出校，但须在“点校说明”中统一说明。

（2）凡底本无误，校本有误者，一般不出校。

（3）底本中明显的错字、别字或日、曰，己、巳混淆之类，可以径改，不出校，但须在“点校说明”中统一说明。

（4）底本与校本虚词互异，如无关宏旨者可以不改，一般也不出校；如属于底本错讹，且影响文义者，则须校改并出校。

（5）底本与校本虽然一致，但按文义疑有讹、脱、衍、倒之属又缺乏依据者，保留原文不作改动，出校存疑。

（6）底本与校本互异，但两者文义皆通，难以判定何者为是，如校本之文有参考价值，可出校以存疑，并提示何说义长。

（7）底本中原有其字的通假字，于首见处出校。同一通假字多次出现，于首见处出校，注明“下同”，并在“点校说明”中统一说明。

（8）底本中的避讳字，如系改字，有碍于文义文理者，改回原字并于首见处出校，同一改字多处出现，于首见处出校，注明“下同”，且须在“点校说明”中统一说明；如系习用已久，无碍于文义、文理者，不必回改，但应在“点校说明”中统一说明；如系缺笔、空字，径改回原字，不出校，在“点校说明”中统一说明。

（9）底本中的异体字、古体字、俗写字，日本版本中的当用汉字、手写体，除特殊设计的校注项目外，统一以规范字律齐，在“点校说明”中统一说明，不出校。

（10）底本中引录他书文献，虽有删节或缩写，但不失原意者，无须据他书改动原文，以保持本书原貌；如引录之原文窜改较多，且有损文义，系著者原误者，原文不改，可出校；系后来致误者，可以改动原文并出校。

（11）底本中涉及的具体史实，如人物、地点、年代等，若记述有明显错误，原文不改，出校。

（12）底本目录与正文不符，如正文正确而目录有误，据正文订正目录，出校；如目录正确而正文错漏，可据目录订正正文，出校；如底本目录编排凌乱，可据校定后的正文重新编排目录，在“点校说明”中说明；若底本无目录，可据正文提取目录，在“点校说明”中说明。

（13）着重符酌情删改，重文符改回原字，间隔符“O”代以标点符号，或空格，或另起，均不需出校，必要时在“点校说明”中统一说明。

（14）底本、校本皆有脱文，或模糊不清难以辨认者，以虚网号“口”按所脱字数一一补入；无法计算字数的，以不定虚网号“团”补入。两者均不需出校，只在“点校说明”中统一说明。

（15）校本比底本多出的序、跋、前言、后记等，可根据具体情况选择补入，出校并在“点校说明”中说明。

（16）原著者的个人学术见解与错误，不属校勘范畴，不出校。

以上出校原则，当视所校之书的不同情况、适用范围、不同阅读对象具体确定。

（七）校勘记

1. 类型

根据对校勘内容的不同处理方式，分为是非校勘记、倾向校勘记、存疑待考校勘记、异同校勘记。不同的校勘记有其不同的校勘用语。

（1）是非校勘记：对所校内容的误、脱、衍、倒，能够明确判断是非并且进行纠正的校勘记。此类校勘记常使用“改”“补”“删”“乙正”等来书写。

（2）倾向校勘记：对所校内容的误、脱、衍、倒的是非判断没有确切把握，但能提出一定倾向性意见的校勘记。此类校勘记常使用“疑误”“疑脱”“疑衍”“当作”“当删”“当改”“义长”“义胜”“于义为长”“于义为胜”等来书写。

（3）存疑待考校勘记：对所校内容难以判断是否误、脱、衍、倒，或者虽然能够判断误、脱、衍、倒，但由于缺乏证据不便改动的校勘记。此类校勘记常使用“未详”“存疑”“待考”等来书写。

（4）异同校勘记：所校内容众本各异、难以抉择取舍，只列出异文而不加以判断是非的校勘记。此类校勘记常使用“一作某”“某本作某”“某本无”等来书写。

2. 位置

（1）置于全书之后：将全书所有的校勘记集中附于正文之后，适用于原书内容较少、校勘记不多的古籍。

（2）置于卷后：将各卷的校勘记集中置于该卷之后，适用于内容、卷次、篇次、校勘记较多的古籍。

（3）置于篇后：将各篇的校勘记集中置于该篇之后，适用于内容、卷次、篇次、校勘记较多的古籍。

（4）置于段落之后：将各段落的校勘记集中置于该段落之后，适用于内容、卷次、篇次、校勘记较多的古籍。

（5）置于句后：将校勘记直接书写在有讹误的句子后，排成双行小字或单行小字，如古籍注疏的式样。

（6）置于字、词之后：将校勘记直接书写在有讹误的字、词之后，一般排成双行小字或单行小字，如古籍注疏的式样。

（7）置于当页之末：将各页中的校勘记集中置于当页之末，是目前古籍校勘中最常用的一种形式。

上述七种形式各有所长，在校勘古籍时应视具体情况而定。但无论采用哪种形式，为了读者阅读、检索方便，校勘记皆应编号，编号时注意与正文出校对象的编号一致。如系竖排本，号码一般采用［一］、［二］等汉字序码；若系横排本，可采用［1］、［2］或①、②等阿拉伯数字。若采用置于全书之后、卷后、篇后、段落之后的形式时，由于校勘记往往与出校对象不在同页，校勘记中还应注明出校对象所在的卷、篇、页、行。

此外，有的校勘记与注释混合，可以校、注分列，也可校、注合一，视具体情况选择应用。

3．常用语

（1）原：校勘所用底本，简称“原”。

（2）诸本：底本以外的各种版本。

（3）均作、皆作、并作：表示某字、词、句诸本相同。

（4）误、讹：表示底本内容的错误。

（5）脱：表示底本内容的缺脱。

（6）衍：表示底本内容的多出。

（7）倒：表示底本内容的次序颠倒。

（8）是：正确。

（9）当：应当、应该。

（10）疑：怀疑。

（11）似：似乎。

（12）据：根据。

（13）改、正：改正。

（14）补：弥补、补充。

（15）删：删除。

（16）乙转、乙正：改正颠倒的文字。

（17）从：依从。

（18）读：句读、标点。

（19）形：字形。

（20）音：字音。

（21）义：意义。

（22）胜、长：超出、超过。

（23）考：考证。

（24）详：详见、详细。

以上用语可以相互搭配、相互组合成“当是”“疑误”“据改”“音误”“乙正”“于义较胜”等，用于不同类型校勘记的书写。在一部书校勘记的撰写中，往往会多寡不同地运用到这些不同的校勘用语。撰写校勘记时，应根据出校内容的具体情况准确地搭配和应用。

4. 撰写要求

（1）体例统一：凡一书的校勘记，在句式、术语、引述格式、文笔等方面必须前后一致。尤其是数人同校一书时，应事先拟定校勘记撰写体例，人手一份，以便遵照执行。

（2）文体相协：校勘记宜用浅近文言撰写，与所校古籍文体相协。

（3）内容完整：一则完整的校勘记应包括校、证、断三部分。“校”是指通过对校、本校和他校所发现的误、脱、衍、倒等异文；“证”是指校者对误、脱、衍、倒等异文的分析论证；“断”是指校者对误、脱、衍、倒等异文是非正误的判断。

（4）用语恰当：不同类型的校勘记在使用校勘用语时，应与校勘内容以及对校勘内容的把握程度相吻合。

（5）行文准确简练：普及性古籍整理出校应少而精、简而明，避免烦琐的考证；研究性古籍整理出校则宜博而广、深而透，并进行相应的分析和考证。

5. 举例

（1）误字例：凡底本误字，据校本改正者，可记为“某：原误作“某”，据某本或某书某卷某篇改”。

【示例】《伤寒说意》中国科学院图书馆所藏清同治七年成都刻本“脏阴涸竭[1]而死也”之“竭”字原误为“辙”，据毕武龄精抄本改。

[1] 竭：原误作“辙”，据毕本改。

凡底本某字疑有误，而校本与底本同，别无所据者，可记为“某：诸本同，疑误”。

【示例】《六因条辨·春温辨论》“人生[1]一小天地”之“生”字诸本同。

[1] 生：诸本同，疑误。

凡原文前后不一，有明显矛盾或错误，据一处改正者，可记为“某：原误作“某”，据本书某卷某篇改”。

【示例】《素问·灵兰秘典论》“肖[1]者瞿瞿”，“肖”原为“消”，据同书《气交变大论》改。

[1] 肖：原误作“消”，据本书《气交变大论》改。

（2）脱字例：凡属明显脱字，据校本增补者，可记为“某：原脱，据某本或某书某卷某篇补”。

【示例】《传信适用方》四库全书本“上圆如鸡头肉大，留少酒膏，恐药干。候干，再添之[1]”中“再添之”三字原脱，据《普济方》卷二二五补。

[1] 再添之：原脱，据《普济方》卷二二五补。

凡校本比底本字多，疑底本有脱文者，可记为“某：此后某本或某书某卷某篇有“某”字，疑脱”。

【示例】《素问·阴阳离合论》“阳明根起于厉兑[1]”句《灵枢·根结》《太素·阴阳合》后有“结于颗大”四字。

[1] 厉兑：此后《灵枢·根结》《太素·阴阳合》均有“结于颗大”四字，据上“太阳”之例，疑脱。

（3）衍字例：凡属底本明显衍文，据校本删者，可记为“某：此后原衍“某”字，据某本或某书某卷某篇删”。

【示例】《甲乙经》卷一第一“肝[1]，悲哀动中则伤魂”，“肝”后原衍“气”字，据《灵枢·本神》及以下文例删。

[1] 肝：此后原衍“气”字，据《灵枢·本神》及以下文例删。

凡底本比校本字多，而疑为衍文者，可记为“某：某本或某书某卷某篇无，疑衍”。

【示例】《素问·阴阳应象大论》“厥气上行，满脉去形[1]”八字疑衍。

[1] 厥气上行，满脉去形：《太素》卷三首篇无此八字，疑衍。

（4）倒字例：凡底本字倒置，据校本乙转者，可记为“某某：原作“某某"，据某本或某书某卷某篇乙转"。

【示例】《伤寒论条辨续注·伤寒卒病论集》"并平脉辨证[1]""辨证"，原作"证辨"，据《伤寒论·序》乙转。

[1] 辨证：原误作"证辨"，据《伤寒论·序》乙转。

凡底本与校本字句互倒，而怀疑底本为倒置者，可记为"某某：某本或某书某卷某篇作"某某"，疑倒"。

【示例】《素问·奇病论》"亦正死明矣[1]"句中之"正死"疑倒。

[1] 亦正死明矣：《甲乙经》卷九第十一作"亦死证明矣"。疑"正死"二字互倒。正，通"证"。

（5）异文例：凡底本与校本不一，而无法判断异文孰是孰非，可记为"某：某本或某书某卷某篇作'某'"。

【示例】《伤寒说意》中国科学院图书馆所藏清同治七年成都刻本"清气[1]下陷"句毕武龄精抄本作"清阳下陷"，一时无法判断孰是孰非。

[1] 气：毕本作"阳"。

凡底本与校本不一，难以定论，但校本义长者，可记为"某：某本或某书某卷某篇作"某"，义胜（义长、于义较胜、于义较长）"。

【示例】《读素问钞》明刻汪氏祠堂本卷下之三"天气正胜，天[1]可逆之"之"天"字，明顾从德刻本《黄帝内经素问》作"安"。考上下文意，作"安"于义较胜。

[1] 天：顾本作"安"，于义较胜。

（八）点校说明

点校说明应具备以下几项内容：

（1）所校之书作者的生平简介。

（2）著作年代及版本源流系统。

（3）著作内容、学术思想及对后世的影响。

（4）底本和校本的选择及各版本中存在的主要问题。

（5）校勘时引用的资料及汲取前人的校勘成果。

（6）校勘体例和原则。包括对误、脱、衍、倒等错误性异文，异体字、古今字、俗写字、通假字、避讳字等非错误性异文，以及难以判定是非等不同校勘对象的处理方式，底本原来的字体与排列方式、整理后的字体与排列方式等的说明。

（7）校勘记中所引版本、引述格式等情况的说明。

由于所校古籍的具体情况不同，上述各项内容可有多少详略之异，但必须简明扼要，条理清楚，便于读者了解所校之书以及本次校勘的概况。

二、标点规范

（一）范围

本规范规定了中医古籍整理中标点的基本术语、基本原则以及标点符号的使用方法和注意事项。

本规范适用于中医古籍标点问题的处理。

（二）专业用语与释义

下列专业用语与释义适用于本规范。

（1）标点：是根据古籍的内容实际、恰当地划分段落，正确地点断句子，在完整的句子后和句子内部的停顿位置加上合适的标点符号，使原文的停顿、结构、语气和意义等清晰而准确地显现出来。

（2）标点符号：包括标号和点号。标号包括破折号、括号、省略号、书名号、引号、连接号、间隔号、着重号、专名号等，主要标明词语或句子的性质和作用。点号包括顿号、逗号、分号、句号、问号、叹号及冒号等，主要表示语言中种种停顿。需要注意的是，问号和叹号就其表示句末停顿而言，是点号；就其表示句子语气而言，兼属标号。

（三）基本原则

符合国家标准《标点符号用法》的基本规定。

医理与文理并重。在正确传达医理的前提下，力求畅达。

（四）标点符号的使用

（1）句号：陈述句，只要文意已完，均可用句号。

语气舒缓的祈使句末尾用句号。

韵文在不影响文意的情况下，一般可在押韵处用句号。

【示例】三十六病，千变万端。审脉阴阳，虚实紧弦。行其针药，治危得安。其虽同病，脉各异源。子当辨记，勿谓不然。（《金匮要略·妇人杂病脉证并治第二十二》）

文字有脱漏造成语意不接，且无从校补时，中间宜用句号隔开。

【示例】应劭。《十三州记》："弘农有桃丘聚，古桃林也。"（《史

记·留侯世家》索隐）

按《十三州记》作者并非应劭，其间显有脱文，今既无从校补，应圈断，并于校勘记中加以说明。

（2）问号：疑问句、反问句末尾用问号。

有的句子虽然有疑问词，但全句不属疑问句，不用问号。

【示例】见其乌乌，见其稷稷，从见其飞，不知其谁。（《素问·宝命全形论》）

句子末尾有疑问语气词，但不求回答的语句，不必使用问号。

（3）叹号：感叹句末尾用叹号。

语气强烈的祈使句末尾用叹号。

语气强烈的反问句有时可用叹号。

【示例】余方执笔以从文章家之后，此而不书，乌乎书！（《赠贾思诚序》）

标点古籍不宜多用叹号，凡可用叹号亦可用句号的地方，宜用句号。

（4）逗号：不论单句、复句，句子内部的一般性停顿均用逗号。

判断句的主语、谓语之间，古籍中一般不用系词，需用逗号点开。

【示例】扁鹊者，渤海郡郑人也，姓秦氏，名越人。（《史记·扁鹊仓公列传》）

（5）顿号：句子内部并列词语之间的停顿，用顿号。顿号限用于并列名词而易引起误解者。

虽属名词并列而不致引起误会的，不加顿号，如‘日月星辰”“父子兄弟”。

相邻的数字表示概数时，不加顿号，如“六七日”“三四人”“四五个”等。

层次繁复的并列名词，宜从简处置，不加顿号。

【示例】以扬州刺史元显为后将军、开府仪同三司、都督扬豫徐兖青幽冀并荆江司雍梁益交广十六州诸军事。（《晋书·安帝纪》）

此例官名已用顿号分开，若十六州州名之间再加顿号，则层次混淆。

（6）分号：复句内部并列分句之间的停顿，可用分号。

分号表示的停顿比逗号大，宜用来隔开文意紧接而并列明确的分句。在散文中，分号宜少用，凡能用逗号或句号代替的地方，不用分号。在骈文中，分号的使用亦应限于对仗的句式。

【示例】医不能活人，虽熟读金匮石室之书，无益也；药不能中病，虽广搜橘井杏林之品，无当也。（《理瀹骈文》）

（7）冒号：表示提示性话语之后的停顿，用来提起下文，用冒号。

表示说话的句子，冒号后一定要有引号。但如果是转述他人的话，概括其大意，则不必用冒号。

【示例】故神农曰“上药养命，中药养性”者，诚知性命之理，因辅养以通也。（《养生论》）

表示引文的句子，如引文完整，当用冒号和引号。

如行文中夹引不完整的引文，末尾不宜用句号者，前面尽管有‘曰”“云”字，亦避免使用冒号。

【示例】《易》曰“阴阳不测之谓神”，《书》云“人惟万物之灵”，故谓之神灵也。（《史记·五帝本纪》正义）

（8）引号：行文中的直接引文，加双引号，以明起讫。引号里面还要用引号时，外面一层用双引号，里面一层用单引号。在第二层引文中又有引文（即第三层），竖排仍使用单引号，横排则为双引号。但应尽量避免此种情况，改用其他方式处理。

原原本本引用者及删略引用者，用引号；仅举称大意者，一般不加引号。

【示例】孔子云：生而知之者上，学则亚之。多闻博识，知之次也。（《伤寒论·序》）

引号同点号连用要注意引文末了点号的位置。凡完整地照录引用，引文末了的点号放在引号之内。凡把引文作为作者一句话的一部分，末了的点号放在引号之外。引号之内的点号通常是句号，引号之外的点号可以是句号或逗号。

需要着重论述的对象或是有特殊含义的词语亦可用引号标示。

【示例】由是遍索两经，先求难易，反复更秋，稍得其绪，然后合二为一，命曰《类经》。“类”之者，以《灵枢》启《素问》之微，《素问》发《灵枢》之秘，相为表里，通其义也。（《类经·序》）

（9）括号：行文中注释性的文字，用括号标明。

（10）破折号：行文中解释说明性的语句，用破折号标明。破折号引出的解释说明是正文的一部分，这和括号里的解释说明只是注释有所不同。

【示例】凡此之类——如写玉竹为葳蕤，乳香为熏陆，天麻为独摇草，

人乳为蟠桃酒，鸽粪为左蟠龙，灶心土为伏龙肝者——不胜枚举。（《吴医汇讲》卷一《书方宜人共识说》）

标点古籍宜少用破折号。

（11）书名号：凡属书名，一律加书名号，不用旧书名线。

书籍的统称不加书名号，如五经、四书、三礼、二十四史等。丛书名一般需加书名号，如《五经正义》《十三经注疏》等。

原文中的简称书名和单纯出现的篇名，加书名号，前者如《内》《难》《千金》《外台》等，后者如《养生论》《察弊》等。

《春秋》（《左传》或《公羊传》《穀梁传》）加年份的标点，一律作《春秋》某公某年、《左传》（或《公羊传》《穀梁传》）某公某年，而不把年份前加间隔号标在书名号之内。如但引某公某年文字而略去其前书名者，则某公某年应加书名号，作《某公某年》。

所引篇名后有“篇”字者，须查看原书篇名是否带有“篇”字，如有，则将“篇”字标在书名号内；如无，则将“篇”字标在书名号外。如《论语》原作“学而第一”“为政第二”，则标为“《论语·学而》篇”“《为政》篇”；《荀子》原作“劝学篇第一”“修身篇第二”，则标为“《荀子·劝学篇》”“《修身篇》”等。

书名与篇（章、卷）名之间的分界，用间隔号标示，如《素问·针解》《三国志·魏书·方技传》等。

作者与书名连用时的简称，如“班书”（指班固《汉书》），标作班《书》。书名与篇名连用时的简称，如“汉表”（指《汉书》诸表）、“隋志”（指《隋书·经籍志》）等，连标为《汉表》《隋志》。

书名号内又有书名时，里面一层一般不用标明。如苏轼《跋嵇叔夜养生论后》，嵇康（叔夜）作《养生论》，苏轼跋后，《养生论》可不标书名号。

文章中连列同一书中不同篇名，首列篇目以书名与篇名加间隔号标示后括以书名号，其余皆以篇名直接括以书名号，各篇之间无需用顿号隔开，如《后汉书·窦融传》《范升传》《陈元传》。

书名、卷数、篇名连写，或总标书名号，中间以间隔号标示，如《儒门事亲·卷二·攻里发表寒热殊途笺》；或书名、篇名分标书名号，卷数不标书名号，如《儒门事亲》卷二《攻里发表寒热殊途笺》。但应注意，两种方法不能在同一书中交叉使用。

（12）专名线：旧时标点符号中专有名词下有专名线，按现行规定，人名、地名、方名、药名、穴名等一概不用专名线。

（13）方药的特殊规定：方药单独成段时，每药之间空一格，不标点，药后剂量、炮制等附注小一号字置于药名下（如竖排则为右）半部，须标点，但末字下不加句号。

【示例】麻黄三两，去节桂枝二两，去皮甘草一两，炙杏仁七十个，去皮尖

方药抄录在一般语段中时，按常规标点处理。

【示例】麻黄（三两，去节）、桂枝（二两，去皮）、甘草（一两，炙）、杏仁（七十个，去皮尖）

（14）其他规定：标点古籍通常不用省略号、着重号、连接号，也不用反诘号。

凡文章的篇题一般不加标点符号。

（五）注意事项

古人句读时有音节句读和文法句读之不同。音节句读，简称音读，主要依据音节声气断句，不拘于语意是否完整，结构是否符合句读要求，主要用于韵文的断句。文法句读，又称意读，即根据语意进行断句，主要用于散文的断句。在部分场合下，两者有很大不同，但古人统称为句读，且符号亦无明显区别。标点中医古籍，应注意合理运用音节句读和文法句读。

（1）韵文：应施以音读。

【示例】豆根治，心火盛，解热毒，止喉痛。（《药性三字经·山豆根》）

（2）散文：则以文法句读为主，在不影响理解文意的情况下，对于因词语太长而不便诵读的句子，可参以音读，以体现出音韵节奏之美，便于吟咏讽诵。

【示例】虑此之外必有异案良方，可以拯人，可以寿世者，辑而传焉，当高出语录陈言万万。（《小仓山房文集》卷十九《与薛寿鱼书》）

“可以拯人，可以寿世”是“异案良方”的定语后置，用“者”做标志，定语之间、定语与中心词之间，以语法言之不宜逗开，此句由于后置定语甚长，就采用音节的句读，在“方”“人”后均用逗号逗开。

三、注释规范

（一）范围

本规范规定了中医古籍整理中注释的基本术语、基本原则以及注释的内容、位置和注意事项。

本规范适用于中医古籍注释问题的处理。

（二）专业用语与释义

下列专业用语与释义适用于本规范。

注释：是对古籍中出现的冷僻费解或具有特定含义的字词、术语等，用通俗的语言进行解释。包括注字音、释通假、正字形、解词义、详出处、明句义及发义理等。古人的传、注、解、疏、章句等皆属注释范围。

（三）注释的原则

注释应据读者对象确定注释的范围与详略，不失注、不误注。

正确使用注释术语，语言准确、简明，注意文理与医理的统一。

注释语言应与古籍文体相协，可适当采用浅显的文言。采纳、吸收古人注解，应择善而从，难以取舍的可概括要点，适当表明注者观点。

注释引文要尽量采用原始文献，并标明其出处（包括版本）。《康熙字典》《辞源》《辞海》《中华大字典》等晚近辞书引用前古辞书的内容，以及类书中编引他书的内容均不宜直接引用。

（四）注释的内容

1．注释的对象

（1）注字音：凡属难字、僻字、异读字，均需注明字音。

现代注音一般用汉语拼音加同音字的方法。如鼽（qiú 求），汉语拼音与同音字之间空一格，书于提示词处，加括号。有二字相连成词均需注音者，可连注，两拼音之间空一格。例如，恬淡（tián dàn 田淡）。竖排本，汉字竖写，拼音字横写。

（2）释通假：即解释古代文献中的通假字。

1）本无其字的假借字：此类字借用既久，多长期沿用而视为正字，一般不必加注。如“难易”，其本义“难”是鸟名，“易”是蜥蜴；连词“而”字，本指胡须。但此类假借字也有少数后世有新造本字，则应注明。如“矢”字，本义是“箭”，由于与“屎”同音，古人常用为屎字，如《伤寒论》中

“转矢气”之例。

2）本有其字的通假字：此类是弃本字不用，临时借用同音或音近的字，这些借用字的字义与本字毫无关联，必须指明本字。如《素问·生气通天论》“高梁之变”，“高梁”就是通假字，本字为“膏粱”。如《伤寒温疫条辨》全书“辨别”之“辨”多作“辩”，“辩”是“巧言”，“辨”是“判别”，此书主旨是对伤寒与温病在病因证治上进行区别，故均应释作“辨”。

（3）正字形：即注明异体字、古体字、避讳字。

1）异体字、古体字：此两类或原文不动，出注说明；或统一正作通用字；或据书中最多用的字形予以律齐。

2）避讳字：改字避讳字，无碍于文理者，不改回改，于首见时出注，并注明“下同”；有碍于文理者，回改后出注。

【示例】如“白虎汤”之方名，《医心方》卷十四第三十二引古本《千金方》作“白兽汤”，是唐代避唐高祖李渊祖父李虎之名讳。如《正元广利方》原书名作《贞元广利方》，乃宋代为避宋仁宗（赵祯）讳而改。

空字避讳字、缺笔避讳字，通常径改为原字，在“校注说明”中统一说明。

（4）解词义：解释专用名词或术语中较费解者，如具有僻义、歧义或容易误解的字词、古药名等。

注释词义要做到训释有据有理，忌望文生义、曲解原意。并要把握好以下要点。

1）辨明词的具体义：辞书提供的义项是概括义，古注提供的常是某词在文句中的具体意义。参用辞书和旧注作注时应根据上下文择取，准确确定具体词义。如“达”的本义为通达，而《素问·宝命全形论》“土得木而达”，“达”引申为贯通、穿透之义。

如果通过工具书和古注仍不能辨明词义，可从本书内寻找内证，即通过本书词例对比推求，通过总结本书用词通例来证实词义。

2）注意修辞义：把握好修辞指向的实际意义，不必拘于字之本义。修辞有的讲求形象鲜明，有的讲求音律和谐，有的讲求句子对称，这些情况下词语用法与常用义多有不同，要根据修辞手段去推求。

此外，修辞的实数虚指，有的是为了夸张，有的是为了约举，有的则纯属套用。对这种修辞现象，不能误虚为实。

3）注意词语的时代性和社会通用性：同一词语，时代不同，其指称可能不同。切忌以后世的新义释前代的字词，而注后世文献时则要注意后世发展起来的新义。另外，若属旧辞书有载，而中医古籍中罕见的用例，援引须谨慎。

（5）详出处：古籍中引用的成语、典故、俗语等，注明出处。

古医家引文不严格，常出现错引，应予核实注明。

【示例】如《伤寒温疫条辨》卷六引“诸痛为实，痛随利减”，云出《黄帝内经》，此语实见于《类经·诸卒痛》。如同书卷六竹沥条引《衍义》云“胎前不损子……”一段文字，经核，非《本草衍义》，语出《丹溪心法附余·本草衍义补遗》。

（6）明句义：凡句读难明、含义费解者，各书互异、无所适从者，众说纷纭、难以定论者，应予辨明。

【示例】《理瀹骈文》：“方出于矩。篇中所引古方，即有未尽验者，要皆矩也[1]。”

[1] 方出于矩……要皆矩也：喻《理瀹骈文》中所引古方都是前贤从临床实践中总结出来的。《周髀算经》卷上：“圆出于方，方出于矩。”“要皆矩也”即“要皆出于矩也”的紧缩语。

【示例】《素问·六节藏象论》：“天至广不可度，地至大不可量[1]。”

[1] 天至广不可度，地至大不可量：王冰注“言天地广大，不可度量而得之；造化玄微，岂可以人心而遍悉。”

（7）发义理：中医古籍中的义理主要是医理。阐发医理，包括揭示特定名称的命名由来，揭示一些叙述或论说中深藏的蕴义等。

【示例】《太素·十五络脉》：“足厥阴之别，名曰蠡沟[1]。”

[1] 蠡沟：杨上善注“蠡，力洒反，瓢勺也。胻骨之内，上下虚处，有似瓢勺渠沟，此因名曰蠡沟。”

【示例】《太素·热病决》：“其未满三日者，可汗而已；其满三日者，可泄而已[1]。”

[1] 其未满三日者……可泄而已：杨上善注“未满三日，热在三阳之脉，皮肉之间，故可汗而已。三日以外，热入藏府之中，可服汤药泄而去也。”

2. 注释的格式与用语

（1）表互训、引申、假借、声训：当被训释词与训释词为互训（词义相同）、引申（词义之间有引申）、假借、声训（用相同的字音来沟通词义）

关系时，古人用“×，×也”表示。

1）表互训

【示例】《素问·上古天真论》：“恬惔[1]虚无。”

[1] 恬惔（tián dàn 田淡）：恬，静也。惔，安也。

现代通行“×，×”的格式。如恬，静。

2）表引申

【示例】《素问·针解》：“菀陈[1]则除之。”

[1] 陈：久也。

现代一般指明引申关系。如陈，引申指久。

3）表通假

【示例】《素问·至真要大论》：“余锡[1]以方士。”

[1] 锡：赐也。

现代一般指明通假关系，如锡，通“赐”。

4）表声训

【示例】《太素·痹论》：“湿气胜者多著痹[1]。”

[1] 著痹：杨上善“湿气多住而不移转，故曰著痹。著，住也。”

现代通常引述前人相关注解。

（2）表义隔而通、音近义通：当被训释词与训释词之间义隔而通（两词之间本无直接关联，但在上下文中发生了关系）、音近义通时，古人用“犹”表示。

1）表义隔而通

【示例】《素问·生气通天论》：“日中而阳气隆也[1]。

[1] 隆：王冰“隆犹高也，盛也。”

现代可引述古注，亦可注明某词在文中取某义。如隆，此取高、盛之义。

2）表音近义通

【示例】《素问·通评虚实论》：“春亟治经络[1]。”

[1] 亟：王冰“亟，犹极也。”

现代通常引述古注。亦可注明“用同×”。如亟，用同“极”。

（3）表事物的性能和状态：当说明事物的某种性能和状态时，古人用“××貌”表示。

【示例】《素问·风论》：“怢栗[1]而不能食。”

[1] 怢栗：王冰“怢栗，卒振寒貌。”

【示例】《素问·评热病论》：“有病肾风者，面胕痝然[1]壅。”

[1] 痝然：王冰“痝然，肿起貌。”

现代可沿用古式，亦可表述为“××的样子”。

（4）用“曰”“谓之”“为”释词和表近义词（词素）之意的差别：古人用“曰”“谓之”“为”解释词语和对比近义词（词素）之意的差别。三个术语作用相同。应用时被训释词在后，训释词在前，既可以对被训释词用词组加以训释，更可以对同义词或近义词加以辨析。也可以用“谓”，“谓”应用时训释词在前，被训释词在后。

1）解释词语

【示例】《素问·调经论》：“五藏之道，皆出于经隧[1]，以行血气。”

[1] 经隧：王冰注“隧，潜道也。经脉伏行而不见，故谓之经隧也。”张介宾注：“隧，潜道也。经脉伏行，深而不见，故曰经隧。”

【示例】《素问·异法方宜论》：“其治宜毒药[1]。”

[1] 毒药：王冰注“能攻其病，谓之毒药。”

【示例】《素问·五运行大论》：“其眚[1]为陨。”

[1] 眚：《内经难字音义》引（左传》注“眚犹灾也。月侵日为眚[1]。”

【示例】《素问·上古天真论》：“三七，肾气平均，故真牙生而长极[1]。”

[1] 真牙：王冰注“真牙，谓牙之最后生者。”

2）对比近义词（词素）之意的差别

【示例】《难经·二十六难》：“经有十二，络有十五[1]。”

[1] 经有十二，络有十五：滑寿注“直行者谓之经，傍出者谓之络，经犹江河之正流，络谓潜沱之支流。”

【示例】《太素·经脉厥》：“足太阳脉厥逆，僵仆[1]呕血善衄，治主病者。”

[1] 僵仆：杨上善注“后倒曰僵，前倒曰仆。”

【示例】《素问·金匮真言论》：“故冬不按蹻，春不鼽衄[1]。”

[1] 鼽衄：王冰注“鼽谓鼻中水出，衄谓鼻中血出。”

【示例】《素问·痿论》：“冲脉者，经脉之海也，主渗灌谿谷[1]。”

[1] 谿谷：王冰注“肉之大会为谷，小会为谿。”

现代可根据具体语境，表述为“称作××”“为××”“指××”等。

3. 注释的位置

（1）文中出注：注释夹于正文之中，或置于出注的字词之后，或置于出注的句子之后，用双行或单行小字的形式，如同注疏的式样。若原书有旧注，则在校语前加“案”“按”“校”“校注”等字样以示区别。如宋代林亿等校《素问》，在校语前均冠以“新校正云”，与王冰注相区别。此式现代很少使用。

（2）段后出注：注释置于每段文字之后，每条注释按顺序编号，并与正文出注字句号码相对应。现代中医古籍整理采用“校注”“校释”等体裁时常用此法。校勘记与注文可以分书，采用不同的校、注序码，先列出校语，再列注文。也可以校勘记与注文合书，混合编排，统一标号。

（3）篇后出注：注释置于每篇正文之后，每条注释按顺序编号，并与正文出注字句号码相对应。与段后出注相比较，其优点是每篇正文可连续阅读，避免被注文隔断，缺点是如正文篇幅过长，注文与正文之间查检不便。

（4）卷后出注：注释置于每卷正文之后，每条注释按顺序编号，并与正文出注字句号码相对应，或注明第几页第几行。

（5）书后出注：将全部注释置于全书之末，使正文、旧注保持完整的原貌，校注集中附于书后，独立成篇，一般适用于原书内容较少或校注不多的古籍。使用此法时一般应注明提注字词的页、行、字，以便查检。

（6）当页出注：注释置于当页之末，是目前注释古籍中常用的形式。这种做法一般是校注混一。其优点是阅读比较方便，既不影响原文的完整性，又比较容易查看校注。每条注释按顺序编号，并与正文出注字句号码相对应。若是横排本，则将该页校注集中，分条列于正文下端，正文与校注之间以横线隔开；若系竖排本，则将该页校注集中，分条列于正文左侧，正文与校注之间用竖线分开。

（五）注意事项

1. 出注数量与重点

出注数量应根据整理目的和读者需求不同而异，抓住重点，合理安排。一般普及性读物，注释的面要偏宽，历史人名、地名及典章制度等一定要注释清楚，但总体上深度可从浅；而供专业研究者阅读的古籍，注释应详明深透，但注释面可以偏窄。凡需注释的字词多次重出者，一般于每篇首见时加注，当篇再次出现不重注，但需注意后文出现的该字词必须确实与首出之处同义。

2. 注释的体例统一

注释之前，应先定出体例，以便在校注的过程中以及合作校注者共同遵守，从而使全书前后统一。体例统一主要表现为以下几点。

（1）校注用语统一：标注用语应力求规范精炼，宜用浅白文言，注意全书标准的语言风格和表达格式保持一致。

（2）引述称谓统一：采用各本、各书、各家之说的称谓要统一。

引用书的书名和篇名，常见有两种书写方式：一是用书名卷次篇次，如《甲乙经》卷九第十一；一是书名加篇名者，两者之间隔以圆点，如《甲乙经·手太阴及臂凡一十八穴第二十四》。有的古籍篇名字数较多，用前式较为方便；有的古籍没有篇次，只有篇名，就只能采用后式。

凡校注中所引用文献，原则上书名宜用全称，如书名过长者或需反复引用，可在初出现时使用全称，注明以下简称“××”，并在校注说明中说明。原文中的简称书名也要加书名号。如《内》《难》《千金》《外台》等。

（3）注释格式统一：包括注释的位置、字体、字号大小、串讲句意与释词的先后顺序等。

注释的提示字、句，均不加引号，且长文可以缩引，如“××”句。提示字、句之后空一格或加冒号，然后写注文。

释句时须兼释句中字词的，一般应先释句后释字词。

若被注词原有文字错讹，既须校勘又须注释，形成校注同条时，则应先校后注。

3. 校注码编号

横排本：校勘肩码用①、②……标出，注释肩码用[1]、[2]……标出，均标在本字或本句末字右上角（本书统一即可）。

竖排本：如为校注本，校勘脚码用一、二……标出，注释脚码用（一）、（二）（竖置）……标出，均标在本字或本句末字右下角（本书统一即可）。

亦可根据需要自己拟定。如校注混一，编码则多用一（竖排）或①（横排）。

四、今译规范

（一）范围

本规范规定了中医古籍整理中古籍今译的基本术语、基本原则、方法和注意事项。

本规范适用于中医古籍今译问题的处理。

（二）专业用语与释义

下列专业用语与释义适用于本规范。

今译：是把古代语对译为现代语。今译属于翻译的一种特殊类型，是整理和研究中医古籍的一个重要方法和手段。今译可以分为直译和意译。

（1）直译：是把译文与原文的词性、词义、语法结构和逻辑关系一一对应，不随意改变与增减的今译方法。

（2）意译：是以传达原文的思想内容为目的，不受原文词序、语法结构的限制，不要求译文和原文保持严格对应关系的今译方法。

（三）基本原则

中医古籍今译以直译为主。

译文应力求“信”“达”“雅”。“信”就是准确，要忠实于原文，正确地表达原文的含义；“达”就是通顺，要运用规范的现代语对译原文，使译文畅通无碍；“雅”就是优美，译文要做到言辞优美、文辞并茂。其中“信”是最基本的要求，“达”和“雅”则是更高层次的要求。

（四）具体方法

今译方法可概括为“留（保留）”“对（对应）”“换（替换）”“补（补充）”“删（删除）”“调（调整）”。

1. 留（保留）

留是指把原文中某些词语直接保留在译文中。主要用于以下 4 个方面。

（1）古今意义相同的基本词：基本词一般具有全民性和稳固性，今译时通常予以保留。如天、地、山、水、风、云、霜、雪、人、牛、羊、犬、马、长、短、冷、热、蟋蟀、逍遥、正直、忠诚、犹豫、调和等。

（2）普通专用名词术语：古今相同，应直接保留在译文中。举例如下。

书名——《黄帝内经》《伤寒论》《神农本草经》《脉经》《针灸甲乙经》等。

篇名——《扁鹊仓公列传》《阴阳应象大论》《养生论》《与崔连州论石钟乳书》等。

人名——岐伯、仓公、华佗、张机、孙思邈等。

表字——彦修（朱震亨）、明之（李杲）、东璧（李时珍）、鞠通（吴瑭）等。

别号——抱朴子（葛洪）、启玄子（王冰）、东坡居士（苏轼）、洄溪老人（徐大椿）等。

国名——卫、齐、鲁、燕、赵、宋、楚、越、魏、蜀、吴等。

朝代名——夏、商、周、汉、唐、宋、元、明、清等。

地名——咸阳、霸陵、邯郸、长安、河间、会稽、钱塘、义乌等。

官名——太尉、丞相、郡守、太史令、太医令、医学提举、朝议郎、总督、巡抚、知县等。

爵位名——公、侯、伯、子、男等。

谥号——齐桓公（小白）、汉武帝（刘彻）、忠武侯（诸葛亮）、文忠（欧阳修）、武穆王（岳飞）等。

年号——建元、建武、贞观、太平兴国、洪武、康熙等。

年号后的年序号——明成祖永乐八年、清乾隆二十四年等。

度量衡名称——仞、丈、尺（长度），斛、斗、方寸匕（容积），钧、斤、两（重量）等。

（3）常用中医名词术语：属于专用名词术语的范畴，今译时直接保留在译文中。举例如下。

脏腑名——心、肺、肾、胃、肠、膀胱、三焦等。

部位名——头、面、胸、腹、腰、脊、手、足、腕、膝等。

中药名——人参、白术、茯苓、甘草、熟地、丹皮、当归等。

方剂名——桂枝汤、小柴胡汤、肾气丸、理中丸、双解散、麻沸散等。

病证名——消渴、风湿、温病、伤寒、中风、眩晕、疟疾等。

经络名——任脉、督脉、带脉、手少阴经、足阳明经等。

腧穴名——合谷、百会、气海、曲池、足三里、三阴交、涌泉等。

治法名——解表散寒、润肺化痰、止咳平喘、养心安神、健脾行水、温阳补肾、祛风除湿、清营凉血等。

（4）成语典故：对经常使用的、意义显豁的成语典故，可直接保留在译文内。例如，举一反三、指鹿为马、刻舟求剑、班门弄斧、得心应手、瞻前顾后、按图索骥、目无全牛等，不必对译。

2. 对（对应）

对分为词对应和句对应两个层面：词对应指将原文的单音词译为以该单

音词为词素的双音词。句对应指按原文的语序、结构、句式对应语译。

【示例】医师掌医之政令，聚毒药以共医事。(《周礼·医师章》)

医师（留）掌管（对）医药（对）的（换）政策法令（对），征集药物（换）来供给（换）医疗（对）工作（换）使（补）。

3．换（替换）

换是指把原文中的文言词语替换成意义相同或相近的现代汉语词语。一是不便或不欲使用留、对二法时，将文言词换成现代汉语中意义最相近的词语；二是将原文中的同形词语、实词活用、某些特殊修辞表达等替换成现代汉语中意义相同或相近的词语。

（1）现代不用的文言词汇：对于现代已基本弃置不用的文言词汇，要替换成意义相同或相近的现代汉语词语。

【示例】病人一身尽痛，发热，日晡所剧者，名风湿。(《金匮要略·痉湿暍病脉证》)

"日晡"系古代地支纪时法中的"申时"，相当于下午 3 ~ 5 时。"所"表示约略之数，一般译为"左右"。现代汉语中可把"日晡所"替换成"每日下午 3 ~ 5 时左右"。

（2）古今同形异义词：对于古今同形异义的词，为避免以今义误释古义，要替换成与古义相同或相近的现代汉语词语。

【示例】向来道边有卖饼家，蒜齑大酢，从取三升饮之。(《三国志·华佗传》)

"饼"，古代是面食的通称，不能理解为现代意义上的"饼"，因而要将"卖饼家"翻译成"卖面食的店家"。

（3）实词活用：应当依据其实际的语法功能，换译成相应的意义。

【示例】咸日新其用，大济蒸人，华叶递荣，声实相副。(《黄帝内经素问注·序》)

其中"新"是形容词使动用法，当译作"使……新"或"更新"。"日"和"华叶"都是名词作状语，当译作"每日""像花和叶一样"。

（4）曲折表达：修辞用法中，暗喻、避忌、委婉、借代等曲折表达的词语，根据具体情况，多数应译为其本体之义。

【示例】有良言甫信，谬说更新，多歧亡羊，终成画饼：此无主之为害也。(《医宗必读·不失人情论》)

“多歧亡羊”可译作“岔道多则羊容易走失”，“画饼”可译作“落空”，将暗喻变为明喻，而不必再提及典故。

【示例】庶厥昭彰圣旨，敷畅玄言，有如列宿高悬，奎张不乱，深泉净滢，鳞介咸分。（《黄帝内经素问注·序》）

“泉”，是唐人避李渊讳的改字。此种避讳字翻译时要先改回原字再翻译（或保留不译）。“深泉”应译为“深渊”。

【示例】不更衣，内实，大便难者，此名阳明也。（《伤寒论·辨阳明病脉证并治》）

“更衣”古人如厕时常需脱下长服，故以“更衣”作为大便的婉词。可直译为“大便”。

【示例】由是遍索两经，先求难易，反复更秋，稍得其绪。（《类经·序》）

每年一秋，句中以“秋”，代指“年”，故可直译作“年”。

（5）同义复用：对于同义复用现象，不要分开对译，即不要对译成两个或两个以上的双音词，而只需对译为一个双音词。

【示例】王阮傅戴，吴葛吕张，所传异同，咸悉载录。（《脉经·序》）

“咸悉”与“载录”都属于同义词复用现象。“咸悉”不能译为“全部完全”，“全部”或“完全”中择一；“载录”不能译为“记载记录”，而应在“记载”或“记录”中择一。

（6）偏义复词：对于偏义复词现象，应当根据上下文意，断定偏义复词的意义偏于其中哪一个词素，然后将其译为双音词。

【示例】又有医人工于草书者，医案人或不识，所系尚无轻重。（《吴医汇讲·书方宜人共识说》）

医案主要是医者自己看的，因而若医案潦草以致他人不能识读，尚不至于有太大问题。所以在“轻重”一词中义偏于“重”，应翻译为“紧要”。

4. 补（增补）

补是指对原文中省略的内容按现代汉语行文习惯进行增补。增补时不可随意补出原文中没有的内容。

古文省略主要有语法省略与逻辑省略两个方面。

（1）语法省略：包括主语、谓语、宾语、定语、中心词、介词等因承前、蒙后或习惯而省略，今译时要增补适当的词语。

【示例】脾气散精，上归于肺，通调水道，下输膀胱。（《素问·经脉别论》）

脾气能够输布（物质的精微），（这些精微）向上输布到肺，（肺气）通调水道，又向下输入膀胱。

【示例】黄精即钩吻，旋花即山姜，陶氏《别录》之差讹。（《白茅堂集·李时珍传》）

（认为）黄精就是钩吻，旋花就是山姜，（这是）陶氏《别录》的错误。

【示例】（华佗）又精方药，其疗疾，合汤不过数种。（《三国志·华佗传》）

华佗又精通方药，他治疗疾病，配合汤药只不过用几种（药物）。

【示例】脏井荥有五，腑独有六者，何谓也？（《难经·六十二难》）

五脏各有井、荥、（输、经、合）五穴，六腑却各有六穴，这是什么道理？

译文中补入的词语（加括号处）有定语、主语、述语等不同情况，这些词语古人不必说出，但按现代表达习惯是应该有的，今译时应予补入。以上最后一例中原文系“举偏概全”，今译时要补足，或译为“有井荥等五穴”。

（2）逻辑省略：中医古籍中的逻辑省略包括隐含省略、跳脱省略。

1）隐含省略：是指把一些语气隐含在文句字内，而不用词语表达。今译时应通过上下文体会其中的逻辑关系，予以必要的增补。

【示例】假若天机迅发，妙识玄通；蒇谋虽属乎生知，标格亦资于诂训，未尝有行不由径、出不由户者也。（《黄帝内经素问注·序》）

假如（一个人）天资聪敏，（就）能理解精深的道理。（不过，）周密完善的见解虽然属于天资很高的人，（若）要规范理解经文，却还要依赖前人的训诂著作，（正如）从来没有人行走不经由道路、外出不经由门户（一样）。

除了“一个人”外，译文中补出的都是逻辑关联词语。这些逻辑关联是古文内含但却未在文面中体现的，译成现代汉语就要用明确的关联词语表明各句间的关系。

【示例】即使偶愈，亦不知其补之之力，攻之之功也；使其不愈，亦不知其补之为害，消之为害也。（《景岳全书·论治篇》）

“补之之力，攻之之功”构成选择复句，今译时用“是”“还是”置于两个短语之前，明示其间的关系；“补之为害，消之为害”也应该用同样的方法处理。

【示例】但方书原有古名，而取用宜乎通俗。若图立异矜奇，致人眼生不解，危急之际，保无误事？（《吴医汇讲·书方宜人共识说》）

“保无误事”字面上似陈述句，但实际隐含着反问语气，今译时应加上适当的关联词和表疑问的语气词，如“怎能保证不耽误事情呢”。

2）跳脱省略：即省略同上句意思相反的分句，致使文意不相连贯，给人以文句跳脱的感觉。今译时应揣摩逻辑关系，将跳脱的内容补入。

【示例】阳明病变，面合赤色，不可攻之，必发热，色黄，小便不利也。（《伤寒论·辨阳明病脉证并治》）

在“必发热”前跳脱省略了假设条件“若攻之”。

【示例】此疾急宜治之，不过十日而亡也。（《中藏经·论心藏虚实寒热生死逆顺脉证之法》）

在“不过十日而亡”前跳脱省略了“如果不急治之”之意。

5. 删（删削）

删就是删除原文中某些词语，无须译出。删除的对象主要是在句子里没有实际意义的助词，主要有语气助词（包括语首助词与语尾助词）、结构助词、谦敬副词。

【示例】夷考其间，瑕疵不少。（《白茅堂集·李时珍传》）

“夷”是语首助词，删除后含义照样完整。

【示例】扁鹊者，勃海郡郑人也。（《史记·扁鹊仓公列传》）

“者”是语气助词，可略去不译。

【示例】孜孜汲汲，惟名利是务。（《伤寒论·序》）

“是”是结构助词，为宾语前置的标志，别无他意，不需对译。

【示例】谨闻命矣。（《素问·解精微论》）

“谨”是谦敬副词，现代没有对应的词可替换，可略而不译。

6. 调（调整）

调就是对古今汉语有差异的语序，按照现代汉语的语法规律加以调整后进行翻译。

（1）宾语前置：古人为强调宾语，有时将宾语提到谓语之前，今译时需恢复到常规的述宾（或介宾）语序。

【示例】下此以往，未之闻也。（《伤寒论·序》）

【示例】何以言太子可生也？（《史记·扁鹊仓公列传》）

以上二例要变作“未闻之”“以何”，再予翻译。

（2）定语后置：古人为强调定语，有时将定语提到中心语之前，今译时需恢复到常规的定语中心词语序。

【示例】五六岁，亲中人有病如成者。（《三国志·华佗传》）

此例要变作“亲中有病如成之人”，再予翻译。

（3）谓语前置：古人为强调谓语，有时将谓语提到主语之前，今译时需恢复到常规的主语谓语语序。

【示例】或言久疾之不可取者，非其说也。（《灵枢·九针十二原》）

此例要变作“其说非也”，再予翻译。

（4）作补语的介宾结构：今译时应将其调整到动词谓语的前面。

【示例】阿从佗求可服食益于人者，佗授以漆叶青黏散。（《三国志·华佗传》）

此句中介宾结构“于人”和“以黏叶青黏散”都充当补语，今译时应分别调整到动词谓语的前面。“益于人”译为“对于人有益”，“授以漆叶青黏散”译为“将漆叶青黏散传授给他”。

（5）位于主语前的顺承连词“而”与“则”：“而”和“则”在句中作顺承连词并且位于主语之前的，今译时一般要调整到主语之后。

【示例】世俗乐其浅近，相与宗之，而生民之祸亟矣。（《温病条辨·叙》）

【示例】使圣人预知微，能使良医得蚤从事，则疾可已，身可活也。（《史记·扁鹊仓公列传》）

以上二例中的“而”“则”都是表顺承的连词，分别出现在主语“生民之祸”和“疾可已，身可活”前，今译时可把他们移到主语的后面，并都对译为“就”或“便”。“而生民之祸亟矣”译为“人民的祸患就频繁了”，“则疾可已，身可活”译为“疾病就可以治愈，身体就可以存活”。

（6）置于动词前的数词：数词在句中置于动词前的，今译时应调整到动词后。

【示例】岁历三十稔，书考八百余家，稿凡三易。（《本草纲目·序》）

“三易”，数词“三”出现在动词“易”之前，今译时要把他调整到动词之后，译为“修改三次”。

（7）两语分承：遇有下文两个词句分别承受上文两个词句的分承现象

时，要依据词句间的意义联系来调整语序。

【示例】解惑者，尽知调阴阳，补泻有余不足。（《灵枢·刺节真邪》）

属词语分承，“不足”承受“补”，“有余”承受“泻”，应调整为“补不足泻有余”，然后才加以今译。

【示例】夫粗工之治病，或治其虚，或治其实，有时而幸中，有时而不中。（《儒门事亲·汗下吐三法该尽治病诠》）

“或治其虚，或治其实，有时而幸中，有时而不中”属句子分承。根据作者张子和褒攻贬补的学术特点以及“粗工之治病”的上文，可知“有时而不中”承受“或治其虚”，“有时而幸中”承受“或治其实”，应调整为“或治其虚，有时而不中，或治其实，有时而幸中”，然后再进行今译。

（8）校注中引述词语：古人校注中引述词语习惯与今人不同，今译时应据现行习惯译出。

【示例】《论语·微子》篇陆释引郑本“废”作“发”。《庄子·列御寇》篇陆释引司马本“发”作“废”。（《香草续校书·内经素问》）

通行本《论语·微子》篇的“废”陆德明《经典释文》引郑本作“发”。通行本《庄子·列御寇》篇的“发”陆德明《经典释文》引司马本作“废”。

两句中的被注词移动位置后更适合现代人的表达习惯。

（五）注意事项

（1）精确理解词义：今译要特别注意多义词的义项选择，不可仅用熟知义简单对译。

【示例】脉至如火薪然，是心精之予夺也，草干而死。（《素问·大奇论》）

“夺”为“脱失”义，有人译作“被劫夺”，不妥。

（2）基本义与语境义准确对译：词有基本义和语境义之别，有时需要译出其具体的语境中义。

【示例】神而明之，存乎其人。（《本草纲目·菊》引自《周易·系辞》）

【示例】惧非其人，而时有所隐。（《黄帝内经素问注·序》）

【示例】且将升岱岳，非径奚为？欲诣扶桑，无舟莫适。乃精勤博访，而并有其人。（《黄帝内经素问注·序》）

“其人”特指适合的人，在以上三例中其具体义又有差别。第一句中应译作“善于运用的人”；第二句中应译作“适当的传业之人”；第三句中应译作“志同道合的朋友”。

（3）合译与分译：古人为了表达的整齐，有时会用两句话（或两个短语）说同一个意思，或者在两句话（或两个短语）中用相互补足的方法表达，这种情况可以合并为一句来翻译。

【示例】遇灾值祸，身居厄地，蒙蒙昧昧，蠢若游魂。（《伤寒论·序》）

“遇灾值祸”两层为同一意，可合并译作“遭遇灾祸”。

古人的表达有时又很紧凑，会将比较复杂的意思用一句话（或一个短语）来表达，这种情况可以分成几句来翻译。

【示例】奈为医者戒余勿食何？（《冷庐医话·医须周察》）

本句为嵌套句，相当于“为医者戒余勿食，奈之何？”可拆分为两个短句来翻译。

（4）特殊情况的处理：有些古语情况复杂，需要做合理的特殊处理。

【示例】乃使子豹为五分之熨，以八减之齐和煮之，以更熨两胁下。（《史记·扁鹊仓公列传》）

……用来轮替熨烫两胁之下（指两胁下同时熨烫，稍冷就替换成热的）。

由于语言的时代差异，有些古语的意思很难完全对应地翻译成现代汉语，需要在翻译后再加补充说明。如例文有可能误解为“在两胁下轮流熨烫”。为避免此种误解，若无更好的译法，就要加以补充说明。

【示例】恐后之医者泥于补，故置之三篇之末，使用药者知吐中有汗，下中有补，止有三法。（《儒门事亲·汗下吐三法该尽治病诠》）

……使得用药的人懂得吐法、汗法、下法中都寓含着补法，只有三法。

古人行文讲究对偶、整齐，本句中就用了这样的方法，如果对应原文简单翻译，就可能误解为“使得用药的人懂得吐法中有汗法、下法中有补法”。而按照作者的医学思想和本篇全文的观点，应译出作者的本义是“有三法”。

五、辑佚规范

（一）范围

本规范规定了中医古籍整理中古籍辑佚的基本术语、基本原则、方法与程序等。

本规范适用于中医古籍辑佚问题的处理。

（二）专业用语与释义

下列专业用语与释义适用于本规范。

（1）辑佚：是指对亡佚古籍（佚书）的辑复。即根据现存文献中散见的古籍佚文，通过搜集摘录、考校整理、汇聚编排等工作，辑复成册（篇），以最大限度地恢复亡佚古籍的原貌。

（2）佚书：是指见于前代书目著录、文献征引、古籍标记而未流传下来的书籍。

（3）佚文：是指佚书的见存之文，即散见于现存各种书籍中的文字。从两种以上书籍中所见的同一条佚文，称互见佚文。

（三）基本原则

（1）确定佚书：应全面考察，确定辑佚对象（所拟辑医籍）属亡佚之书。凡见于前代文献称引，或前代书目著录，而后代书目未著录者，一般可认定为佚书。

（2）有可行性：辑佚应考虑辑复的可行性，应有一定数量的佚文，有一定条件和能力。

（四）方法与程序

1．准备工作

辑佚对象确定后，应广泛搜集与其相关的资料，包括作者、成书时间、原书内容与体例、流传状况，以及前人有关研究、论述、评说、著录等。若前人已做过相关工作，应对其进行研究，分析其成败得失。

初步了解佚文存在的主要范围，草拟查阅的基本书目及调查书目，以保证佚文搜集尽量无遗漏。

拟订完整、可行的工作方案，针对本辑佚工作制订必要的处理原则、方式、方法等。

2．佚文辑录

（1）佚文的查找：即对保存佚文或可能保存佚文的书籍逐一进行查阅，尽可能避免遗漏。

（2）佚文的移录：可通过抄录、复印、剪贴、拍照等形式收集，应保证来源准确、清楚、完整，避免遗漏、错误、衍脱。同时注意辑录格式标准统一，并详细注明来源。

3．佚文整理

（1）校勘：对所收集到的佚文（包括互见佚文）进行全面校勘。

（2）补缀：对佚文，特别是记述不完整的佚文，应精审详核，予以补缀，使文意明确。

（3）辨正：对佚文中的文字、内容或误或异，需进一步考证，可以“注释”“评述”等方式辨明。

（4）辨伪：对所辑佚文要认真辨识，去除伪文。

4．佚文出处

对每条佚文必须注明出自何书、版本、卷次、页码等。出处应使用统一的书名及引述格式。特别注意识别同名他书资料，以及一般资料半为本书佚名、半为他书资料的识别。

互见佚文的出处，可采取以下两种标记方法。并注法，即一条佚文凡所见征引诸书一并注明。校注法，即每条佚文无论见于多少处征引，只注明一个出处，其余则通过校注方式说明。

5．佚文汇编

如有目录遗存，宜按照原目录进行编排。如无原目录者，编次应力求接近原貌。

（1）篇章编次要有依据。

（2）篇内编次要有条理。

（3）内容编排要有思路。

6．编排成书

撰写并编定书序（前言）或后跋，以及全书凡例、正文目录、正文等。

（1）编制辑佚、校勘、考证、注释时征引的主要参考书目。

（2）编排有关附录资料。

（五）质量标准

（1）佚文搜集全面、完备。

（2）佚文辑录准确、可靠，无非本书佚文混入。

（3）佚文出处明确。

（4）考校精审，引述称谓统一。

（5）编排得当，体例统一。

六、评述规范

（一）范围

本规范规定了中医古籍整理中古籍评述的基本术语、基本原则、评述的内容与形式以及注意事项。

本规范适用于中医古籍评述问题的处理。

（二）专业用语与释义

下列专业用语与释义适用于本规范。

（1）评述：是围绕古籍的字、词、句、篇、章进行提示、评论、阐发和补充说明，表明评述者观点、态度的一种著述体裁。一般不对全书内容（包括作者的学术思想）进行综合的评述和介绍，但可以揭示文章的主旨，提供背景情况。评述内容可多可少，有时可以针对某一问题、某一观点进行具体的评论。

（2）评点：又称“点评”“批点”“批评”“评批”。“评”是指对书中内容的评论；“点”是指点在原文旁边的点、圈。“评”和“点”常常结合运用，即在原文旁边圈点之后，在夹批或眉批中对文章的思想内容、篇章结构、表现方法、语言技巧等方面，进行言简意赅的评论。

（3）按语：又称“按”或“案语”，是对所评述的古籍进行提示、评论、阐发、补充说明。按语的形式多种多样，灵活机动，有的冠于文前，有的插于文中，有的置于文后。

（三）基本原则

（1）主题突出：抓住读者理解文献资料的关键点，有针对性地进行评述，重点突出，画龙点睛。

（2）观点明确：明确表达评述者的立场、观点和思想倾向，力求言之有物，议论公允。

（3）当评则评：实事求是地对所评点文献进行评价，坚持有心得则评述，无心得则不评述的原则。

（4）简明扼要：重评少论，文字简练，抓住实质，概括所评述内容的主要方面。

（四）内容与形式

评述的内容比较广泛，应根据被评述文献的特点，决定评述内容的侧重面。一般可针对以下几项内容有目的地展开评述。

1. 评述重点

（1）语义隐晦，需要进一步加以阐明者。

（2）对某一问题在理论和方法上有所发展，论点精辟，需要进行深入思考或探讨者。

（3）某一学说或观点历来争议较多,需要进一步阐释或提出个人见解者。

（4）文义相互矛盾，难以自圆其说，需要加以说明者。

（5）内容繁杂无序，需要概括归纳者。

（6）需要对原书论述提出看法，或藉以纠误，或需作进一步探究，以求古为今用者。

（7）在学术上有所创见而又别有流派，有史料价值者。

提示与评点内容有联系的前后条文及他书内容，以资互相参阅、加深理解者。

2. 评述形式

评述的形式多样，灵活自由。对某字、某句或某段、某章、某篇等，都可加以评述。既可以作总结性的评价，也可以进行具体的赏析；既可以从不同方面、不同角度来探讨其成败得失，也可以抓住其中的某个问题加以议论。文字可长可短，三五字至数百字乃至上千字皆可。

（1）说明式：主要目的在于传递信息，一般文字很短，不担负解释和论述的功能。常常用于对所评点内容的意义做简单的说明。

（2）推荐式：主要目的在于引起读者的注意和重视，加以推荐。一般不触及具体内容，只是三言两语地对其进行概略的总体评价。

（3）揭示式：主要目的在于凸显文献某方面的内容，或通过个别启示一般，或将有限经验上升为一般原则。常常用于提纲挈领地介绍所评点文献的中心思想。

（4）批驳式：被评点文献的某些观点和说法有偏颇，须进行匡正或补充时使用。

（5）概要式：某些文献的篇、章、段内容丰富，需要适当地加以概括介绍，使读者一目了然地知其概要，以加深理解，增强阅读效果。

（6）褒贬式：主要是就文献所提出的观点、方法、结论，断其优劣，辨其是非。

（7）综合式：综合运用以上几种方法，就某些重要问题阐明学术源流，或评点在学术上有所创见而又别有流派、有史料价值的内容等。

七、影印规范

（一）范围

本规范规定了中医古籍整理中古籍影印的基本术语、基本原则、程序与方法。

本规范适用于中医古籍影印问题的处理。

（二）专业用语与释义

下列专业用语与释义适用于本规范。

（1）影印：是指使用照相技术复制某一既存古籍版本的图像，再按一定比例（原大、缩小或放大）制版印刷的方法。

（2）配页：将污损的页面替换为清楚的页面，叫作配页。

（3）补页：将缺失的页面补全，叫作补页。

（4）描修：又叫“描润”，是指除去底本中灰底（黑气）、墨点、污渍等的工作。

（三）基本原则

（1）选择最佳底本。

（2）拍摄完整清晰。

（3）配补描修正确。

（4）版面安排合理。

（5）编制扉页翔实。

（四）程序与方法

1. 底本选择

根据不同的目的和要求确定影印中所用的底本。

2. 底本核查

（1）核对书目：重点把握书名、作者、版本、卷数、朝代。

（2）检查书品：如底本品相不佳，有漫漶不清或缺损情况，可适当描修或更换底本。

（3）检查卷数：先查底本卷数与选目上确定的卷数是否一致，再查此书在主要工具书上的卷数著录，核对是否有缺漏。如有缺漏，应寻求补页。

（4）检查书页：如原书有页码，这一工作较简单。如原书无页码，或者原书为稿本、抄本，页次混乱严重，则要认真整理研究，分清卷次和页次，进而确定是否有缺页、倒页、重页。

3. 配页与补页

用作影印底本的古籍如有个别页子因污损而无法阅读，甚至某些卷次缺失，则需要配页与补页。配补的页子必须与原书是同一个版本，行款一致，与原书前后页能贯通，否则就不能配补。

若某藏馆的某书某本缺失一卷或数卷，此本仅此一家，无法用同一版本配补。此时可用其他版本的相应卷次进行配补，亦可用稿抄本补刻本，用刻本补稿抄本，只要两种本子的分卷完全一致即可。配补后应注明“某卷某页据某本配补”字样。

4. 底本描修

影印的底本如有污损而又无法配页时，则需描修。涂描字迹笔画时须十分谨慎，以免误描。古籍原有的藏书印不必修去。

5. 扫描拍摄

（1）保存底本原貌，确保全书内容完整，从封面到封底全部拍摄，不可缺页漏页。

（2）每页信息完整，尤其要注意眉批脚注的存留，不可随意删除。

（3）拍照光线、角度、像素适合，与书面垂直拍摄。

（4）扫描时像素不可过低，可根据出版要求加以设定，以确保印刷清晰为原则。

（5）有条件者可将底本拆散成单页，拍摄扫描后按原样装订，恢复原貌。

6. 影印类型

（1）原大影印：著名的中医经典古籍、宋元明刻本、重要的孤本、名家手稿等，可原大影印。

（2）缩小影印：一般的善本医书，可缩小影印以资流通。通常使用16开本，上、下两栏，或上、中、下三栏的形式。16开本每面分上、下栏，放2张中国页（或称筒子页），俗称“四拼一”。16开本每面分上、中、下三栏，放4张半中国页，俗称“九拼一”。“四拼一”通常保留原书的书口（包括书名、卷数、页数），版面完整，字迹清晰，便于查检。“九拼一”字迹大小只有“四拼一”版面的二分之一，不便阅读。

（3）放大影印：多为特殊需要，较少使用。

7．编制扉页

扉页应包括以下信息。

（1）书名：不一定照抄原书封面，要根据丛书或系列书的编纂体例及要求重新定名。

（2）作者：要细阅全书后确定，不能仅据卷端或封面定名。

（3）朝代：尽可能理清作者生卒年和书籍形成、问世的年代，易代之际的作者确定朝代时尤其要谨慎。

（4）版本：应注明刻书年代、刻书者及是否递刻、递修。如果是递刻、递修本，则应注明何时递刻、递修，何人递刻、递修。

（5）版框：应注明原书版框的尺寸、行款等。

（6）馆藏：应注明原书藏馆，如分藏于数馆，则须注明某卷至某卷藏于某馆。

8．撰写影印说明

针对所影印古医书的作者、生平事迹、成书年代、主要内容、价值与意义等进行介绍，并且对本次影印工作加以适当说明。

八、汇编规范

（一）范围

本规范规定了中医古籍整理中古籍汇编的基本术语、基本原则、程序与方法。

本规范适用于中医古籍汇编问题的处理。

（二）专业用语与释义

下列专业用语与释义适用于本《规范》。

汇编：是在不改动原文的前提下，将古籍中某一方面的资料集中起来，按照一定主题、遵循一定体例加以编排的一种古籍整理形式。根据汇编的方法、旨趣、范围等不同，有类编、选编、摘编、全编等不同类别。

（三）基本原则

（1）主题简明新颖。

（2）收集资料广博。

（3）录用资料准确。

（4）剪裁资料合理。

（5）编排体例有序。

（四）程序与方法

1．策划主题

选题对汇编成功与否至关重要，事先要周密策划。策划汇编的主题应注意以下三点。

（1）有创新：应尽量选取新颖题材，不要重复前人工作，避免人力物力的浪费。

（2）有价值：应考虑是否有学术价值、资料价值、实用价值，三者至少要具备其一。

（3）有可行性：既要考虑资料收集难度，又要考虑编纂者的能力和水平。

2．制订方案

开展前期调研，草拟资料收集范围，预估工作量及完成时间。

制订详细工作方案及编撰体例，主要内容包括抄录的方式、收录的范围、版本的选择、选材的标准、编排的原则、特殊情况的处理等。

制订监督保障程序，定期检查，回顾研讨，发现问题及时解决，确保汇编工作按既定方案顺利进行。

3．收集资料

（1）确定资料收集范围：对保存资料或可能保存资料的古籍逐一查阅，尽可能全面，避免遗漏，尤其要重视一般读者难以见到的稀有图书和稀有版本。对于暂时难以界定范围的资料，可以先行收录，留待研究讨论后决定取舍。

（2）保证资料准确可靠：确保使用一手资料，二手资料可以作为查找线索，但必须核对古籍原文，杜绝直接引用二手资料。

（3）抄录资料统一规范：对查找到的资料，通过抄写、复印、剪贴、拍照、扫描等方式进行收集，必须保证资料来源准确、清楚、完整，避免遗漏、错误、衍脱。录文须忠于原文，文字须细加校对。抄录格式应标准统一，详细标明每条资料出自何书、版本、卷次、页码等。

（4）甄别资料：版本较多的资料应选择最佳版本，以善本为佳。

对不同来源的相同资料进行比勘，从中选优，删除重复，避免重收。

在保证资料内容完整的前提下，根据主题要求，剪裁文字。

对难以界定范围的资料，开展进一步研究，必要时召开专家论证会，决定取舍。

（5）整理资料：对确定选用的资料进行整理，例如繁简转化、分段、标点、校勘、注释等。

（6）编排资料：以门类设计合理，资料归类准确为原则，将资料分类排序，编排全部文字，添加分类标题及段落标题。资料编排次序有多种方式，但必须有规律可以遵循，前后要一致，全书要统一。

（7）汇总成书：撰写汇编说明，介绍编撰宗旨、编撰体例等。

1）编排全书目录。

2）系统核校全文。

3）列出主要参考书目。

4）附录相关研究资料。

5）审阅修改。

九、索引规范

（一）范围

本规范规定了中医古籍索引的结构、类型以及编制原则等。

本规范适用于中医古籍整理过程中索引编制问题的处理。

（二）专业用语与释义

下列专业用语与释义适用于本规范。

（1）索引：又称“引得”“通检”，是根据一定的需要，将一定范围内的特定信息如字词、文句、人名、方名、药名、病证名、书名等，用词条形式有序编排以便查检的工具书。

（2）引得：索引的旧称。英文 index 的音译兼义译。

（3）通检：索引的旧称。指普遍检索。

（三）基本原则

1. 范围明确，资料全面

明确规定一定的文献资料为索引范围，并使索引范围内资料无遗漏。如《中医经典索引》，其资料索引范围为《素问》《灵枢》《难经》《伤寒论》《金匮要略》5 部著作。

2．索取对象，明确一致

规定特定的款目为索取对象，且保持一致。如《黄帝内经文句索引》，以《黄帝内经》一书的全部文句为索取对象；《黄帝内经单字索引》，以《黄帝内经》一书的全部单字为索取对象。

3．排检有序，实用方便

所有条目按一定的排检法编排。通常有笔画排检法、音序排检法、号码排检法、分类排检法等。有一定规模的索引一般至少具备两种排检法，以方便读者使用。

4．出处详明，对应准确

所有条目后均须详细注明出处，检索条目与相关内容对应准确无误。

（四）结构与类型

1．结构

（1）编纂体例：也称“凡例”“例言”“说明”，是编纂索引的准则。主要说明本索引的索取对象，依据的古籍及其版本，采用的排检法，各条目的标目、注释、出处的排列方式及符号的说明，其他需要着重说明的问题。

（2）检索系统：即检索对象排列的系统。

汉字可供排序的方式较多。索引中比较常用且容易为使用者接受的排序方式，是音序和笔数起笔序两种。音序，即按汉语拼音顺序排列词条。音序简单明了，使用方便，可为首选方案。但鉴于古书文字多有一般人难以读准的字，如果所拟索引的检索标目中难字较多，则通常须附一个以形序编成的查字音索引，或者改用形序编排，特别是笔数起笔序系统。笔数起笔序，即先数出标目首字的总笔数，再根据该字的首笔笔型来确定字的编序。此法适用于难字较多的索引的编排与查检。

语段对照类索引则通常依主本的原卷目顺序为排序方式。

不论音序还是笔数起笔序，索引标目有二级标目的，二级标目的排序也应合理，方便检索。

（3）正文：按一定的排检法有序编排的全部条目，是一部索引的主体部分。条目一般由 3 个环节构成，即序号、标目、路径。

1）序号：是一个检索对象在本索引中的位置。具体序号由排序的系统决定。在传统书籍中，序号通常在索引正文的书眉位置逐页标明。如用汉语拼音排检法编排的，须逐页标明音节的起讫和字头；用笔画排检法编排的，须逐页标明笔画数和字头。

2）标目：索引标目即检索对象的标示形式。

单字索引：一字立一目。通常有两级标目，第一级为所检单字，第二级为包含这一单字的各个句子。

语词索引：一词立一目。立目的单位是词语，包括单音节词、多音节词、词组。要确立词与非词的标准，全书的判断标准须统一，前后保持一致性。通常也有两级标目。

专业名词索引：标目即名词本身。如果一个对象有两个以上名称，其做法有三：一是分别标目索引；二是确定一个主要标目，在该标目下用括号注明异名；三是只出主标目，所属原文出于异名的则在索引路径后加括号注明该条所用的异名。如“伤寒论”与“仲景方”，可以分别列目；亦可在“伤寒论”标目之下附“仲景方”；还可以只出“伤寒论”一个标目，若原文出于“仲景方”，则在索引路径下加括号注明。

句子索引：以句子立目。底本必须选择质量较高的句读本、点校本，避免句读错误。如果对底本句读有所改动，可出现底本和改动的两种标目，使两种句读均能检得。两种句读并通的情况也可考虑并出两种标目。文句索引可根据使用需要对原书文句作一定筛选或变动。如《中医经典索引》明确指出有两种情况没有检索意义，予以特别处理：一是废句，即“黄帝曰”“岐伯曰”之类，不列入标目；二是义不全句不独立标目，而是随上句为一个标目。《黄帝内经章句索引》将句和词语并收于一个索引系统中，句首为虚词的句子又将句首虚词去掉重复收列，如“故生之来谓之精”一句，又以“生之来谓之精”收入，这样在检索者文句记忆不全的情况下也能查检，方便使用。

语段索引：须标明语段的起迄点，通常引用语段首尾的各一句话，如系原文一整篇则标明系“全篇”。

3）路径：即索引路径，是指示给读者的求得索引对象资料出处的路线。

索引路径的设计应注意明确、通用两个原则。明确，即指示的路径要具体、清楚；通用，是指路径不能只适用于一个版本，而应以一个版本为主，其他版本亦可参用。因此，索引路径须指明印刷位置（如页、行），亦须指明文章位置（如卷、篇）。路径标示项目的多少视检索范围的大小、索引对象要求的精确程度和版本情况而不同。若在索引的后面附录了原文献作为简单索引，一般只需指明本书页码序即可；如检索范围较大，则路径项目也相应增多，例如兼立卷、篇、行和某种版本的页码行序。

路径的标示方式和繁简程度随具体情况而有不同要求，编制者可自行选定，但总的原则不能忽略。同时还要考虑到读者的使用习惯。

（4）附录：最常见的附录是检字表。检字表通常采取与索引正文不同排序的排检法，为读者提供备选的检索途径。索引的附录部分有很大的灵活性，总的原则是要为读者使用提供方便。

2．类型

（1）词语、单字索引：系指以某些古籍中的重要词语或全部单字为索取对象、以词语或单字立目编制而成的索引。主要用于先秦医籍或其后的经典著作，对于词义的考证和其他语言文字方面的研究以及古书年代的考订都有重要价值。词语索引如《中医经典索引》所附《语词索引》；单字索引如《素问、灵枢总索引》《马王堆出土医书字形分类索引》等。

（2）专业名词索引：系指以某类专业名词术语为索取对象、以各名词术语立目编制而成的索引。中医古籍中的专业名词术语主要有药名、方名、病名、腧穴名等。根据编制要求和检索对象的多少，可以编制单一对象的索引，也可编制几种对象合一的索引。如《外台秘要方方剂索引》等。

（3）句子索引：系指以一部或若干部古籍中所有句子为索取对象，以句子立目，多数按句子首字笔画为序编排而成的索引。主要用于一些经常被引用的经典著作，可以用来核查、核正引文及其出处，如《中医经典索引》《十三经索引》等。

（4）作者、书名索引：系指以文献中提及的作者名、提及或引用的书名为索取对象，以人名、著作名立目编制而成的索引。此类索引揭示某书引用过的书籍、提到过的作者，以便读者据以追踪引文，如《黄帝内经太素杨上善注所引书名人名考》等。

（5）语段索引：系指对比不同古籍中同源语段以便寻求同源语段出处和差异的表格式索引，这是索引的一种特殊形式，日本称之为“对经表”。所谓“对经”，即将某一经典与其他经典进行原文对照研究，如《黄帝内经太素对经表》《诸病源候论对经表》等。

十、编排规范

（一）范围

本规范规定了中医古籍整理编排的基本要求。

本规范适用于中医古籍整理过程中内容编排问题的处理。

（二）文字编排

（1）顺序：依次应为封面、内封、内容提要、出版说明、前言、点校说明（或校注说明）、原书序、总目录、分卷目录、正文、原书跋、校勘记、索引、考异、参考文献、学术思想研究、附录等，可根据实际情况选定，但编排顺序不宜随意变更。

（2）页码：封面、内封、内容提要不排页码。出版说明、前言、点校说明（或校注说明）、原书序、总目录、分卷目录、正文分别另排页码。原书跋和其他内容与正文一起使用连续页码。索引、学术思想研究等可与正文一起使用连续页码，也可根据需要另起页码。

（3）分卷：编排时每卷均设封面、内封、分卷目录、正文；内容提要、出版说明、前言、点校说明（或校注说明）、原书序置于首卷；原书跋、校后记、索引、考异、参考文献、学术思想研究、附录等置于末卷。

（4）序跋：应按底本次序编排，校本比底本多出的序跋如需补入，应排于底本序跋之后，并出注说明，亦可作为附录。

（5）引文：古籍正文中引文不加引号，出处加书名号。校注中引文出处使用全称，书名过长或为重复引用者，可于首见处使用全称的同时，以括号形式注明简称，并在点校说明（或校注说明）中指明。篇名过长者，可先列书名，后列卷次、篇次。校勘记、注释中的引文加引号，出处加书名号。

（6）参考文献：主要包括两方面内容，一是已出版的著作，二是已发表（已出版或未出版）的论文。工具书一般不入参考文献。

参考文献一般不在正文中标写角注，可按次序编排于全书末尾。若卷帙较繁，也可编排于各篇章之后。格式如下。

专著：[序号] 主要责任者 . 文献题名 [M]. 出版地：出版者，出版年：起 – 止页码 .

期刊文章：[序号] 主要责任者 . 文献题名 [J]. 期刊名，年，卷（期）：起 – 止页码 .

学位论文：[序号] 主要责任者 . 文献题名 [D]. 出版地：出版者，出版年：起 – 止页码 .

论文集：[序号] 主要责任者 . 文献题名 [C]. 出版地：出版者，出版年：起 – 止页码 .

（三）图表处理

（1）插图：原文献插图，使用原图扫描编排。原文献已有插图不清或有缺损，可根据其他善本进行修补或摹绘复制。

插图应大小适中，线条均匀，清楚美观，主辅线分明。图中所有文字、符号均应植字。

插图布局应美观合理，随文编排。先见文字后见插图。插图旁空白较大时，可串排文字。

插图一般应横排，如需卧排，应顶左底右，双页图顶向切口，单页图顶向订口。

（2）表格：原文献已有表格，依其格式、内容编排。原文献已有表格不清或有缺损，可根据其他版本补充。

表格中内容相同的相邻栏或上下栏，应重复标出，不能用“同左”“同上”等文字代替。

表格随文编排，先见文字后见表格。表格旁空白较大时，可串排文字。

表格一般应横排，如需卧排，应顶左底右，双页表格顶向切口，单页表格顶向订口。

表格跨页时，应排为双页跨单页。

第四节　中医药翻译图书的编辑出版

中医药文化作为中华民族的瑰宝，日益被世界各民族接受，并为人类的健康事业发挥重要作用。然而，东西方文化的差异，包括语言上的障碍与思维方式的不同，成为阻碍中医药文化迈向世界的最大绊脚石。因此，中医药文化要实现国际化，更好地服务于全世界的人民，发挥其独特优势，就必须加强翻译工作。

一、中医翻译的重要性

在我国，中医翻译研究取得了可喜的成绩。首先，中医翻译吸引了包括高校中医类教师和外语教师等大批坚定的拥护者从事中医翻译研究。随着中医翻译研究的发展，中医翻译已纳入高校中医类以及语言类专业的课程设置。目前，国内有不少中医院校设置了英语专业或研究方向，而且，以中医翻译为研究方向的硕士点也已建立，成为培养和输送高层次、高质量中医翻译领域研究和教学人才的重要基地。其次，在学术成就方面，中医类期刊和外语类期刊等国内期刊中都涉及了中医翻译的研究。有的期刊还专门开辟了“中医翻译研究”的专栏，出现了大批有关中医翻译的论文、专著、教材和词典等。此外，中医翻译的学者对中医英语翻译的理论、对中医名词术语翻译的标准化及中医经典著作翻译的深度和广度等问题进行了深入的研究与探讨，发表了一系列的论文，出版了部分研究著作，对中医特色的翻译理论和方法的构建，及中医名词术语的英语翻译问题的多角度定位具有极大的帮助和指导意义。然而，由于文化传统与文字表达上的差异，以及中医英语翻译研究起步较晚，中医翻译仍旧存在着一些不足。比如，中医翻译理论研究还不够系统，缺乏宏观理论建构的研究，涉及具体方面的微观研究较多，缺乏自成一体的理论体系。同时，在中医翻译研究中所采取的方法一般是借鉴语言学和翻译的研究方法，还没有一个系统的研究方法。并且，学科定位不明确、缺乏有力的学科共同体等方面也是值得关注的问题。为了向越来越多对中医药文化感兴趣的外国友人传播中医药文化知识，引导他们进一步体验和感受中医药在防病治病和养生方面的独特功效，中医翻译工作具有毋庸置疑的重要作用。这样既能把中医推向世界，更好地提升我国中医药在世界医学领域的地位和影响力，又能切实促进国际文化的合作与交流。同时，中医翻译工作对中医药文化的国际传播也具有至关重要的作用。然而，中医的特殊性和古典性为翻译工作设置了障碍，译者必须在通晓中医药文化知识的基础上进行翻译，以开放、动态的视角去考虑翻译的方法、译文读者等因素。因此，要使中医走向世界、为世界人民服务，就必须提高中医翻译水平，以推动中医翻译健康发展。

二、中医药英语的翻译原则

（一）能中时绝不西

中医语言、理论的中西混杂现象极为普遍，可保持中医特色译出中医味道，是弘扬中国传统医学的关键。由于中西文化背景差异巨大，很多中国人认为平常的内容，在西方人眼中却是不明就里。以食物而言，其属性有寒、热、温、凉之分，口渴喜饮和不喜饮等皆为中国特色，另外，还有气血、寒热、阴阳、表里等，这些术语在中医学中属于核心内容，经常出现在各类中医学的教材和著作中。以上这些都颇具中国典型的文化特色，不管直译、意译恐怕都不足以准确地再现其内涵，因此为体现其整体观和辨证思维模式，翻译成 qi and blood、yinyang 比较贴切。

（二）尽量保持中医特色

由于受到中国古代心理学、气象学、养生学、哲学、天文学、逻辑学和文化、宗教的影响，以及中医语言的抽象概念居多，不少中医术语除专业性外，还有极为重要的隐喻形象，其决定着人们对中医理论的接受程度。而这些术语是具体社会观念和可认知现实环境的反映，在进行中医翻译时要想贴近其原文信息与内心感受形象，绝不能忽视其与社会生活的关联性，比如指肝脏病影响到脾胃功能的木克土，被译为 The liver restricts the spleen 即肝克脾，这种翻译没有保留也没有体现出五行的隐喻含义与五脏的关系，所以将其译为 Wood restricts earth 较佳。

（三）能同时绝不异

因为历史演变的因素，中医学的派系众多，各家学说并不能一统，或是名词术语相同却表达方式不同，比如子宫有女子胞、胞宫、子处等说法；风邪有邪风、虚邪、贼风等说法，这些表达方式虽然不同但词义却是相同的，不过这一现象却为中医英语翻译增加难度，导致读者无所适从，从而无法达成交流的效果。所以，翻译前要准确把握这些语言的含义，并针对相同或相近的中医术语翻译时尽可能用同一词素或词组，比如子宫、胞宫等均可翻译成 uterus；风邪、邪风等翻译成 pathogen，这种翻译与科技英语习惯、规范能够吻合。还有，针对相同或相近意义的词组也需坚持此原则，比如脾虚、脾胃虚弱、脾胃不足均可翻译成 spleen deficiency。

三、中医药汉译英翻译工作应遵守的原则

（一）前人提出的翻译标准概述

谈到中医药汉译英翻译应遵循的原则，首先应了解翻译标准（translation norm，translation criteria，translation standard）这一基本问题。它作为翻译的原则和要求，对翻译活动起着指导作用，是翻译活动必须遵循的准则，是衡量译文质量的尺度，也是翻译工作者要努力达到的目标。翻译的标准历来被人们认为是翻译理论的核心问题。国内外翻译家对此做了大量的研究和探讨，提出了各种各样的标准或原则。但这一问题尚未得到彻底解决，至今还争论不止。建立科学的翻译标准，对翻译理论的形成与发展以及指导翻译实践，有着重要的意义。

翻译事业源远流长，迄今已有2000多年的历史。在长期的翻译实践中，翻译标准——这一翻译中的根本性问题是翻译家们自然不能回避的。因此，各种各样的翻译标准被提了出来。

早在我国的三国时期，支谦就提出了“寻本旨，不加文饰”的译经原则。唐代的玄奘则提出了“既须求真，又须喻俗”。然而，影响最大、代表性最强的当属近代著名翻译家严复在19世纪末提出的“信、达、雅”三原则或三字标准。虽然严复本人未给“信、达、雅”三字以详尽和具体的解释，但一般认为，“信”是指译文（translation）忠实于原文的内容，“达”则指译文通顺，“雅”则指译文的风格优雅或文雅（刘重德，1983）。之后，又有人提出“忠实、通顺、优美”“正确、通顺、易懂”“正确、易懂、得体”等。但这些只不过是“信、达、雅”三字标准的变体或不同的表达形式而已。严复的三字翻译标准在我国的翻译史上起到了极为重要的作用，这是人尽皆知的。但同时也引发了一系列的争论，特别是对三字中的“雅”字，由于理解不同，因而众说纷纭。有人认为“雅”字标准不能适用于所有题材或风格的文章，应当加以修正。刘重德先生提出以“信、达、切”三字原则代替严复的“信、达、雅”三字原则，就是具有代表性的例子。刘先生对“信、达、切”三字的解释分别为：信——信于内容；达——达如其分；切——切合风格（刘重德，1983）。

除“信、达、雅”标准外，朱生豪的“神韵说”、傅雷的“神似说”、钱锺书的“化境说”、鲁迅的“风姿说”，以及许渊冲的“三美说”（许渊

冲，1984）均有一定的影响。

在国外，英国的 A.F.Tytler（18 世纪英国爱丁堡大学教授）于 18 世纪末提出了他的翻译三原则。其内容为：①翻译应该是原著思想内容的完整再现；②风格和手法应该和原著属于同一性质；③翻译应该具备原著所具有的通顺（范守义，1993）。不难看出，Tytler 的三原则与严复的三原则具有很大程度的相似之处。在此之后，影响较大的翻译理论有苏联翻译家费道罗夫的“等值论”。该理论认为“翻译的等值就是表达原文的思想内容的完全准确性和作用上与原文的完全一致”。方梦之先生认为，费氏等值论中的“思想内容的完全准确性”就是“信”。而“作用上、修辞上与原文的完全一致”包含着“达、雅”的成分（方梦之，1994）。美国翻译家尤金·奈达（Eugene A. Nida）提出的等效论，又称动态对等说（dynamic equivalence）或功能对等论（functional equivalence）则是西方另一具有代表性的翻译标准理论。该理论中的动态对等系指最接近原文的、自然的信息对等。其中“信息”不仅包括思想内容，而且包括语言形式。

另有一些人对“忠实”或“等效”的翻译标准持有完全否定的态度，认为“忠实”之说只不过是一种漂亮的提法，是不能实现的，因而认为是荒谬的，同时提出“最佳近似值”标准。

（二）中医药汉译英翻译工作应遵守的原则

中医药汉译英翻译属于科技翻译的范畴，所应遵循的翻译原则应是严复早已提出的“信、达”，其次是兼顾“雅”。中医语言如同中医理论一样，既古老又复杂，给翻译工作带来了很大的困难。在进行中医药汉译英翻译时，首先必须认真研究中医的语言，正确理解中医医理，才能准确地将中医语言的含义转达到英语译文中。

1. 中医汉译英翻译工作者应具备的条件

郭沫若先生早在 1923 年就在《理想的翻译之我见》一文中提出要实现理想的翻译，译者必须具备四个条件：①译者的语言学知识要丰富；②对原书内容要有理解；③对于作者要有研究；④对于本国语言要有自由操纵的能力。

美国当代翻译理论家尤金·奈达在《翻译理论与实践》（*The Theory and Practice of Translation*）一书中指出，一个称职的翻译工作者应具备以下几方面的条件：精通一门语言同具备专业知识并不是一码事；必须具备“移情”本领；具备语言表达的才华和丰富的文学想象力。

上述大家提出的对于翻译工作者的各项要求，明确地说明了中医汉译英翻译工作者应具备的条件，同时也说明译者的个人因素常与其对于原文理解的深度与广度、译文表达得贴切与准确有较大的影响。

“工欲善其事，必先利其器”。所以，一个合格的中医汉译英的翻译工作者应具备下列条件。

（1）精通英语：中医汉译英翻译的过程是把中医语言所提供的信息用英语语言表达出来，是完全、忠实地转达，还是基本转达，甚至是误传，与译者翻译时所使用的英语语言专业水平是直接相关的。如果译者的英语水平较高、英语基本功扎实，对英文遣词、造句、语法结构、修辞等有广泛的知识和具备熟练的翻译技巧，所译出的译文的语言就会流畅、顺达，阅读者就能清楚、明了地获得中医原文所提供的信息。中医汉译英翻译工作，是以英语语言作为工具，把原文中用汉语语言所承载的中医信息以英文的形式再现出来，让英语使用者通过英语语言这一语言工具直接获取中医方面的信息知识。可以说，中医翻译工作者的英语语言水平直接关系到中医汉语原文信息的再现程度。为此，中医翻译作者只有具备较高的英语语言水平，方能胜任中医汉译英的翻译工作。

（2）一定的翻译学及语言学知识：中医汉译英翻译工作者应力求以翻译理论指导自己的翻译实践，并应具有一定的语言学知识。

翻译理论家费道罗夫认为：“翻译理论是语言学的一个分支，任何一种翻译，无论是应用文、新闻报道、科技、政治、历史、口语或文艺翻译，他们都要靠两种语言的对比，翻译的问题只能在语言学的领域内求得解决。”因此，从语言学角度研究翻译，较之从其他角度研究翻译，有更大的优越性。

就中医汉译英的翻译来讲，由于英语中没有现成的中医对应语，因此，翻译者不得不时地对中医语言和英语语言进行细致的比较，以便能从英语中几个，甚至十几个同义词中选择最贴切的一个来翻译相应的中医术语，这就需要译者具有一定的语言学知识，尤其是对比语言学（Contrastive linguistics）知识，以便能比较和发现中医语言与英语语言之间的各种相近与相异之处，为忠实地再现中医语言的原有信息提供保障。

（3）掌握中医基本理论：中医学是一门古老的学科，在几千年的临床实践中，中医学逐渐形成了一套完整的、独特的理论体系，包括以阴阳五行、脏象、经络为认识论与方法论的理论基础，望、闻、问、切的诊断技能，六淫七情等病因病机学说，以及综合以上内容的疾病防治学（包括治则与丰富多彩、灵活多变的治法），从而形成了完善的整体观，严密的、科学的、独特的理论体系。

但是，正因为中医学是一门古老的学科，如果不深谙其理，便不能理解其意，而有些中医的概念则往往得根据上下文来决定。这就要求中医汉译英翻译工作者必须掌握中医理、法、方药的要旨，并熟悉中医的经典著作，如此才能正确地理解中医语言的实质内涵，才能用英语语言忠实地再现汉语语言所承载的中医学的实质信息，避免误译、乱译的现象发生。

此外，中医汉译英翻译工作者要具有一定的临床实践经验，或者对中医的临床实践有深刻的认识。这是确保中医译文质量相当重要的一个环节。

（4）应具备较好的汉语水平：中医汉译英翻译工作犹如为国内外中医学界的学术交流，尤其是为中医走向世界架设桥梁，其重要性是不言而喻的。要想把中文所承载的中医信息转换为英文，让英语使用者毫无偏差地理解并接受中医学的信息，翻译者一定要具备较高的汉语语言水平。因为中医学是一门历史悠久的学科，其基础理论和中医典籍是历代中国人民在与大自然和睦相处中逐渐积累起来的丰富经验的高度概括。中医经典著作都是用古文写成的，现代中医语言中保留着大量古文词汇，文中有大量的古汉语语言。因此，正确理解古汉语语言是中医汉译英翻译工作的一个前提，否则就无法进行这项工作。所以，中医汉译英翻译工作者只有具备较好的汉语语言和古汉语知识，在正确地理解中医原文的基础上，才能用英语语言再现汉语原文所承载的全部信息。

2．中医汉译英翻译工作经常使用的工具书

中医汉译英翻译工作者在从事翻译工作的实践中，毫无疑问地要使用一些相关的翻译工具书——必备的词典和参考书籍。熟知它们各自的特点和熟练地使用这些工具书的能力与翻译工作者能否得心应手地顺利开展翻译工作有直接关系。下面就有关中医汉译英翻译常用的几种工具书作一简要介绍。

目前，国内常见的适用于中医汉译英翻译工作的工具书：《新英汉词典》（上海译文出版社）、《牛津高阶英汉双解词典》（商务印书馆、牛津大学出版社）、《新时代汉英大词典》（商务印书馆）、《汉英医学大辞典》（人民卫生出版社）、《汉英中医学词典》（河南大学出版社）、《中华人民共和国药典》（化学工业出版社）、《中药大辞典》（上海科学技术出版社）。

上述几部词典中，《新时代汉英大词典》是一部综合性工具书，收词较多，覆盖面广。《汉英医学大辞典》是专业类词典，属于医学专业词典，包括西医、中医两部分，是医学专业汉译英翻译工作不可或缺的一部工具书。《新英汉词典》和《牛津高阶英汉双解词典》是英汉词典，在汉译英翻译工作中需要确定英语词汇的词义或选择英语用词时可与前述的两部词典相互印证，确定翻译时所选用的准确词汇。《汉英中医学词典》是一部中医专业的汉英翻译词典，收集中医专业词汇 8 500 多条，正文以阴阳五行、脏腑、气血、经络、身体部位、针灸、腧穴、病理、生理、诊法、辨证、治则、治法、气功、病症、病因、医史、中医相关词汇的分类进行排列，附录部分实用性强，吸收和反映了中医翻译学术界最新的研究成果，包括：附录 1. 二十四节气；附录 2. 天干地支；附录 3. 历代名医录；附录 4. 中药方剂名称；附录 5. 针灸穴位名称；附录 6. 罗马数字。该词典是一部不可多得的中医汉译英的专业词典，与前述 4 部词典相比，其专业性、针对性较强，携带方便，且价格便宜，已成为中医汉译英工作者的案头必备工具书之一。《中华人民共和国药典》是我国国家药典委员会编撰的一部权威性药典。在其一部中收载药材及饮片、植物油脂和提取物、成方制剂和单味制剂等，品种达 1 146 种，附有药物的英文植物名，是中医汉译英翻译工作首选的药学词典。此外，《中药大辞典》收载药物 6 008 味，附有药物的英文植物名。

（三）中医术语翻译的特点

传统中医不同于现代西医，它源远流长，不仅仅局限于自然科学，同时也涉及了传统的中国文化、哲学和宗教。鉴于中西医学文化和语言表达的差异，英译中医术语时，如果将中医术语一一对应到现有的西医术语是不可行的，这是中医术语翻译的特点与难点。

1. 中医哲学观

在传统中医术语中常常蕴含着非常深刻的中国哲学思想，传统中医的中心思想和中国哲学的中心思想不谋而合。如中医中的“阴阳”和“五行”的概念就是源自玄学。除此之外，许多传统中医中的概念也源自《周易》和道教，而“阴阳”则来自本体论。中国古代玄学家认为世间万物皆分阴阳，这是整个玄学理论的基础，而这一概念也贯穿中医理论的始终。中医问诊治病最终追求的也就是阴阳调和。从“阴阳”中衍生出了许多中医术语，如“表里”“寒热”“升降”“敛散”和“纳宣”等，处方考量的第一要义都是围绕这“阴阳”理论。除此之外，“五行”也被广泛地运用于中医理论中。古人认为，世间万物皆有属性，分别是“金”“木”“水”“火”“土”。而中医正是仰仗这一理论将人的五脏六腑进行了分类，每一个属性都有其对应的器官、肝属木、心属火、脾属土、肾属水以及肺属金。而五行相生又相克，木克土、土克水、水克火、火克金而金又克木，如此循环往复。在有了这样的背景认知之后才有了中医“心克肺”的结论，而如果我们将“心克肺”直译成英语，那么没有任何中医知识背景的读者将会一头雾水，可将其翻译为Heart has the characteristic of wet，which restricts lung with metal feature。

中医的一大特点是大量运用中国哲学思想，这也反映了中国哲学思想发展对中医进程的深刻影响。除了哲学思想外，我们也可以在中医理论中找到儒家、佛家和道家等宗教思想的影子，而这些思想在西方鲜为人知。因此中医术语翻译的首要难题就是解决这些哲学理论影响下的术语翻译，如果没有处理好，那么译文将很难为读者所理解并接受。

2. 中医整体观

中医术语翻译的第二个特点是中医的整体观，即每一个术语都相互联系而非独立的存在。在庞杂的中医体系中，术语之间相互联结、互有共通，因此这也给术语翻译带来了一定的难度，因为简单的字面翻译并不能将术语间的联系表现出来。传统中医强调整体观，认为人的躯体虽然可以划分出五脏六腑、四肢九孔，但是它们却是连接成一体，是不可分割的。因此，译者需要充分了解它们之间的内在联系，并选择相应的翻译策略来进行翻译。在必要时，译者需要给予读者更多的解释来帮助读者完成理解。如“六腑”中的三焦，它是主气固水的所在，但传统中医对位置存在争议，具体只能根据中医的经验和个人体质不同进行甄别。而三焦在现代西方医学中也并不存在，这就给翻译带来很大的难度。而由三焦衍生出的上焦、中焦和下焦对于源语读者来说都很难理解，更不要说在目标语中找出相应的词语进行翻译了。译者只有在先对三焦进行完整解释翻译后，才能进一步翻译上焦、中焦和下焦，这就是中医术语翻译过程中整体性的重要性。

3. 中医定性观

除了上述两大特点之外，定性观也出现在众多中医术语中。简单来说，许多中医术语都是采用定性的描述，而鲜少使用定量的描述，这也是一直被西方精准医学所诟病的一点，但无论其是否合理，定性观一直存在于中医术语中是无可否认的一个事实，同时也是翻译术语中可能会遇到的一个难点。例如在对咳喘描述时，西医认为其是由“多种细胞及细胞组分参与的慢性气道炎症”，翻译为 Asthma 即可。而中医往往会采用“实喘”“虚喘”“热哮”和“冷哮”这类的术语。这种对症状看似模糊但又有突出特点的描述便体现了中医的定性观。在翻译该类术语时，译者可以根据实际文本需求选用侧重点不同的翻译策略。例如可以将某些术语稍稍量化后进行翻译，以求读者可以理解。

四、中医药汉译英常用的翻译方法

中医药学博大精深，在几千年的发展过程中，中医药学深受历朝历代社会、经济、文化、科技的影响，既有丰富的古代文化知识，又富含深奥的哲学原理。因此，中医语言多内涵丰富，但却艰涩难懂，翻译时更需仔细推敲，以保持原作学术性的准确和完整。正如西奥·赫曼斯（Theo Hermans）教授在《翻译的再现》中谈到的“译本绝不可能是原作内容的翻版，因为译本所使用的文字不同，语言和文化体系既不对称又不同形”。因此，在中医药汉译英的翻译过程中，不仅要认真推敲汉、英两种语言字词之内涵，同时还要仔细分析汉、英两种语言的句法特点，掌握汉、英两种语言含义基本相对应的句法形式，才能最大限度地保证中医药学英译文学术性的准确和完整。

中医药汉译英翻译实践中比较常用的句式翻译方法归结起来有七种，它们分别是语序调整法、词性转换法、语态变换法、正反对译法、增译法、减译法和分合组句法。下面分别举例说明这些翻译方法的用法。

（一）语序调整法

语序调整法是在英译中医药文章时，对中医药原文的句子成分和词语的先后顺序，按照英语语言的语序表达习惯重新排列。汉英两种语言在思维方式和语言表达方式上均有区别，比如定语的位置、状语的位置、叙事和表态的先后顺序以及一系列表示时间、地点、方式的状语的先后顺序等。所以，在翻译时必须考虑到英语读者的思维习惯，适当地将译文的语序进行调整。

例 1：教授们亲自动手，达到了治疗的目的。

By using their own hands the professors have attained the objective of treatment.

例 2：可用的治疗方法包括药物干扰甲状腺素的产生。

The treatment available includes the medical interference with the production of thyroid hormone.

例 3：血液具有营养和滋润的生理作用。

The physiological functions of blood are to nourish and moisten the body.

（二）词性转换法

词性转换法是汉译英中重要的手法之一。在中医药翻译实践中，为了最大限度地实现信度等值转换并符合译文的语言规范，把原文中属于某种词性的词在译文中变换为另一种词性。比如，汉语中的动词转换成英语中的名词、形容词、副词、介词或介词词组；汉语中的名词转换成英语中的动词；汉语中的副词或形容词转换成英语中的名词等，从而使中医药的译文通顺流畅。

例 1："消"与"长"相互交替，周而复始，形成一种动态的阴阳平衡。

Alternation and repetition of wane and wax maintain a dynamic balance between yin and yang.

例 2：在结构上，人体以心、肝、脾、肺、肾五脏为中心。

In structure，the body centers round the five viscera，namely，the heart，the liver，the spleen，the lung and the kidney.

（三）语态变换法

语态变换法是在翻译过程中汉、英两种语言之间的主动式与被动式的互换。汉语语言中被动式使用较少，我们叙述一种行为的时候，常用主动式。英语语言则不然，大量的及物动词可以用被动式，不少相当于及物动词的短语也可以用被动式。所以，语态变换法也是中医药翻译实践中最常用的方法之一。

例：中西医在治疗类风湿关节炎（RA）方面均取得较大的成就。

A great achievement had been made in RA treatment by traditional Chinese medicine and Western medicine respectively.

（四）正反对译法

英译中医药类的文章时，用正说与反说互相对译的现象很多。比如有时在汉语中以否定说法表达的意思在英语中却要以肯定说法表达，在汉语中以肯定说法表达的意思在英语中却要以否定说法表达。这样做主要是因为汉英两种语言的表达方式、习惯用法不同，利用正反对译法可以更加确切地表达原文含义，有时也是为了加强语气以便获得较好的修辞效果。

例：问诊的重要性远不只是获得病史和收集医疗依据。

The importance of interrogation is beyond the obtainment of medical history or the gathering of medical facts.

（五）增译法

汉英两种语言由于用词造句的规律不同，因此在翻译时按意义上或句法上的需要增补一些原文中没有的词语，使原文的思想内容能够表达得更加明确、忠实和通顺。常用的增词技巧有增加代词、连词、介词、冠词，或者增加一些必要的概括性词语和注释性词语等。

例 1：《扁鹊仓公传》

Biographies of Bian Que and Cang Gong，the Two Famous Ancient Physicians.

例 2：《运气略》

Synopsis of Five Circuits and Six Qi.

（六）减译法

减译法与增译法是相对的，指的是原文中有些词语在译文中可以省略，不必译出来。省略词语一般要遵循以下三点原则：①在译文中看来是可有可无的，或是多余的；②其意思已经包含在上下文里；③其含义在译文中是不言而喻的。

例：中药心安宁滴鼻剂是一种比较理想的可用于防治房颤的药物。

Xin Anning Dibiji，Nose Drops for Tranquilizing Heart，a kind of Chinese medicine，is ideal in preventing a trial fibrillation.

（七）分合组句法

分合组句法主要是指在英译汉语句子时，把汉语句子进行分译或合译。分译，即把原文的一个简单句译成两个或两个以上的英文句子；合译，是把原文两个或两个以上的句子在译文中用一个句子来表达。它的使用原则就是要达到译文意思更清晰，结构更清楚，符合英语语言的表达习惯。

分译多用于字数较多、结构较复杂、含有多层意思的长句。若汉语的长句内含有以下句式则可以分译：①含有疑问句、感叹句或反诘句；②含有比喻句；③含有概括句；④含有对立句；⑤含有阐述句；⑥含有多层次的意思。

合译多用于主题显著、意义连贯、逻辑清晰的两个或两个以上的句子，有时甚至可以是两段话。中医药学的语言逻辑性强、推理性强、浓缩性强，在翻译时要讲究方法，否则就难以准确清晰地传达原文的各层意思。

例："本"是和"标"相对而言的，两者是一组相对的概念。在不同的范围内使用，"本"与"标"具有不同的含义。

"Root (cause)" and "tip" are two relatively opposite concepts with varied connotations in different cases.

五、中医方剂名称的英译方法

（一）常见中医方剂剂型的英译形式

英译中医方剂剂型在中医药汉译英工作中是经常遇到的，经过多年来的实践和探索，已基本上形成了中医药界认可的中医方剂剂型的英译形式。常见的中医方剂剂型的英译形式如下。

剂型：preparation form

汤剂：decoction

散剂：powder preparation

丸剂：pill preparation

　　蜜丸：honeyed pill

　　糊丸：pasted pill

　　蜡丸：waxed pill

膏剂：paste preparation

　　流膏：fluid paste

　　浸膏：extract

　　软膏：ointment

　　膏药：plaster

丹剂：pellet

酒剂，药酒：medicated wine

茶剂：medicated tea

锭剂：lozenge

条剂：medicinal strip

药线：medicated thread

糖浆剂：syrup

片剂：tablet

饮片：decocting pieces

冲剂，颗粒剂：soluble granules

针剂：injection

栓剂，坐药：suppository

胶囊剂：capsule

搽剂，擦剂：liniment

滴剂：drop

吸入剂：inhalation

洗剂，洗液：lotion

（二）常见中医方剂名称的翻译方法

1. 中医方剂名称英译的基本原则

中医方剂名称的构成方式多种多样，国内中医药翻译界对于中医方剂名称的英译长期以来一直存在着异议。但是，经过多年的探索和实践，目前对于中医方剂名称英译的基本原则已为中医药英译界普遍接受，即简洁性、信息性和回译性。

简洁性——中医用语的突出特点之一是简明扼要，用字少而表意深，方剂名称的英译也不例外。

信息性——中医方剂名称一般都承载有一定的信息，对其所指代的方剂的组成或功效具有直接或间接的说明作用，英译时应忠实地表达出其所承载的信息。

回译性——英译的方剂名称在形式结构上能尽量与其中文形式相近，有助于实现信息的双向传递作用，有利于中医药走向世界并保持其固有的特色。

2. 中医方剂名称的英译方法

根据上述英译中医方剂名称的基本原则，中医方剂名称的英译常采用直译法、音译法和汉语拼音法。

（1）直译法：一般适合下述几种方剂名称的英译。

1）以方中主药命名的方剂

英译形式：主药名＋剂型名

例 1：黄芩汤，Scutellaria Decoction

例 2：橘核丸，Tangerine Seed Pill

2）以主治病症命名的方剂

英译形式：病症名＋剂型名

例 1：疝气汤，Hernia Decoction

例 2：宫外孕汤，Extrauterine Pregnancy Decoction

3）以动物名称命名的方剂

英译形式：动物名＋剂型名

例 1：白虎汤，White Tiger Decoction

例 2：黄龙汤，Yellow Dragon Decoction

4）以功效命名的方剂

英译形式：功效＋剂型名

例 1：温脾汤，Spleen-warming Decoction

例 2：败毒散，Antiphlogistic Powder

5）以主药加功效命名的方剂

英译形式：主药＋剂型名＋ for ＋功效

例 1：朱砂安神丸，Cinnabaris Pill for Tranquilization

例 2：人参败毒散，Ginseng Powder for Antipholgistics

6）以颜色命名的方剂

英译形式：颜色＋剂型名

例 1：紫雪丹，Purple-snow Pellet

例 2：桃花汤，Pink Decoction

7）以方中所含主药命名的方剂

英译形式：剂型名＋ of ＋主药

例 1：半夏厚朴汤，Decoction of Pinellia and Magno1ia Bark

例 2：桂枝人参汤，Decoction of Cinnamon Twig with Ginseng

8）以方中所含主药数加功效命名的方剂

英译形式：功效＋剂型名＋ of ＋含药数

例：五味消毒汤，Antiphlogistic Decoction of Five Herbs

（2）音译法：一般适合下述几种方剂名称的英译。

1）以方中所含多味药物命名的方剂

英译形式：诸药物汉语拼音名＋剂型名，剂型名＋ of ＋诸药物汉语拼音名例 1：甘草干姜茯苓白术汤，Gancao Ganjiang Fuling Baizhu Decoction 或 Decoction of Gancao Ganjiang Fuling Baizhu

例 2：半夏白术天麻汤，Banxia Baizhu Tianma Decoction 或 Decoction of Banxia Baizhu Tianma

2）以比喻、传说或与五行配设相关的方剂名称

英译形式：比喻、传说或与五行配设名＋剂型名

例 1：真人养脏汤，Zhenren Yangzang Decoction

例 2：真武汤，Zhenwu Decoction

采用音译法需要注意的几个问题：①在英译中医方剂名称时，应首先考虑直译，如直译行不通，再采用音译；②不能有英语冠词；③音译时要以名词为一单词，不能一个字一个字地译，如“半夏”应英译为“Banxia”而不能译成“Ban Xia”。

注意：以药物的简称名（单个字）组成的方剂名，则需一个字一个字地翻译。

例 1：乌附麻辛桂姜汤，Wu Fu Ma Xin Gui Jiang Decoction

例 2：苓桂术甘汤，Ling Gui Zhu Gan Decoction

（3）汉语拼音法：适合任何一种方剂名称。一般与直译法和音译法所译出的方剂名称同时出现在一个中医方剂的英译名称中。

例 1：防己茯苓汤，Fangji Fuling Tang，Tetrandra and Poria Decoction

例 2：桂枝加厚朴杏子汤，Guizhi Jia Houpu XingziTang，Decoction of Cinnamon Twig with Magnolia and Apricot Kernel

注意：以名词为一拼音词，不能一个字一个字地拼写。但是，以药物的简称名（单个字）组成的方剂名，则需一个字一个字地翻译。

例：乌附麻辛桂姜汤，Wu Fu Ma Xin Gui Jiang Tang

六、中成药说明书的翻译规范

在全球化背景下，随着中医药文化不断“走出去”，中成药说明书对外译介显得越发重要。翻译的一般要求是“语义显豁，质朴平易，求新求异，符合习惯”，非处方中成药是消费者直接从药店自行购买的药品，其说明书用于指导患者自行用药，因此内容是否简要而切中药效，表述是否流畅易懂，格式是否符合西方文化等直接影响了中成药在海外市场的销售。本文对比新

加坡绿叶猴枣散、余仁生猴枣散、怡安堂猴枣散等非处方中成药英文说明书，探讨制约中成药说明书翻译活动的规律，为人们思考和解决中成药“走出去”过程中遇到的难题提供可能性视角及方案。

（一）中成药说明书的翻译

1. 中成药名称翻译比较

中成药名称承载着中医药文化和医理意义。根据2006《中成药非处方药说明书规范细则》，药品名称必须标明与药典一致的通用名称和汉语拼音。李照国（2011）认为，中药名称的翻译必须采取汉语拼音的形式，拉丁语和英文只能作为辅助说明之用。好的药品名称英译能抓住消费者眼球，打动其购买心理。以枇杷膏为例：白云山牌和潘高寿牌蛇胆川贝枇杷膏的外包装上配有英文说明，但药品名称仅有汉语拼音。香港出品的出口装念慈菴枇杷膏在广东话拼音 Nin Jiom Pei Pa Koa 下方注解了英语 Traditional chinese herbal coughs syrup（中药咳嗽糖浆），便于西方消费者理解。

猴枣散是中医治疗小儿科疾病的传统中成药，是著名的除痰定惊散剂，有安神消积、清热化痰的功效，古时被称为治疗热痰之圣剂。猴枣是猕猴胆囊内的结石，其性寒凉。

1997年“猴枣散”被国家中医药管理局列入全国中医急诊科必备药，临床主要用于高热、支气管炎、肺炎、哮喘等有里热症状者。新加坡绿叶猴枣散、香港余仁生猴枣散、香港怡安堂猴枣散、广东天黄猴枣散具有高度相似的成分和功效。新加坡绿叶猴枣散药名译为 Pearl and Amber Powder for Infantile，意为“婴儿用珍珠琥珀粉”，突出了应用对象和主要成分，迎合了西方消费者认可珍珠粉和琥珀粉是珍贵安全中药材的认知心理。余仁生猴枣散英文名称为 Infant’s Cough Powder，译法简洁，突出了产品的功效与作用。怡安堂和羊城猴枣散则采用广东话发音音译 Hou Tsao San。因为历史原因，广东话发音在世界华人社区曾比普通话有更广的接受程度，许多美国人在1979年以前甚至以为唐人街广东人讲的粤语就是标准的中国官方语言。怡安堂药品主要面向东南亚及世界各地市场；羊城猴枣散是20世纪50年代产品，其说明书延续了以前特色，因此采用音译法，并采用了更为消费者市场接受的广东话发音。天黄猴枣散名称为汉语拼音。

2. 中成药功效翻译比较

药品的功能与主治介绍是中成药说明书的重要组成部分。功效语以中医学理论和传统哲学体系为背景，具有一词多义、隐喻频现等模糊性语言特点，必须进行深层思考而不能仅着眼于文字表面进行翻译。比如出口装的同仁堂感冒止咳冲剂将“用于外感风热所致的感冒”省译为 Relief the symptoms of influenza；将“清热解表，止咳化痰，症见发热恶风、头痛鼻塞、咽喉肿痛、咳嗽、周身不适”处理成：在 Indications 部分删除“清热解表，止咳化痰”的主治功能，仅罗列 colds and fever，headache and stuffy nose，cough，aching throat 等适应症状。对比新加坡绿叶猴枣散、余仁生猴枣散、怡安堂猴枣散、羊城猴枣散说明书功效部分英译，发现四个版本的译文主要在“惊风”“通窍”几条上有差异。新加坡版省译“解热通窍”，以 morbid night crying，reatleaaneaa 指“夜啼”“烦热”的概念。余仁生版省译“闭肺痰稠”，用“chest discomfort”加以概括。这两个版本简洁明了，易被西方读者理解。怡安堂将“除痰定惊”译为It can removing phlegm，在can后面接动名词，存在明显句法问题。另外，怡安堂版和羊城版采用拉丁文表述“珍珠、牛黄、琥珀、麝香”，本意要强调药材珍贵，但词汇艰涩难懂，令人困惑。

3. 中成药说明书文本结构比较

四个版本的猴枣散说明书译文都用加粗方式强调功能、主治、服法、用量及储存信息，但区别有二。首先，新加坡版更细致地在外包装上用红色突出标注“根据向当局提呈的资料允许作为中成药销售。谨慎选择。”下方标明译文 Allowed for sale as a Chinese Pro-prietary Medicine based on information submuted to the Authority.Consume discretion is advised。从而显著提升药品的权威性与安全感。另外，在服法与用量一栏，除了按照婴儿年龄段分成两种服法外，还特别提请消费者“或遵医嘱”under the guidance of TCM practitioner。同样，余仁生版也特别指出“如病情持续，需遵医嘱”Please consult physician if symptoms persist。这样的处理方式给消费者留下值得信任的印象，怡安堂和羊城版则没有这些信息。其二，怡安堂和羊城版译文将成分、功能、主治混合在一起，另将服法用量处理为一个段落。而新加坡版译文将功能与主治合为一段，服法与用量合为一段，避免了简短段落频繁分段打乱叙述节奏的弊端。这样的文本结构将过于频繁的分段整合为一，令译文叙述流畅，增加了译文的可读性。

（二）中成药说明书的翻译规范探讨

翻译是一种社会化行为，受到社会意识形态和社会习俗的制约。图里、切斯特曼、诺德、赫曼斯等学者是翻译规范理论的代表学者。虽然他们对翻译规范的界定不尽相同，但都对翻译规范进行了系统阐述。不过真正促使翻译规范成为翻译研究重要议题的是以色列学者图里，他提出以译语为导向（target oriented），从行为主义的角度来探讨翻译规范。他认为，处于规则（rule）与特性（idiosyncrasies）之间的社会约束就是规范（norms）。规范作为一种社会文化习得，是明辨社会行为是否得体的标准。翻译规范是译者在理论上拥有的翻译能力和译者在各种制约因素影响下的翻译实际行动之间的中介。译者受到三类规范的制约：预备规范（preliminary norms）、初始规范（initial norms）和操作规范（operational norms）。预备规范是对翻译政策的选择，如特定历史时期内，翻译、模仿、改写等的区别等。初始规范十分重要，是译者在翻译上的总体倾向，决定其选择遵循源语还是译语文化的语言规范。对于译语文化而言，较少牺牲源语文化的翻译是一种充分翻译（adequate translation），而保留较多译语文化规范的翻译是种可接受翻译（acceptable translation）。大部分翻译作品都介于“充分性”和“可接受性”之间。操作规范是指译者在实际翻译活动中的实际抉择，最终影响着译本语言的风格与特点。操作规范包括模板规范（metrical norms）和文本语言规范（textual-linguistic norms），影响着语言材料宏观结构模式和微观层次的文本实际表达。

根据中成药说明书的翻译语境，本文将其翻译规范分为三类，即动机规范、过程规范和产品规范。动机规范涉及中成药说明书翻译的根本目的，直接影响着过程规范和产品规范。过程规范包括参与翻译的个人以及物质性的生产与组织过程。产品规范包括选择什么样的文本翻译和怎样翻译。

1．动机规范

中医药文化体现了中华民族的认知方式、价值取向和审美情趣，也是国家文化软实力的代表。据国家中医药管理局相关文件规定，应扩大中医药文化对外传播与交流，提高中医药国际影响力，加快中医药走向世界的进程。鉴于中成药说明书的宣传目的，说明书翻译的初始规范是译者在翻译上的总体倾向，直接影响译者选择遵循源语还是译语文化的语言规范。“应将实现译者的个性化和提升译文读者的接受度视为制定合理的翻译规范的一个基本条件”。完全忠实于原文的翻译规范基于霸权主义语境，是对译者主体性和创造性的不合理歧视。我们要用现代的科学通用语言对中药的功能做一个阐释。出于促进中成药被消费者接受的营销目的考虑，其翻译规范应略偏向保留较多译语文化规范的可接受翻译。

2．过程规范

目前我国急需完善前瞻性翻译政策。只有在翻译行业建立相关法律法规，才能从根本上规范翻译市场，提高翻译质量，保证翻译行业的健康可持续发展。为规范翻译市场的准入机制，我国于2003年推出了全国翻译专业资格（水平）考试（CATTI），2008年又推出了全国外语翻译证书考试（NAETI），2003年出台了《翻译服务规范》和《翻译服务译文质量要求》。但目前国内翻译市场缺乏有力有效的监管机制，中成药说明书的翻译作为其中的一个分支，鱼龙混杂，错译、乱译现象严重。尽管在实际翻译过程中，规范的广泛性很难被界定，译或不译原文中某些词语，以及到底如何翻译，很难用明确的规范来约束。但是在宏观层面，需要建设中成药说明书翻译基础，如中成药翻译质量评估标准及流程、译名的统一、市场的规范等；在微观层面，需要解决与中成药翻译相关的问题，如翻译项目基金的设立等。

3．产品规范

首先，选择什么样的文本来翻译意味着什么样的中成药适合向外推广。美国《食用补充品健康与教育法》明确将中草药列为“食用补充品”（DIETARY SUPPMMENT）。推动中草药剂走向国际市场的选择标准有四点：①疗效肯定的中药制剂；②其剂型易为国际接受；③组方比较简单；④制剂工艺比较先进；⑤处方中单位中药的化学成分基本清楚，无有毒成分，易于进行质量控制和稳定性研究。符合国际规范的产品，其说明书译本被译入语读者接受起来才有事半功倍之效。符合国际规范的中成药，其说明书译文更易被译入语读者接受。操作规范指译者在实际翻译活动中的实际抉择。除了文本实际表达，向外推介的非处方中成药作为他国民众在药店自行选购的药物及保健品，说明书原文结构模式还有很大完善空间。美国联邦公告于1999年发表了适用所有非处方药的标签格式最终法规。要求规范如下：标题为Drug Facts（药品说明），需标明Drug Facts（continued）；Active Ingredients（有效成分）；Purpose（目的）；Directions（用法）；Use（用途）；Warnings（警告）；Other information（其他信息）；Irractive Ingredients（非有效成分）；Questions or Comments（问题或问答）。我国《中成药非处方药说明书规范细则》要求为：标题为×××（药品的通用名称）说明书；

成分中必须列出全部处方组成和辅料；药品外观、气味；规格；用量用法；不良反应；禁忌。“与美国药品说明书相比，中成药说明书中药理病毒、药代动力学、药物相互作用、临床研究等项目缺失严重；注意事项、禁忌等项目内容不完善，表述缺乏理论研究基础。”说明书译者作为连接东西文化的使者，应遵循适当的翻译操作规范，根据具体情况进行调整，促进推动“走出去”过程中中成药说明书项目内容的完善。

第五节　中医药图书的对外出版

近年来，国家制定了文化“走出去”的整体发展战略。继“中国图书对外推广计划”之后，自 2009 年起全面推行了“中国文化著作翻译出版工程”，以资助系列产品为主，既资助翻译费用，也资助出版及推广费用。中医是中国文化中传承最系统的部分，中医药“走出去”是中国文化“走出去”的最佳切入点。当前，全球“中医热”正在兴起，中医针灸诊所、中医药教学机构、中医药供应商等数量众多。因此，中医临床、中医普及以及中医教育等各个方面的外文版中医图书都会有很大的市场需求。

一、中医对外出版现状

1. 国内外文中医图书出版现状

国内出版的外文版主要为英汉对照中医图书。其中，以外文出版社出版的此类图书最多，也较有影响力，如《本草纲目》《中国针灸学》《针灸临床应用》《头针》《太极拳》等，主要以针灸和科普书籍为主。其次，上海中医药大学出版社出版的此类图书也较有特色，该社图书以《（英汉对照）新编实用中医文库》为代表，包括《中医基础理论》《中医诊断学》《中药学》《方剂学》《中医内科学》《中医外科学》等 14 种。此外，上海科学技术出版社、中国中医药出版社、学苑出版社、海豚出版社、新世界出版社、高等教育出版社等多家出版社也有一定规模的出版。除英文版外，国内还有少量的西班牙文、法文、德文版中医图书出版。总体上看，国内现有外文中医图书在全世界已经出版的外文版中医图书中所占的份额还比较小，所出品种体系不完善，操作模式基本上是挑选本出版社已经出版的优秀中文版中医图书，或者购买国内其他专业医学出版社出版的优秀中文版中医图书的外文版权，组织国内外专家进行翻译、改编，在内容上则存在着文化、语言的隔阂问题，国外读者接受程度不强。更重要的是，这些出版社的发行力量基本在国内，其外文版中医图书的发行主要通过国内的几家图书进出口公司在海外销售，因此，在海外市场销售量较少而不成规模，对海外中医图书市场影响不大。

2. 国外外文中医图书出版概况

外文版中医图书出版历史悠久，早在1707年，英国医学家芙罗伊尔（Sir. John Floyer）就针对王叔和的《脉经》，出版了《医生诊脉（*The Physician's Pulse-Watch*）》一书。发展至今，全球外文中医出版物累计数千种，品种多以普及和介绍中医及中医文化为主，出版商主要有荷兰的爱思唯尔(Elsevier)、德国的替玛(Thieme)和美国的东域(Eastland)、标登(Paradigm)、蓝罂粟（Blue Poppy）、七星（Seven Star）等数家出版公司。总体上看来，其出版物品种比较单一，学术水平也较一般，在内容上也常有不妥或错误。有些出版社通过购买中国国内已出版中文图书的外文翻译版权，重组或重新编排内容，翻译成书。有些则通过收集国内资料（多直接来自国内出版社出版的图书），将其内容按照西方读者容易理解的方式进行剪辑和整理、翻译即可成书。这些出版社出版的图书的优势在于将现有中文图书的内容根据西方可接受的方式重新编排，并增加一些说明和解释，外文语言纯正，西方读者容易理解，即内容和语言的本土化。另外，在销售方式上也灵活多样，采用网络、学校直销和向中医从业者直接发目录等多种形式，有一定的市场销售优势。

二、国内现有外文中医图书存在的主要问题

国内外文版中医图书的优势在于对中医本质的理解纯正，内容完整而成体系，学术水平较高，且种类齐全，但因为主要面向的是来华留学生和外文学习者，因而在考虑国际化程度上比较欠缺，还存在以下几个方面的主要问题。

（1）文化差异因素的忽略，造成国外读者对内容的理解困难：中医包含了丰富的中国传统文化内涵，在翻译的过程中如何把这些文化内涵与字面意义一起表达出来，直接关系到读者对中医和中国文化的理解，但国内中医对外图书多习惯于“字对字”的翻译，拘泥于字面的意思，忽略了文化差异因素和内容的实质，在文化差异上给予的解释和传达明显不足，以至于国外

读者常常反复揣摩而不得其意。

（2）术语翻译的不规范性影响市场认可度：术语是中医药学的重要组成部分，对其翻译的成功与否是中医翻译规范化的关键所在，国内对中医术语的翻译尚欠缺统一的标准，影响了对外出版图书的市场认可度。

（3）出版物整体设计和国际需求有很大差距：国内出版物大多沿袭中文图书的版式设计和排版习惯，以长篇累牍的纯文字解释为主，版式死板，为避免编辑方面的麻烦，普遍不做索引，这与西方人图文并茂、列表概括、习惯索引的阅读方式背道而驰，与国外高端市场的需求差距较大。

（4）市场开发推广力度不够：国内中医对外出版产业化程度普遍不高，市场地域化较明显，销售方式单一，缺少国际运作的能力与经验。

三、对外出版传播是中国文化“走出去”的重要平台

出版物是文化传承最重要的载体，具有无可比拟的权威性。以文字为主要传播媒介的出版物，易于抽象编码，易于触及人的深层思维，有利于文化价值观和意识形态的传播；而且，以出版物的形式保存下来的文化资源，避免了媒体转换时传播内容可能会受到的误读和遗漏。在实际传播过程中，出版是各种其他媒体的“母体”，是意识形态和文化传播最基础、最重要、最权威的传播渠道。在中国文化“走出去”的时代背景下，出版传播是对外文化传播的重要方式，是国际话语体系形成的最基础平台。

我国的出版业具有鲜明的中国视角、广阔的世界眼光，通过向国际社会展示中国悠久的历史文化和改革开放以来取得的巨大发展成就，促进多层次的中外交流合作。2018 年全国新闻出版广播影视工作会议指出，要深化国际传播，要把中国精神、中国价值、中国力量，有机融入对外传播中，增强国际话语权和影响力。作为文化“走出去”的纽带，我国的对外出版业要找准世界舆论的热点和脉搏，有针对性地讲好中国故事，传播中国文化，增加世界公众对中国文化的认同，实现中国文化海外建构的历史使命。

四、中医药是最具代表性的中国文化元素

中国外文局对外传播研究中心开展第五次中国国家形象全球调查，数据显示有 47% 的海外受访者认为“中医药”是最具代表性的中国文化元素。

中医药已经传播到世界183个国家和地区，但“传”而不“通”的现象依然存在，部分原因归咎于中医药自身发展的欠缺（如中医药标准化不足、精准度不够等），但究其根本，是对文化认知的问题。中、西医为异质文化，在基本概念、思维规则、思维方式、研究方法上都存在着很多差异。中医学不是纯粹的自然科学，在其理论体系的构建过程中，不断借鉴、吸取、融合“中国古代丰富的哲学、文学、地理、天文、佛学、道学、儒学以及诸子百家学说的精华”，是中国传统文化的重要组成部分。“本不固者，勿丰其末。”如果在对外传播中，中医药理论和文化内涵不能得到最有效的挖掘和传播，势必减损国际社会对中医药科学内涵、地位和作用的广泛理解和认可，从而无法在更高层次和更宽领域展开深入的世界性医学交流。

作为中华传统文化的瑰宝，作为世界传统医学舞台上耀眼的中国元素，作为“一带一路”古丝绸之路上的重要组成部分，中医药文化是对外传播交流的重要内容。文化传播的三种模式呈现出跨文化交流的递进发展：包括Cross-cultural Communication，即对他者文化进行初级了解和认识的单向传播模式；Inter-cultural Communication，即关注不同文化内部深层差异的双向传播模式；Trans-cultural Communication，即尝试打破物理的和文化现实的疆界限制，在异中求同，以宏观的视野、贯通的思路，来看待、思考和促进异质文化的共生共长。中、西医学是世界医药传播活动中的不同主体，各有长短，都不是完整意义上的医学，应以贯通的思路为指导，互通有无，彼此借鉴，共同为人类的健康事业服务。中医药正在走向世界，在新的时代背景下，作为外向型的重要传播平台和媒介，出版业应推动中医药（文化）图书的对外出版发行，通过展示中、西医两种认知力量的共享文化区域，如对“生物－心理－社会医学”模式的转变，对“回归自然”潮流和健康哲学思想的崇尚等，促进中外医学文化的交流和理解，助力扩大异质医学文化主体间的“共文化”，形成多元医学文化“求同存异”，和谐共存，共同发展的良好态势，逐步提升中医药在世界医学体系中的影响力和话语权。

出版“走出去”是中医药海外传播的核心路径之一。以中医药主题类对外出版物为重要抓手，传播好中国声音、展示好中国形象，提高国家文化软实力，这是我国出版业履行的国家使命。

五、强化中医药文化对外出版传播的主要策略

1. 内容为本

（1）要树立精品意识，发挥工匠精神，提升典籍译本的学术性、专业性和文化性：中医药典籍《黄帝内经》《金匮要略》《难经》等是中华民族深邃的哲学思想、高尚的道德情操和卓越的文明智慧在中医药领域的集中体现。典籍中“以人为本，天人合一，调和致中，大医精诚”等核心价值，具有超越时代的普世价值，深受海外受众的欢迎。准确翻译中医药典籍，展现其医学语言文字背后隐藏的丰富生命智慧和健康文化，对于促进中医药“走出去”具有极其重要的意义。必须注重语言的转化和文化的对接，只有把深层的文化内涵编码转换成外国受众能够认知的内容，减少“文化折扣”，才能提升中医药典籍的海外影响力和传播力。出版界应组建国际校译团队，对众多复译典籍文本进行收集、归类、推敲和修正，发挥工匠精神，和原译作者协作，端本正源，共同梳理中医药的内涵和理念，形成新的权威译本，促进中医药的国际传播和发展。

（2）要推介中医药新文献，展现中医药传统文化的当代阐释：在中医药“走出去”的时代背景下，出版社通过项目开展（如中医药文化著作翻译出版工程）等方式，发现、推介中医药新文献，向世界展现中医药传统文化的当代阐释。如王庆其的《〈黄帝内经〉文化专题研究》，以专题形式，对《黄帝内经》的文化渊源、文化概念和内涵（如“气”“和”“阴阳”）等，对生命、健康、疾病、生死等问题的价值观念、独特的认知思维方式、人文精神和医德伦理等，做系统、深入的研究，并结合现代医疗和生活实践展开论述，如在论述“治未病”时，联系现代医源性疾病、过度医疗的危害等，进一步阐述中医药的“治未病”思想是未来世界医学发展的趋势，有助于世界各国不同文化背景的普通受众了解中医药所蕴含的文化和思想。《黄帝内经》是中医学最早的经典著作，是医疗实践经验与中国传统文化的结晶，而《〈黄帝内经〉文化专题研究》一书，通过深刻的思考和科学动态的分析，用文化演绎医学，从经典解读文化，引导受众对《黄帝内经》进行立体式的文化解读，造就正宗源头，为当今中医研究和发展生命科学提供启示，具有很高的参考价值和极强的现实指导意义。

（3）要汇编中医药期刊论文专辑，速递当代中医药最新发展：2013

年，我国发表中医药相关SCI论文的数量占世界中医药相关SCI论文总量的34.33%，且随着中医药研究平台及技术的迅速发展，我国中医药相关SCI论文数量及所占比例逐年增加，影响力不断扩大。但我国中医药期刊还缺乏数字化、国际化的发展视角，绝大多数只在国内发行，并没有走向世界。出版业应引导同类期刊的集群化发展，挖掘和利用已有资源，突破内容传播瓶颈，通过科学统筹组织，以展现现代中医药学科发展研究前沿为目标，从同类期刊中精选论文，进行编译，打造汇编精品，成为国内外探讨中医药文化，了解中医药研究最集中、最权威、最精华的信息出版集萃园地，形成世界范围内具有很高学术价值和应用价值的强势品牌。

2. 渠道为王

（1）要推动传统出版和数字出版紧密结合：一方面，依托传统纸质出版，打造中医药文献精品，进入海外实体书店，诸如西方发达国家主流书店开设的中国书架、著名学府如牛津大学设立的“中国阅览室”等，推动中医药主题图书进入国外主流人群视野，引发海外机构和社会大众的更多关注；另一方面，开发适合移动阅读（如Kindle）的数字资源，依托全球性的电子书销售平台如亚马逊电子书平台Mobipocket.com等，促进中医药的对外传播。

（2）要加强数字化基础能力建设：打造“中央厨房”，加速媒体融合，完善中医药文献出版数据库的建设，搭建数字出版国际交流传播平台和数字出版产业协同平台。通过内容和平台整合，实现数字出版产业链的优化。

3. 机制为要

（1）要通过成立海外分支机构、收购国外出版社等方式，实现“买船出海”：我国出版发行企业在境外投资设立的分支机构已经超过400家，虽暂时尚未真正进入主流市场，但通过积极开展国际出版交流活动，推出国际畅销的中华文化主题书籍，初步搭建国际化的出版营销队伍和平台，跨国兼并、收购著名的数字出版技术公司，有助于提升中国出版业在数字化、国际化两个方面的整体水平，打造国际传媒新格局，实现中国学术著作在海外大规模本土化出版，是中国出版和中国文化“走出去”的新突破。

（2）要加强与海外出版社合作，实现“借船出海”：海外有影响力的当地出版社，在书籍推介、销售渠道、经销商选择以及市场影响力方面，都具有国内出版社难以企及的优势。国内外不同出版社发行的《黄帝内经》，在海外受到不同程度的关注，侧面印证了在出版之初，能够得到知名出版社快速高效的推介和发行，是译作得到有效传播的重要保证。与海外主流的知名中医药文献出版社或有影响力的学术出版社合作，如爱思唯尔出版社、蓝罂粟出版社和威廉姆斯·威尔金斯出版社等，借助它们成熟的传播模式和丰富的市场资源，推动中医药图书进入西方的主流销售渠道，获得海外同行专家的评论推荐或学科领域权威学术期刊的推介，提高中医药文献的市场接受度和学术领域的影响力，推动中、外医学文化的深层互动与传播。

4. 人才为根

（1）要大力培养中医药翻译人才：中国本土译者编著的中医药出版物主要面向国内市场，而推介到海外市场的中医药图书，由于存在着翻译生硬或是不符合受众的接受心理和文化思维模式，在海外没有形成预期的传播力和信息力。西方译者的教育背景、（中医药）知识结构、文化信念、意象受众、编码策略、传播目的各有不同，“外国阐释”的中医药出版物存在一定程度的文化误读或改写，无法真实展示中医概念的系统性、独立性和完整性。所以，培养优秀的境内外中医药翻译人才是推进中医药文化对外出版传播的当务之急。

（2）要组建跨国译者团队：鼓励我国中医学专家、中医典籍翻译家与海外有影响力的、有中医药学背景的汉学家、翻译家、医学家开展合译，最大限度确保译本的语言表达的准确性，做到既能准确传达中医药的内涵，又能符合当地受众的语言习惯和阅读审美。

在保证内容的正确性和真实性的同时，通过“他者”（跨国译者团队中非中国本土译者）向“他者”（海外本土阅读受众）介绍中医药，有助于缓解“误读”所造成的“文化折扣”，增强对外出版图书的跨文化适应性。

逐步提升中医药在世界医学体系中的影响力和话语权，这是中华民族复兴的强大精神动力和支柱，是实现“中国梦”的一个引擎。对外出版是国际公众了解中医药文化的重要平台，更是增强中医药文化国际话语权的重要载体。出版业应加强国际传播能力建设，坚持以内容为本、渠道为王、机制为要、人才为根，推出高质量、高水平的中医药主题类对外出版物，讲好中国故事，实施文化“铺轨”，提升国际社会对中医药的文化认同，助力实现中医药文化的对外传播和海外建构。

六、中医国际出版对策

（一）中医表达的特殊性决定传播策略有所不同

与西医比较，中医似乎缺少了更多的规范和标准，在现代崇尚数据说明问题的统一大环境下，中医很难突破通过充足的数据和有序的论证证明自身的科学性，也就造成了中医在国际舞台上被动的局面。

中医作为我国非常具有生命力的传统医学，其产生的土壤便是中国的古文化。中医理论和解释依据以及临床技法无不都是中国古文化的体现。在以农耕文化为背景的东方社会里，古人的思维模式更加使得这一有鲜明民族特色的医学体系具有浓郁的文化色彩。中医的发展并不是以它作为生命科学的形式在不断的否定和试验论证中建构和完善起来。它更多地受到传统文化、思维方式、价值取向、民族意识、生活习惯等人文因素的影响。中国古代儒家、道家和佛家学说无不时刻参与和渗透到中医的发展历程中，使得中医的发展呈现一个多层次、多元化的发展模式。因此，中医的发展史便是中医文化的不断继承和发扬。

建立在解剖学基础上的西医则少了许多社会主流文化和人文因素的影响。它作为一支独立的生命自然科学按照自然科学既定的发展模式，不断地否定，再不断地修补。在西医的学习上，我们很难因为文化的因素而却步。所以，西医在世界范围内的传播和推广是很顺畅的。它是一种与时俱进的医学体系。

于是，中医出版物因其中医的文化属性，地域性限制非常明显，其传播受到了诸多的限制。除了中医自身的诸多缺陷和不足外，中医文化成为国外读者认识和接受中医的最主要障碍。因此，我们审视中医，思考出版，必须考虑传播中医的策略和方向。

（二）当前中医出版在国际市场上的现状

当前在出版界兴起的“走出去”思想的指引下，国内许多出版社都跃跃欲试，不断地把一些中医出版物推向国际市场。尽管中医图书对大多外国人来说仍然是一个新鲜的事物，也理应得到青睐，现实的情况是，很难看到中医出版物在国际市场上有不俗的表现。除了中医自身的因素之外，中医出版的方向和内容上的定位偏差也是让国际市场归于平淡的一大原因。

单纯的中医图书翻译出版在目前不是最好的选择。事实上，国际市场反应平淡的局面也表明，纯粹的翻译图书并不能取悦读者，也就无所谓激活市场了。在我们看来是一部优秀的中医图书，国外读者却并不认同。除了翻译语言造成的偏差之外，国外读者对中医的认同和图书内容的理解上远没有达到一个理想的水平。事实上，国外读者阅读中医图书的层次处在一个很低的水平。这是针对绝大多数读者而言。倘若忽略这一点，我们的中医出版物对他们来说简直就是天书。阅读兴趣从何而来。不可否认，直接翻译的中医图书也会给海外从事中医工作的人或者爱好中医的外国人提供了更多的思路和方法。但是，翻译语言上的偏差和表达的不统一、不规范性也影响了他们对翻译图书的信任。所以，当我们一厢情愿地把一本非常有水准、有分量的中医图书介绍给国外读者时，得不到他们的认同是很容易理解的。读者是不会把一本看不懂的图书放到自己的书桌上的。故而，单纯的中医翻译出版至少不是目前值得提倡的模式。

大家都知道，中医在现代社会里国际化程度很难。出版社自然不会将中医作为一门通行的学科运作出版。于是，当前的中医出版选题很大程度上针对与中医有关的个人、组织或者教育机构，而不是国外大众。尽管国外从事中医的人数呈现一个上升的趋势，但是这个基数是非常小的。所以中医出版市场也是狭窄的。局限性的选题也限制了中医传播规模的扩大。中医与中医出版是相辅相成的关系。中医的普及和推广，可以成就中医出版市场的繁荣，中医出版则能更好地宣传和壮大中医。所以，中医出版的选题瞄准国外大众才是最理想也最有潜力。只是针对有中医需求的个人或者团体似乎有些急功近利。中医出版做基础的工作是目前的要求，也就是中医选题应该是最基础的选题，而不是本土自觉很精华的选题。中医自身的混乱也影响了中医的对外出版。可以说，中医出版在国际市场上举步维艰在很大程度上受制于中医自身的不统一和不规则性。在国内，中医各家学说共存，再加上思维的不同和感悟的差异，中医便有了不同的表达。国人尚可理解为“百花齐放，百家争鸣”。用这不统一的理论或者观点和临床技法介绍给国外读者，自然引起了他们的不适应。在他们的思维中，中医作为一门生命科学，应该有严格的规范，科学的表达形式。中医的这种表达灵活使他们不能够完全理解。事实上，作者不同，出版社不同，中医出版物的表述也不尽相同。这么多的不同事实上也就意味着这门科学的不确定性。让国外读者接受这种不确定的事物似乎有些苛求。

（三）中医出版的思路

针对目前中医在国际舞台上的不利局面，我们的中医出版更加需要花费一点心思，探讨和调整新的方法搞好中医出版。

中医出版要以中医文化传播为主导。要想真正理解中医的实质，认清它的面目，中医文化是帮助国外大众了解和认识它的必修课程。尽管欧美国家从事中医或者学习中医有了一个上升的势头，我们切不可陶醉于此，因为这只是一个很小的局面。中医出版在不放弃这块市场的前提下，要特别关注那些普通的人。绝大多数人对中医是完全陌生的，或者他们惧怕中医，认为中医是巫术。在现代环境下，让他们接受中医实在是困难得多。中医在国外的艰难局面不打破，中医出版很难有成就。但是直接介绍一些优秀的中医研究成果，对国外读者来说，接受有很大的难度。所以，最基本的东西才是最需要的。中医文化能帮助国外读者更加客观地认识中医，逐步引起他们的兴趣，从此认识中医和接受中医。这是中医工作者最基本的工作，普及和宣传中医文化，中医出版就要以此为基点，承接这一使命。

中医出版业应该实行求同存异的原则。出版社不同，作者不同，中医的表达也不同。其实中医的一些基本理论和解释依据或者基本的中医词汇是可以统一的。

中医表达的灵活性使得国外读者很难融会贯通，这也会影响到他们对中医图书的认同。所以，中医对外出版要着重介绍共性的中医内容，统一说法。对一些有争议的不作为出版的选择。我们希望给国外读者提供一种规范的整齐的医学内容，不至于因表达方式的复杂而引起信任危机。基于此，国内出版社以及中医管理机构在关于中医对外出版上有必要进一步沟通，确定共性的东西，保留争议的内容。

中外出版社联合出版中医图书优势明显。这是基于中医的本土性和受众对象的异域性而考虑的。中医要实现“跨语言、跨文化”的突破，并不是轻而易举的事情。事实上，中医对外出版不单纯是简单的汉语翻译。中医理论、中医解释大多沿袭着古文化的表达传统。在语言的转换上，事实上有两个步骤，也就是中医术语由古汉语的形式转换成现代汉语，现代汉语再转换为外语。在这些工作中，中医内容的表达科学性是中方出版社需要做的工作。考虑到国外读者的阅读习惯，在表达方式方面，外方出版社有自己的优势。并且针对海外市场发行，他们有更多的优势。现实的情况也要求中医出版不应该是本土出版的孤身行走。我们要把中医放在国际舞台上表演，就需要国际化的运作模式，也就是走联合出版的道路。双方互补，整合出版优势，更加有利于发挥中医图书在国际舞台上的表现力。况且，中医文化在国际上的宣传不是一蹴而就的事情，中外联合出版的规模和实践必将是长久的事情。

中医出版还需要和政府通力合作。中医对外出版不单纯是出版者本身的市场价值取向，而是一项弘扬中国文化，传播中国文明，提升中国在国际上的影响力的巨大工程。政府对中医的态度和支持力度直接影响了中医出版者的工作信心。作为承接以文化传播的出版界对这一使命责无旁贷。而政府从保护中医方面考虑，重点宣传和介绍中医文化，符合现代国际背景。

中国文化年是现代社会的一大时尚，国外社会都有了解中国文化的愿望。作为中国文化一支的中医文化，自然也不能错过这样的机会。所以，搞好中医出版符合中国的历史要求，也符合中医文化的要求。

综上所述，当前国际中医出版面临着机遇和挑战，为使中医能在国际舞台上得到认同和发扬，我们一直在努力着。但是，任重而道远，调整中医出版思路，找到一条切实的传播中医策略，是我们出版界和中医机构共同的要求。

（四）对策

1. 要组建一支高素质的中医药翻译队伍

“翻译活动的主体是译者，因此，译者的个人因素往往对原文理解的深度与广度，表达的贴切与准确，以及信息的重新组织都有极大的影响。”这样，精通外语、理解中医学便成为对一名中医翻译工作者最基本的要求。同时还要具有良好的翻译学基础和语言学的知识，掌握中医的主体理论和兼备一定的临床实践经验。对于中医的形成历史和中医古文的基础也需有扎实的掌握和理解；对于中医的邻近学科，诸如西医理论、临床和治疗也要充分了解和研究。作为中医翻译工作者，道德与思想修养也必须厚积和充实。

中医翻译界要端正译风，构建标准的中医药翻译体系，树立中医药的翻译原则，逐步使中医药的翻译理论完善、实践充实，使中医药的译品获得国外同行满意的认可与欢迎。具体作法如下：在中医药的理论与概念中，分离出几个部分，面临不同的问题逐个解决。①首先在词汇术语上寻求突破口，解决西方词汇中完全可以实现对应的部分，使其规范化和标准化；②在中医药的理论与概念中于西方文化里出现空白时，要根据难易程度的深浅和需要的轻重缓急组建新词语，树立新概念，表达新理论。在英文中出现的新式词语要经多方讨论、实践使用与磨合，逐步统一观点和认识，逐步使中医理论确实树立起来；③一时难以处理的疑难问题，要集中各方面的学者专家开展脚踏实地的研讨工作，共同商榷对策，以求尽快形成权威性的指导标准，最后编撰标准的中英文中医药通用大典。

2．要编写国际上通用的标准教材

目前，国外学者学习中医时只有《中国针灸学概要》一本标准教材，这是远远不够的。应以现在使用的国内中医药大学教材为蓝本，逐步翻译成外文，形成一整套标准的中医药英文教本。这样，字典规范，教材统一，基本的中医药英文理论与概念自然地便树立起来了。

3．政府出面，组成有权威的领导机构

吸收中医药各类全国性的协会，邀请国内著名的中医药大学的学者与专家，聘请高水平的中医药翻译工作者和中医药大学的外语教师，听取出国留学生和学习中医药的外籍学员的意见，然后逐步理顺关系，使中医药的翻译工作在权威机构指导下有序地进行操作，以结束混乱中进行的中医翻译工作。

4．加强国际交流

组织中外学者就已经翻译成型的各类字典、教材、文献和标准进行认真研究，去伪存真，去粗取精，确立统一标准与规范，使中医药的翻译工作逐步走向国际化和规范化，使中医药的翻译工作在有具体指导原则和实践标准下进行操作，再由 WHO 裁定最终标准。

第六节　中医药图书编写的注意事项

中医药图书是科技图书的一个分类，由于中医药学科具有与众不同的专业特点，相应的，中医药图书也有特殊的编辑加工要求，具体来说，主要应关注以下 8 个方面。

一、注意学科的规范

中医药学由最初的“神农尝百草”，到如今的中医、中药学科，虽然经历了几千年的发展，但其学科的系统性仍然不是很规范；同时，由于各种病例情况都在不断地变化，而中医理论又鲜有重大突破，中医药类书稿中出现以古代的中医药理论来解释现代疾病的情况时有发生。这种情况造成了编辑在加工中医药类书稿的过程中存在着对其科学性难以进一步甄别的难点。中医学不同于现代西医学，后者具有条分缕析的学科分支和现代科学技术的支撑。中医药书稿在论述现时疾病时，往往只能溯源于中国古代的医学文献，有的是将古人的观点直接作为论点、论据，而随着时代的发展，古代医学文献上的某些结论和古人的某些认识早已为现代科学证实是错误的或是不科学的。例如，有书稿以《神农本草经》中将中药分为“上品、中品、下品”为依据，将现代人可以药食两用的中药品种加以详析，指导现代人如何养生。实际上，由于《神农本草经》成书年代久远（大约公元2世纪），当时人们的认识水平有限，甚至有错，为了追求长生不老而崇尚炼丹，将砒霜、朱砂等有毒的中药也列为上品。假如编辑没有具备一定的专业知识，而是一味地迷信权威、一味地认为古人的东西都是久经考验的，而忽视对书稿内容进行规范，不假思索、不加考辨地编辑加工，不仅会影响图书的科学性、可信度，甚至对读者的生命、健康造成威胁。再如，有编辑见到书稿中有“肝气升于左”的论述，根据现代解剖学“肝脏位于人体的右侧腹腔”的事实，就想当然地改为“肝气升于右”。这实际上是对中医药学的学科内容理解不透彻，“肝气升于左”为中医脏腑理论的一种学说，不应改动。中医药类书稿的加工编辑不仅要具备一定的学科专业知识，还要随时掌握学科前沿的动向，不断更新知识储备，提高甄别真伪和遵循学科规范的能力。

二、注意引用文献的规范

中医药书稿引经据典是十分常见的，编辑在加工书稿时应注意书稿引文的规范问题。引文不规范常常有以下几种情况：①同一引文从多处转引；②不使用原文的语言、文字；③引用或介绍古代处方时，数字使用混乱；④注明出处时使用缩写。比如，在一部书稿中有关于金银花的多处引文：“一切风湿气，及诸肿毒、痈疽疥癣、杨梅诸恶疮”（《本草纲目》），“一切风湿气，诸热毒”（《本草纲目拾遗》），而实际上《本草纲目拾遗》是引自《本草纲目》，所以两处引文应一致，并且应以原始的文献为准。又如，“肌肉瞤动”一词中的“瞤”字为中医特有用字，表示“微微颤动”的意思，若改成“肌肉颤动”则失去了原文的意义。另外，数字以引文出现时，若不使用汉字，而用阿拉伯数字，如“当归3钱”，就使文稿的风格显得不伦不类。在注明引文出处时，使用缩写有可能引起歧义。如引文说明引自《千金方》，就不清楚到底指的是《备急千金要方》还是《千金翼方》。针对中医药书稿在引用文献时存在的问题，编辑应该注意以下几点：①遇到引文时不要怕麻烦，要与原文仔细核对；②在核对时要注意版本的权威性。一般而言，中药类书稿的处方用药以《中华人民共和国药典》（中国医药科技出版社，2020）为准，中医类名词以《中医药学名词》（科学出版社，2005）为准，若两者均未收载，则以《中华本草》及原书正名为准；③以引文出现者，不可擅自以简化字改变原书文字；④介绍古代处方时，要使用原书数字和计量单位，如“当归三钱”而非“当归 3 钱”；⑤中医药书稿引用书名或注明文献出处时，一般不使用缩写、简写。如要使用缩写、简写，则在第一次出现时予以注明，或在前言、参考文献中说明。

三、注意中医药名词术语的使用规范

由于中医的疾病名称往往是根据症状命名的，就导致了同一种疾病存在多个病名的情况。至于中药的名称，就更为复杂——既有一药多个别名的情况（不同地区的叫法不同），又有一药多个来源的情况。同时，由于中医药学的学科发展还有待完善，有些名词、术语没有统一的标准，造成了中医药的名词术语在某些方面应用混乱。对中医药的名词术语进行规范、统一，也是中医药书稿审读加工的难点之一。例如，“水肿”又叫作“风水”“皮水”“臌胀”；“金银花”又叫作“银花”“二花”“双花”；“麝香”又叫作“当门子”“元寸”等。另外，一些老中医作者有自己的临床用药及书写习惯，如“山药”写成“淮山药”、“木香”写成“川木香”等。

作为一名中医药类图书编辑，担负着通过中医药图书向广大读者传播科学的中医药学知识的任务，对一些似是而非的名词术语要加以规范。编辑除要掌握扎实的专业知识以外，还要在平时的工作中做个有心人，经常总结工作中遇到的各种问题，发现书稿中常见错误的规律，为以后工作创造“事半功倍”的条件。

四、注意与现代医学概念和术语的区别

在中医药类书稿中，常常出现拿西医的名词、术语套用中医的概念、术语的现象。如何规范、清晰地表达作者的写作意图，这也是审读中医药书稿

的一个难点。比如，“病证”“症状”“征象”三个中医药常用名词就极易出现混乱。在中医的概念中，“证”表示与某种病因、病机有关联的症状群，是对疾病某一阶段病因、病机的总结、概括，与现代医学中“病症”表示疾病名称的概念是不同的。因此，在中医药的书稿中要用“病证”，而不是“病症”。“症状”则为具体的一个个疾病的表现，以前中医将这个概念用“证”来统称，并无“症状”一词，后来中医借用西医的说法以求更准确地表达，所以“症状”在中、西医书稿中均可使用。“征”往往指疾病的外在的表现，“征象”“指征”时用“征”，而不是“证”或“症”，只要表达的概念相同，“征”在中、西医学书稿均可使用。中医药类书稿的加工编辑如果能做到不仅能准确理解中医药学的各种概念，还具备一定的西医学的专业基础知识，那么在面对这类问题时就能有备无患，游刃有余。

五、注意计量单位使用的规范

在中医药书稿中，涉及计量单位的用法较多，而且用法混乱，换算时难度较大。比如，古代文献记载用药量为“一方寸匕”“梧桐籽大”“三钱”等，换算成现代规范的计量单位时，不仅没有统一的公式直接换算，而且即使是同一种单位，还要根据不同的历史年代采用不同的换算方法。比如，中药用量中的“两”在不同的历史年代代表不同的重量，如魏晋时期的一两相当于现在的 0.225g（0.45 两），而明清时期的一两相当于现在的 56 g（1.12 两）。现在我国统一中药的计量单位，均采用国际单位制（公制），即 1 kg=1 000 g。编辑加工中医药书稿时，要在具备一些历史学知识的基础上，统一中药的计量单位。

六、注意中医药学中特殊汉字使用的规范

中医药书稿中特有的字很多，排版时需要造字的情况时有发生，这就增加了这类书稿出现错别字的机会。常见的出错情况主要有：①作者在写稿时常以符号代替需要造的字，如“髃”“髎”用“■”“●”等代替，若代替符号出现过多，会造成后期排版校对出错概率增加。需要指出的是，类似“髃”“髎”等不太常用的字，用 word 系统可以打出来，而在 photoshop 等作图系统里则需造字；②以发音相近的字代替，如“鲠”和“哽”、“喎”和“歪”、“痠”和“酸”、“藏象”和“脏象”、“旋覆花”和“旋复

花”等；③以字形相近的字代替，这类情况最具有隐蔽性，在编辑加工时往往被“漏网”，比如，“癥瘕”和“症瘕”、“紫菀”和“紫苑”、“疱疹”和“泡疹”等。编辑在加工中医药书稿时，要熟悉现代常用的计算机办公软件的输入方法，克服不同输入法常有的缺点，如微软全拼、清华大学紫光、智能全拼方法易出现音同字不同的错误，如“编辑”和“边际”；使用王码、五笔等输入方法易出现字形相近的错误，如“瓜蒌”和“瓜萎”。针对在排版中需要造的字，则在整部书稿加工完毕后，编以序号，另附说明。

七、注意医家名号的规范

古代的医家往往字、号俱备，这就容易造成一部书稿中，虽然指同一个人，但是却时而用名、时而用字或号的混乱情况。一般来说，在书稿中出现医家时，应该使用医家的名字。比如，“金元四大家”之一的朱震亨，字彦修、号丹溪，在同一部书稿中应该统一用朱震亨。有些医家的字或号甚至别名更广为人所知，这就需要编辑在加工时区别对待。比如，提起“医圣张仲景”几乎妇孺皆知，然而他的名字“张机”只有专业人士才知道。再如，同是“金元四大家”之一的刘完素，字守真，号通元处士，因其是金时河间人，被后人称为“刘河间”，“刘河间”的称呼流传甚广。因而，在加工中医药书稿遇到医家人名时，可以采取专业书稿使用名字，科普书稿使用“通用名”，但同一部书稿要做到统一称呼。

八、注意语体风格的规范

中医药类书稿与古代汉语的联系比较密切，或多或少地保留了文言词语和句式，如“乃”“系”“则”“具”“尚”“故”等，这些文言词语或句式已经为广大的读者所接受，并且也不会引起阅读的困难，为了突出其简练、严谨的特点可以保留。需要注意的是，若在整个书稿行文中，多处出现文、白夹杂的“之乎者也”的情况，则不仅会造成表达的艰涩、古奥，而且会令读者产生阅读障碍，进而出现理解困难。因此，编辑在加工书稿时要严格把握语言简练的标准，适度使用文言词语和固定句式，为广大读者提供更多的通俗易懂的中医药读物。

第十五章　护理类图书的编写

第一节　护理图书的发展

护理图书的编写和出版在中国有着悠久的历史。在古代社会，医疗和护理没有明确的区分，医起源于护，而护理又起源于生活实践。医护同源，护理思想的发展一直与人类的进步息息相关，并生共存。中医学强调“三分治，七分养”，其中“七分养”的实践就是指护理，中医护理学的实质就是研究“养”的科学。《黄帝内经》中记录了很多护理基本理论、技术操作和辨证施护原则，对饮食起居调理、心理养生护理、部分疾病护理、用药护理及部分护理技术等都做了论述。书中写到的生活护理、饮食护理、情志护理、病情观察、护理诊疗技术等，都是现代护理科学的最初理论启蒙；张仲景的《伤寒杂病论》不仅奠定了中医辨证论治的理论体系，也为临床辨证施护开创了先河，为中医护理技术增添了许多新的内容，为后世中医护理学的发展奠定了基础；华佗首创的剖腹术，具有完整的手术及护理方法，他所倡导的“五禽戏”，是世界最早的外科护理及康复护理措施。

我国近、现代护理始于19世纪初，护理人员的培训早期以师传徒的形式，带教讲解为主，无固定学制和教材。随着正式学校的建立和学制的确定，必然产生对教学书籍的需求。最早的中文护理专业书籍于何时出版尚难确定，从作者检索所见，至迟在1905年已有正式护理著作出版，如《护病要术》由中国博医会出版，现北京、上海图书馆有藏本。随着护理教育的发展，从早期的博医会起，此后的益智书会、墨海书馆、广学会、江南制造总局翻译馆、商务印书馆、医学书局以及广协书局，都出版了许多护理书籍，尤以广协书局与中华护士会的合作对护理书籍的出版有很大影响。至1949年10月中华人民共和国成立，出版的护理图书有限，有案可查的不足百种，多为护理学的最基本理论和操作实践内容，如《看护学总论》《病人看护法》《各科看护法》《护士用书问答》等，而且大多为西方译本。

中华人民共和国成立后，由于护理专业基本以中等教育为主，护理图书编写及出版也难以有大的发展，1953 年卫生部组织编写了《一般护理学》，并由人民卫生出版社出版，作为护理专业的基本教材，一直沿用几十年。

我国护理专业和护理图书的繁荣发展始于改革开放以后。1984 年恢复了高等护理教育，1992 年开始培养护理学硕士研究生，2004 年开始独立培养护理学博士研究生。20 世纪八九十年代，护理图书出版开始打破基础护理加临床护理的局限，出版了一批内容新颖、质量上乘，并广受读者欢迎的护理图书，如《护理统计学与科研设计》（梅祖懿编著，天津科学技术出版社，1989）、《现代护理学辞典》（王美德，安之璧主编，江苏科学技术出版社，1992）、《英文护理文献阅译指南》（计惠民，李旭主编，中国医药科技出版社，1994）、《老年护理学》（曾熙媛主编，中国医药科技出版社，1995）、《临床护理观察学》（邹立志主编，华南理工大学出版社，1997）、《整体护理临床问答》（包家明，霍杰编著，中国医药科技出版社，1998）等。进入新世纪以后，随着我国大批护理学研究生的毕业，护理学研究和护理图书的出版，提高到了新的水平，出版了《护理经济学概论》（刘则杨主编，中国科学技术出版社，2002）、《护理结局分类（NOC）》（吴袁剑云主译，北京大学医学出版社，2006）、《循证护理理论与实践》（胡雁，李晓玲主编，复旦大学出版社，2008）、《临床护理学情境教学病例》（徐锦江，马露娜主编，辽宁科学技术出版社，2014）、《护理质性研究：理论与案例 》（周云仙主编，浙江大学出版社，2017）、《护理质量与安全：改善结局的核心能力》（刘华平主译，人民卫生出版社，2018），《循证护理证据临床转化理论与实践》（胡雁，周英凤主编，复旦大学出版社，2021），《叙事护理》（于辉、马岩主编，清华大学出版社，2024）等大批高水平的护理著作，为我国护理事业的发展和护理质量、水平的提高，奠定了深厚的基础。

第二节　护理图书的选题

从护理图书的发展可以看出，我国真正意义上的护理专业图书的产生和发展，只是改革开放后 30 多年的事，之前出版的护理书籍，严格说来都只是护理专业教材，主要是用于护士的学生培养或在职教育，基本上都是基础护理加临床护理内容，至多将临床护理分为临床的各专科护理，以致单疾病护理深入研究的专著都不多。

目前，我国的护理学专业在学科专业目录上，还只是临床医学下的二级学科，其下的三级学科也仅包括基础护理学、专科护理学、特殊护理学、护理心理学、护理伦理学、护理管理学、护理学其他学科 7 个类别，远远不能涵盖护理学专业的整体内容。国内早有护理学者提出建议，应将护理学定位为一级学科，这样才能将护理学内容包括全面，为护理学科的健康发展提供适当的空间，从根本上解决护理学硕士、博士研究生的培养方向、方案和学位问题。当然，这不是短期内可以解决的问题，一个重要原因就是我国的高等护理教育恢复，特别是研究生教育的开展，时间还较短，护理教育的理论和实践的基础尚不丰厚，护理专业图书的质量和水平与其他医学一级学科相距甚远。因此，要实现将护理学定位为一级学科目标，还有很长的路要走，广大护理工作者深入开展护理学各领域的科学研究，编写、出版更多更好的护理专业图书，将为实现这一目标作出有益的贡献。

要加快护理学科的发展，就必须深入开展护理理论和实践的科学研究及经验总结，加大编写和出版高水平的护理专业著作也是不可或缺的。根据目前护理学科发展以及图书出版现状，特提出以下下面是八个的护理图书编写和出版的选题方向。

一、护理学科创新图书

创新是任何学科发展和生命力的集中体现，护理学科也是这样。近年来护理图书出版的品种和数量都不少，但具有创新水平的护理图书并不多，特别是能够填补学科空白的图书更少，因为填补空白就是最好的创新。如 2002 年出版的《护理经济学概论》填补了护理经济学方面的学科空白，该书出版后曾作为多所护理学院的研究生教材，但至今 20 多年过去，还没有新的护理经济学专著出版，使得这一很有发展前途的创新学科停步不前。反观与之对应的卫生经济学，目前市场可见的专著琳琅满目，并早已列入高等院校正式教材。因此，创新开发具有填补护理学科空白意义的护理图书选题，对护理学科的发展建议，其意义不容小觑。

二、单病种护理图书

浏览一下大型图书网站就会发现，单病种的医疗图书比比皆是，如食管癌，就有《食管癌》《食管癌规范化诊治指南》《食管癌微创外科手术教程》《食管癌放射治疗靶区勾画》《早期食管癌和食管胃交界部腺癌诊断与治疗》等几十种之多，而查食管癌护理，则只有《食管癌外科护理》（定价 26 元）和《食管癌患者护理与家庭照顾》（定价 60 元）两种，而医疗方面关于食管癌的专著定价少则近百元，多则数百元，可见其图书容量的巨大差距，也从一个侧面反映出对于单病种的护理研究远远不够，这方面的理论和实践经验的总结也远远不够。因此，加强单病种护理图书的选题开发，对于护理学科的发展和护理理论及实践经验的总结，都是很有意义的。

三、护理病例研究图书

本书第十二章医学病例类图书的编写，其实也基本适用于护理病例的研究和写作，近年来护理病例类图书出版了一些，但一是数量尚少，二是质量不高，三是护理差错和失误病例总结不够。与临床医疗病例一样，研究和总结典型的、罕见的、疑难的、特殊的护理病例，也是临床护理实践研究的重要方面。这方面图书选题的开发，对于常年工作在临床一线的护理人员并非难事，也是促进临床护理水平提高的一个重要举措。

四、中医护理研究、整理图书

浏览一下目前市场在售的中医护理图书品种不少，但几乎全部是《中医护理》《中医护理学》《中医临床护理学》等教材类图书，其他有关中医护理的研究、整理图书不多，只有《内科常见病中医护理》《糖尿病中医精准护理方案》等几本，这不能不说是中医护理学科发展的一个缺陷。中国医药学在其发展过程中一直保持着医、药、护不分的状态，中医护理的方法、经验和理论，大量散载于浩瀚的历代中医文献之中，研究、整理这些医学典籍的护理记载，可以极大地丰富中医护理的学科体系和内容，这方面其实有丰富的宝藏可以挖掘，中医临床、教育工作者应该可以担负起这个责任，这方面优秀的图书选题也会广受读者欢迎。

五、交叉护理学科图书

交叉科学是在两个或两个以上不同学科的边缘交叉领域生成的新学科的统称，也叫边缘学科或新兴学科，交叉学科的产生和发展对原有学科具有重大的创新意义，也是原有学科持续生命力的体现，护理心理学、护理伦理学、护理管理学、护理经济学等都是具有创新意义的交叉学科。这方面的护理图书选题，和中医护理图书类似，目前也基本停留在普通教科书的层面，很少见到深入研究的理论和实践著作，因此，有大力开发相应选题和编写、出版高水平图书的必要。

六、医疗新技术配合图书

临床医疗和护理的配合关系是显而易见的，近年来临床医疗先进技术层出不穷，各种图书也不断出版，但相应的护理配合类的图书却出版不多，仅见的有《手术室腔镜使用与手术护理配合》（曹敏，王炬主编，人民军医出版社，2015）、《冠状动脉介入诊疗技术的护理配合》（光盘，刘淼主编，中华医学电子音像出版社），这显然是临床护理落后于医疗的突出表现。实际上，任何临床医疗的新技术的引进和开展，都离不开护理人员的密切配合，医生要随时总结医疗新技术的应用体会，护士也要不断地总结与之密切配合的技术和经验，这样才能保证新技术应用的目的，希望今后这方面的图书选题和图书能够经常与读者见面，以此不断提高临床护理水平。

七、引进发达国家的护理图书

必须承认目前我国的护理水平与发达国家仍有着很大的差距，要缩短这个差距就需要不断引进发达国家的理论和技术，改革开放以来，正是我们引进了护理诊断、护理程序、整体护理等发达国家先进的护理理论和模式，才促进了我国护理事业的繁荣和发展，也在一定程度上缩短了我们和发达国家在护理水平上的差距。因此，积极引进发达国家的护理图书仍是十分必要的。引进的方法可能有两种，一种是原版引进，翻译出版中文版；另一种则是研究和参考国外护理理论和技术的最新动态，编写并出版更适合我国护士阅读和使用的护理图书。

八、护理科普图书

临床护士的一个重要任务是对患者进行健康教育，即对患者进行护理知识的科学普及，这对加速患者的健康恢复意义重大，这也就需要有很好的护理科普图书，既便于护士自身学习的需要，掌握最佳的护理健康教育方法，也便于患者通过阅读对自己和疾病有更多的了解，积极有效地配合医疗和护理，同时优秀的护理科普图书对社会大众也是迫切需要的，这方面的图书选题永远都不会过时。

第三节　图书护理与护理图书

“图书疗法”（bibliotherapy）一词源于希腊语，是“书”和“治疗”两词的合成，又被译作“图书治疗”或“阅读疗法”。图书疗法在临床多由护士组织实施，因此也叫“图书护理”。

在西方图书治疗已有几百年历史。第一次世界大战中，常有志愿者将图书送到战地医院供伤病员们阅读。第二次世纪大战后，医院图书馆、公共图书馆开始扩展业务范围，开展了为住院患者借书服务。20 世纪 50—70 年代西方图书馆界已形成了对阅读疗法的研究热潮。1961 年，阅读疗法一词首次被收入《韦氏新国际英语词典》中，1964 年由美国图书馆协会主持召开了“阅读治疗”研讨会，1984 年国际图联发表了《图书馆为医院病人和残疾人服务纲要》，强调了阅读治疗在患者康复过程中的重要作用。由此图书治疗逐步被人们所认识。

在我国，阅读治疗作为一种医疗实践早已存在，史籍中也记载了不少关于良书医病的医案。民间早已有“好书胜过良药”和“读书养生”的说法，就是很好的证明。古代很多诗人学者健康长寿，耄耋之年思维清晰，反应敏捷，至老不衰，与他们一生好读书有关。

当今，随着现代医学模式的转变，整体护理的开展，书籍对患者治疗的影响越来越被广大医务人员所接受，并已成为护理健康教育的重要内容。图书护理作为一种辅助性的护理手段，用来强化临床护理效果已得到广泛的认可。尤其是对因精神、心理和情绪等因素引发的疾病，效果更加肯定。目前，图书护理已不再局限于医院，也推广应用到学校、疗养院、养老院、戒毒所和监狱等社会机构。

图书护理的主要工具是护理图书以及其他有益于患者身心健康的书籍。首先，图书护理适用于所有的患者，即运用医学特别是护理科普图书对患者进行健康教育，使之更多地了解与自己相关的疾病和护理知识，这对患者配合临床治疗和护理是十分必要的。护士是和患者接触最多的医护人员，患者也很希望通过护士对自己的疾病情况及预后有更多的了解，护士因工作的关系，不太可能对每个患者或家属花费太多的时间介绍情况，这方面，优秀的医学特别是护理科普图书便可作为护士开展图书护理的好帮手，护士可以向患者推荐阅读有关疾病和护理的科普图书，科室的护士站还可以备一些简明的疾病护理宣传小册子，供患者或家属阅读，护士可以随时进行学习辅导，从而起到事半功倍的配合护理效果；其次，对于因精神、心理和情绪等因素引发的疾病，一本好书可能对于患者的康复起到很大的作用。澎湃新闻介绍了四川大学外国语学院刘利民教授对学生做图书护理的事例。当时，这位平时成绩优良的男生突然看上去很憔悴，刘教授观察到了他的异样，便在课后专门询问了其情况。男生一脸沮丧："老师，我要死了。我看了一本《性格心理学》，上面说B型血的人性格不好，而我就是B型血。反正我都要死了，何必学习呢？"刘教授大吃一惊，他进一步询问后得知，影响男生的这本书是一本来自地摊的油印本小册子。至此，刘教授心里有了解决问题的办法。他立即回家取了自己书柜上的专业心理学教材拿给这位男生，并告诉他："请你把第八章翻译一下吧。"原来，这本专业心理学教材的第八章正是讲的人的性格，里面明确地说明了人的性格与血型没有关系。这位男生一边翻译一边学习，最后翻译做得差不多了，"心病"也好得差不多了。可见一本有针对性的好书，对于患者的心理呵护的意义有多么巨大。

优秀的医学和护理科普图书对于开展图书护理是必不可少的。因此，大力开发优秀的医学和护理科普图书选题，组织经验丰富的护理人员参加编写并出版，对于提高临床护理水平和患者的健康水平很有意义。

参考文献

[1] 郝志岗 . 中医国际出版思考 [J]. 传播力研究，2019（13）：157–159.

[2] 林琳，姜永茂，李英华 . 医学期刊编辑出版伦理规范 [M]. 北京：人民卫生出版社，2018.

[3] 王兴全，杨丽贤，学术写作与出版规范研究 [M]. 成都：四川大学出版社，2018.

[4] 王庆其，周国琪 . 黄帝内经百年研究大成 [M]. 上海：上海科学技术出版社，2018.

[5] 朱赵文，禹一奇 . 图式理论在中医药术语翻译中的应用 [J]. 海外英语，2018（8）：10–12.

[6] 徐永红 . 加强对外出版，推动中医药文化“走出去”[J]. 编辑实物，2018（8）：85–88.

[7] 韩璐，曾月蓉，王影，等 . 国内三大中文学术期刊数据库平台对比分析 [J]. 数据库与信息管理，2018，14（19）：6–9.

[8] 范越，张海洋，刘明 . 中医英译与英文论文写作 [M]. 北京：中国中医药出版社，2017.

[9] 陆施婷，等 . 名老中医经验传承模式研究概述 [J]. 中华中医药杂志，2017，32（8）：3269–3631.

[10] 刘德培 . 中华医学百科全书医学信息学 [M]. 北京：中国协和医科大学出版社，2017.

[11] 陆施婷，等 . 名老中医经验传承模式研究概述 [J]. 中华中医药杂志，2017，32（8）：3629–3631.

[12] 王静雪，孙宇 . 浅谈漫画在医学科普图书出版中的重要意义 [J]. 科技与出版，2016，34（3）：102–104.

[13] 黄先蓉，刘玲武 . 我国编辑出版学高等教育的回眸与思考 [J]. 中国出版

史研究，2016，2（3）：119–129.
[14] 科学技术文献出版社总编室．编校操作手册 [M]. 北京：科学技术文献出版社，2016.
[15] 黄文华．国际临床病例报告撰写要求的最新进展——2016 年 CARE 清单及国际著名医学期刊病例报告投稿要求 [J]. 肿瘤，2016，36（12）：1403–1406.
[16] 张小萍，王茂泓．张小萍脾胃气化学说与临证经验 [M]. 上海：上海科学技术出版社，2016.
[17] 邹德芳．基于中医英语语料库的中医英语翻译研究 [M]. 长春：吉林大学出版社，2016.
[18] 陈晓凤，等．国内阅读疗法应用于护理研究的文献计量分析 [J]. 泰山医学院学报，2015，36（3）：303–305.
[19] 宿哲骞．试析中医药英语翻译原则与标准 [J]. 外语教学，2015（26）：180.
[20] 舒鸿飞．中医写作入门 [M]. 上海：上海浦江教育出版社，2014.
[21] 孟建宇．中医药文献检索策略探讨 [J]. 山东中医药大学学报，2014，38（2）：120–121.
[22] 毛嘉陵．中医文化传播学 [M]. 北京：中国中医药出版社，2014.
[23] 刘清田．学术著作出版规范常见问题与对策 [J]. 现代出版，2014，21（4）：46–49.
[24] 洪梅，朱建平，王奎．中医药名词英译规范民族性原则与拼音的使用 [J]. 中国科技术语，2014（2）：34–37.
[25] 胡真，王华．中医药文化的内涵与外延 [J]. 中医杂志，2013，54（3）：192–194.
[26] 黄英志．论中医期刊编排规范化的基本原则 [C]. 二零一三年编辑出版年会暨慢病防控优秀论文汇编，2013：57–60.
[27] 侯屹．中医药教材的开发编写思路与方法探讨 [J]. 科技与出版，2013（6）：56–58.
[28] 马平．中医药文化国际传播视角下看中医翻译的重要性 [J]. 佳木斯教育学院学报，2013（8）：358–359.
[29] 肖先福，张立红，马智，等．编辑美学 [M]. 北京：大众文艺出版社，

2013.
[30] 杨春华 . 生物医学著作学术影响力定量评价的实证研究 [J]. 科技与出版，2013，31（11）：125-128.
[31] 孙光荣 . 医案研究与撰写的思路与方法 [J]. 北京中医药大学学报（中医临床版），2013，20（5）：3-6.
[32] 中华中医药学会 . 中医古籍整理规范 [M]. 北京：中国中医药出版社，2012.
[33] 黄翊兵 . 医学论文与书稿编写技巧 [M]. 北京：人民军医出版社，2011.
[34] 陆远强，王劲 . 医学论文写作与编辑导论 [M]. 杭州 . 浙江大学出版社，2011.
[35] 刘燕 . 医学病例类图书的市场需求及出版前景预测 [J]. 科技与出版，2011，29（2）：3-34.
[36] 杨建宇，等 . 浅谈医案的写作与编辑——兼论中医大师孙光荣教授研究中医典型医案的学术思想 [J]. 光明中医，2011，26（11）：2369-2373.
[37]科技写作与编辑指南编委会.科技写作与编辑指南[M].北京: 地震出版社，2010.
[38] 耿集 . 医学类图书设计研究 [D]. 北京：北京服装学院，2010.
[39] 李玉为 . 科技图书编辑规范化研究 [D]. 北京：北京印刷学院，2010.